Schnell und sicher zum

Führer-schein

Otto Einert

Schnell und sicher zum Führerschein

Tips und Tricks aus 30jähriger Fahrlehrer-Praxis

FALKEN

Für Computerbegeisterte bieten wir auch die Falken-Software an:
»Schnell und sicher zum Führerschein. Intensivtraining mit dem amtlichen Fragenkatalog« (für C64 und C128PC; Nr. 7011)

ISBN 3 8068 0921 6

Umschlaggestaltung: Kreativ-Design Gerd Aumann, Wiesbaden-Nordenstadt
Fotos: Otto Einert, Stuttgart; Fotos ab Seite 116: Verlag TÜV Rheinland GmbH, Köln
Zeichnungen: Gerhard Wawra, Wiesbaden; Zeichnungen ab Seite 127 und Verkehrszeichen entnommen aus: »Fragenkatalog für die Führerscheinprüfung«, Verkehrsblatt-Verlag, Dortmund

Satz: LibroSatz, Kriftel
Druck: Zumbrink Druck GmbH, Bad Salzuflen

817 2635 4453 62

Inhalt

Vorwort

Einen Führerschein zu erwerben ist in der heutigen Zeit beinahe eine Selbstverständlichkeit. Jährlich versuchen etwa 1 Million Fahrschüler, mit den Schwierigkeiten fertig zu werden, die dem Erwerb des langersehnten Führerscheins der Klasse 3 im Wege stehen. Rund einem Drittel der Bewerber gelingt dies erst nach einem zweiten oder gar dritten Anlauf. In der Zwischenzeit muß erneut gründlich Fahrschulunterricht genommen werden – die Mühen verdoppeln oder vervielfachen sich, die Mehrkosten werden oft zu einer Belastung.

Dies Buch will Ihnen den Weg zum Führerschein erleichtern, indem es Ratschläge vermittelt und nützliche Hinweise gibt. Jeder Fahrschüler kann Teile seiner Ausbildung selbst in die Hand nehmen und das Buch als Gedächtnisstütze und Nachschlagewerk für die kommende und die absolvierte Fahrstunde benützen.

Die erfolgversprechenden Lern- und Übungsmethoden sind das Ergebnis langjähriger Erfahrungen im Fahrschulunterricht.

Der Hauptteil des Buches umfaßt die einzelnen Übungen des Stufenlehrplans für den praktischen Unterricht: das reicht vom Anfahren und Schalten in der ersten Stunde über die Übungen für Rückwärtsfahren, Einparken, Wenden, Berganfahren in der siebten und achten Stunde, bis hin zu den Sonderfahrten und der entscheidenden Vorbereitung auf die Prüfung durch simulierte Prüfungsfahrten. Dem Verhalten von Fahrlehrern und Prüfern sowie dem Ablauf der Prüfungsfahrt wird besondere Aufmerksamkeit geschenkt.

Praktisches Können ist natürlich nicht alles – daher werden in einem Anhang jene Fragen und Antworten des amtlichen Fragekataloges zusammengefaßt, die im allgemeinen die größten Schwierigkeiten bei der theoretischen Prüfung bereiten – sei es, weil sie tatsächlich schwierig sind, sei es, weil sie mißverstanden werden können. Hinweise und kurze Erläuterungen zu komplizierten Fragen und die entsprechenden Antworten erleichtern das Lernen und sind eine gute Gedächtnisstütze.

Zahlreiche Fotos, Zeichnungen und Stadtplanausschnitte heben wesentliche Elemente des Fahrenlernens hervor und stellen einen anschaulichen Bezug zur Praxis her.

Das Buch kann jedoch keinesfalls den Fahrschulunterricht ersetzen; es ist vielmehr eine nützliche Ergänzung, durch die das Lernen erleichtert wird und durch die man mehr Sicherheit im Fahren erreicht. Den Führerschein kann man weder kaufen noch erzwingen, man muß sich ihn schwer erarbeiten. Durch intensive Beschäftigung mit den Übungen dieses Buches werden Sie jedoch schnell, sicher und ohne nennenswerte Prüfungsangst zu Ihrem Führerschein kommen.

Denn es ist bekannt:

- daß durch Eigeninitiative beim Erwerb des Führerscheins die Ausbildungskosten gesenkt werden können;
- daß durch intensive Beschäftigung mit dem Übungsstoff, vor und nach der Fahrstunde, sich der Erfolg schneller einstellt;
- daß Prüfungsversagen wegen mangelnder Fähigkeiten seltener wird; dies gilt besonders für ältere Fahrschüler und Fahrschülerinnen;
- daß die Angst vor der Fahrprüfung verschwindet, wenn man weiß, was auf einen zukommt und wenn man sein Können in Vorprüfungsfahrten getestet hat.

Beschäftigen Sie sich intensiv mit dem Buch, und Sie werden in jeder Fahrstunde den Erfolg spüren. Bedenken Sie immer, Sie lernen das Fahren letztendlich nicht für die Fahrschule oder für die Prüfung, sondern für Ihre spätere Sicherheit im Straßenverkehr.

Viel Freude beim Üben und raschen Erfolg wünschen Ihnen

Ihr

Ihr Falken-Verlag

Wie finden Sie eine gute Fahrschule?

In der Bundesrepublik gibt es etwa 15 000 Fahrschulen, die nach dem Fahrlehrergesetz von 1969 mindestens alle zwei Jahre an Ort und Stelle von der Erlaubnisbehörde überprüft werden. Dabei wird geprüft, ob die Unterrichtsräume, Lehrmittel und Lehrfahrzeuge den gesetzlichen Vorschriften entsprechen. Eine Klassifizierung nach Ausbildungserfolgen findet seitens der Behörde nicht statt. Das wäre auch aus Wettbewerbsgründen nicht möglich. Es ist also allein dem Fahrschüler überlassen, eine gute Fahrschule zu finden. Wie in anderen Berufen auch gibt es gute und weniger gute Ausbildungsstätten.
Wenn Sie sich zum Erwerb des Führerscheins entschlossen haben, ist die

Regel Nr. 1:

Gehen Sie nicht aufs Geratewohl zur Fahrschule in der Nähe Ihrer Wohnung oder des Arbeitsplatzes.

Regel Nr. 2:

Nehmen Sie sich die Zeit und rufen Sie verschiedene Fahrschulen an. Sicherlich werden Sie einen großen Unterschied in der Auskunftsfreudigkeit erleben.

Regel Nr. 3:

Meiden Sie ungewöhnlich billige Fahrschulen. Sie werden von ehemaligen Fahrschülern nicht weiterempfohlen und sind deshalb gezwungen, über den Preis neue Fahrschüler zu werben. Der Führerschein kann trotzdem teuer werden!

Regel Nr. 4:

Laufende Werbung in Zeitungen und Zeitschriften weisen auf Schülerschwund hin. Die Ursachen mögen vielfältiger Natur sein.
Auch sogenannte Intensivkurse oder Ferienfahrschulen können keine Wunder bewirken, verursachen aber oft sehr hohe Nebenkosten.

Regel Nr. 5:

Der beste Weg, eine gute Fahrschule zu finden, ist die Empfehlung. Fragen Sie bei Bekannten, Freunden, Arbeitskollegen, wie die mit ihrer Fahrschule zufrieden waren.
Ohne Bedenken können Sie eine Fahrschule aufsuchen, die Ihnen wärmstens empfohlen wird. Erkundigen Sie sich bei einer solchen Fahrschule über den Werdegang der Ausbildung, die Preise, die Unterrichtsabende, das Ausbildungskonzept und ob Vorprüfungen mit Korrektur nach dem amtlichen Fragekatalog stattfinden.
Vielleicht können Sie an einer Theorieunterrichtsstunde teilnehmen. Sprechen Sie mit anderen Fahrschülern über Ihren zukünftigen Fahrlehrer. Wenn Sie nach Beginn der Ausbildung trotz eingehender vorheriger Prüfung erkennen, daß Sie mit Ihrem Fahrlehrer nicht zurechtkommen, können Sie die Fahrschule wechseln. Allerdings ist dann je nach Sachlage die halbe oder die ganze Grundgebühr noch einmal fällig. Ihr Erfolg sollte Ihnen aber dies kleine Opfer wert sein.

Die Kosten

Die Kosten für einen Führerschein Klasse 3 in einer Großstadtfahrschule betragen derzeit ungefähr (einschließlich Mehrwertsteuer):

- Grundgebühr (Theorieunterricht 24 Stunden zu 45 Minuten – Versicherung – Verwaltungskosten) DM 250,–
- Fahrstunde 45 Minuten DM 35,–
- Sonderfahrten 45 Minuten DM 50,– (Autobahn, Überlandfahrt, Nachtfahrt)
- Bücher DM 25,–
- Vorstellung zur Prüfung (Theorie und Praxis) DM 100,–
- Anmeldegebühren bei der Behörde DM 35,–
- Unfallhilfekurs – Sofortmaßnahmen am Unfallort DM 20,–
- Die TÜV-Gebühren für die Prüfung in Theorie und Praxis betragen ohne Mehrwertsteuer zur Zeit (Stand 1988) DM 100,–

Wie Sie das Fahren am leichtesten lernen

Acht goldene Regeln:

- Fragen Sie nach jeder Fahrstunde ihren Fahrlehrer, was in der nächsten Stunde geübt und gelernt wird.
- Studieren Sie in aller Ruhe die in der nächsten Fahrstunde zu lernenden Aufgaben.
- Befassen Sie sich konzentriert mit den zur Beherrschung des Fahrzeuges notwendigen Handgriffen und Bewegungsabläufen. Üben Sie im Trockenkurs zu Hause.
- Wenn man etwas lernen will, muß man es sich vorstellen können. Gelingt Ihnen das nicht, haben Sie den Ablauf noch nicht richtig erfaßt.
- Fragen Sie, wenn Sie Zweifel und Unklarheiten haben. Lassen Sie sich alles noch einmal erklären und zeigen. Vom Fragen sollten Sie sehr oft Gebrauch machen.
- Nehmen Sie sich die Zeit und beobachten Sie den Verkehrsablauf an einer für Sie schwierigen Kreuzung. Achten Sie dabei auf das Fahrverhalten der jeweiligen Verkehrsteilnehmer, und stellen Sie sich vor, wie Sie fahren und reagieren würden.
- Wie im Vorwort beschrieben, ist die Unterrichtsmethode der Fahrlehrer von Fall zu Fall verschieden. Vergleichen Sie die in diesem Buch vorgestellten Methoden mit denen Ihres Fahrlehrers, und sprechen Sie mit ihm darüber.
- Sparen Sie nicht an Fahrstunden vor der Fahrprüfung. Eine zusätzliche Fahrstunde ist bedeutend billiger als der kleinste Unfall. Außerdem mindern Sie die Angst vor der Fahrprüfung, und Ihre Chancen, die Prüfung erfolgreich zu bestehen, steigen.

Was Fahrschüler und Autofahrer unbedingt wissen sollten

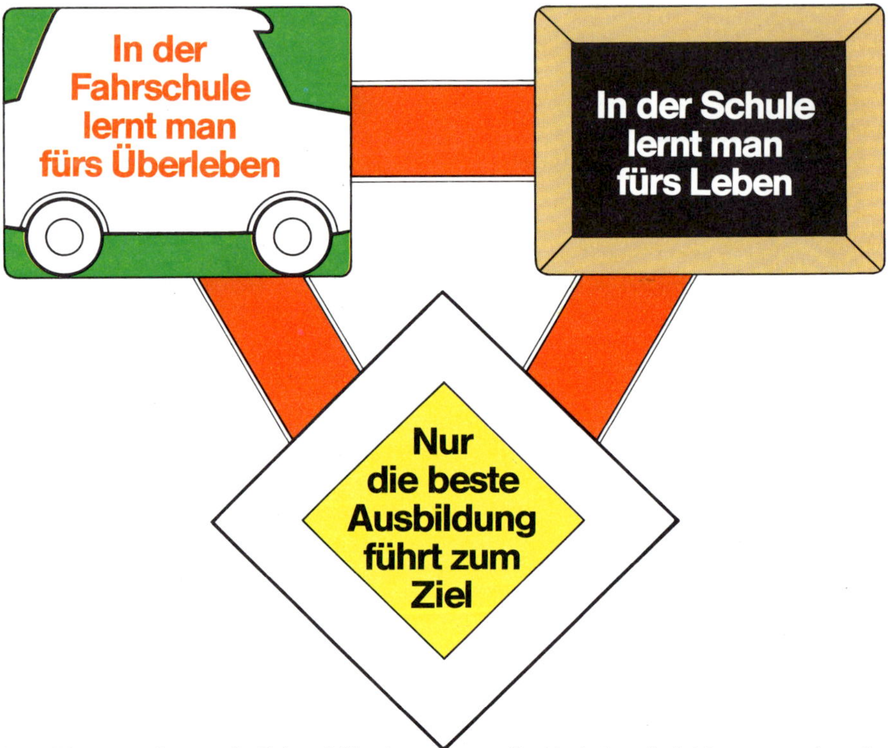

Vier Dinge muß man als Fahrschüler beherrschen lernen:

1. rechts fahren
2. unbedingt den Fahrstreifen einhalten; besonders beim Abbiegen
3. *vor* Kurven, Kuppen, Kreuzungen, Einmündungen, Fußgänger- und Bahnübergängen sowie Baustellen langsam fahren – nicht erst *danach*
4. eine Gefahr rechtzeitig erkennen, deshalb zuerst alle sich bewegenden Verkehrsteilnehmer beachten, dann alle Verkehrseinrichtungen wahrnehmen und zuletzt dem ruhenden Verkehr Aufmerksamkeit schenken.

Profitip

Sehen und Reagieren heißt, die Situation erfassen und sich darauf einstellen. Deshalb frühzeitig schauen, damit man rechtzeitig und richtig reagieren kann.

Reagieren heißt:

- langsam fahren = bremsen
- anhalten = bremsen und kuppeln
- schneller fahren = Gas geben
- ausweichen = langsam fahren und schnell lenken
- warnen = Hupe und/oder Lichthupe

Fahren Sie niemals in der Hoffnung, daß der andere reagiert. Wenn Sie sich bei einer gerade noch gemeisterten Situation hinterher sagen müssen: »Mensch, da hast du aber Glück gehabt«, sind Sie falsch gefahren oder haben falsch reagiert.

Wenn Sie sich überlegen müssen »reicht es, oder reicht es nicht«, dann reicht es bestimmt nicht. Bringen Sie sich nicht selbst in schwierige, gefährliche Situationen. Sie gewinnen keine Zeit, sondern ernten nur Streß. Angst ist gefährlich, Leichtsinn kann tödlich sein.

Verständigen Sie sich, falls die Verkehrssituation es erfordert, mit dem anderen Verkehrsteilnehmer. Sie haben dafür folgende Möglichkeiten:

- Fahrverhalten
- Blinker
- Hupe/Lichthupe
- Bremslichter
- Warnblinklicht
- Handzeichen

Wer zur Prüfung noch keine *Umsicht* hat und nicht zum richtigen Zeitpunkt anhalten kann, bekommt keinen Führerschein, und das ist richtig so. Autofahren besteht zu 100% aus Umsicht und Reaktionsfähigkeit. Als Vordermann haben Sie sich auf den Gegenverkehr, den Querverkehr und auf die Fahrzeuge rechts und links neben Ihrem Fahrzeug einzustellen. Auch wenn sich der Hintermann nach dem Vordermann zu richten hat, ist es notwendig, öfters durch einen kurzen Blick in den Innenspiegel (höchstens 1 Sekunde) den rückwärtigen Verkehr zu beobachten, damit man über das Fahrverhalten und eventuelle Absichten wie beispielsweise Abbiegen, Überholen oder Fahrstreifenwechsel Bescheid weiß. Dies ist für das eigene Fahrverhalten von entscheidender Bedeutung, wenn man etwa selbst ein entsprechendes Fahrmanöver durchführen will.

Beim Rechtsabbiegen wird als Umsicht verlangt: Blick in den Innenspiegel, dann Schulterblick rechts, um den toten Winkel zu erfassen (tun Sie dies auch dann, wenn Sie der Meinung sind, daß es nicht erforderlich ist – der Prüfer verlangt es).

Beim Linksabbiegen: Innenspiegel, Außenspiegel, Schulterblick nach links, um den toten Winkel zu erfassen.

Doppelte Umschaupflicht heißt: sich zuerst vor dem Blinken, dann nochmals während des Abbiegens umschauen.

Drehen Sie sich aber bitte beim Vorwärtsfahren nicht mit dem ganzen Oberkörper nach hinten um. Sie verlieren dadurch die Übersicht in Fahrtrichtung und zum Vordermann. Sehr gefährlich ist dies auf der Autobahn und bei schneller Fahrt.
Um einen sicheren Fahrstreifenwechsel durchführen zu können, genügt ein einmaliges Schauen nicht. Sie müssen überzeugt sein, daß die Fahrbahn neben Ihnen wirklich frei ist.
Wenn man »nichts sieht«, also die Verkehrssituation nicht übersehen kann, sollte man sich umsichtig und vorsichtig »hineintasten«. Sollten Sie Schwierigkeiten mit der Umsicht haben, üben Sie im Trockenkurs zu Hause.

Kurve – vorher langsam fahren

Kuppe – mit Überraschungen hinter der Kuppe rechnen

Kreuzung – sich durch langsames Fahren einen Überblick über die Kreuzung verschaffen

Einmündung – immer damit rechnen, daß die anderen zu schnell fahren; da ist erhöhte Vorsicht geboten

Baustelle – an Baustellen kann man sehr oft nicht sofort erkennen, wie man weiterfahren muß – unbedingt langsam fahren und auf gelbe Markierung achten

Fußgängerüberweg – schon von weitem kontrollieren, ob jemand den Übergang benutzen will, und nicht erst kurz davor

Bahnübergang – sich immer nach beiden Seiten vergewissern, daß kein Schienenfahrzeug kommt. Dies gilt auch, wenn bei Ampelregelung »freie Fahrt« gegeben ist.

Zu schnelles Fahren ist das Unfallrisiko Nr. 1. Leider wird die Vorschrift, nur so schnell zu fahren, daß man innerhalb der überschaubaren Strecke anhalten kann, kaum beachtet.

Zu geringer Sicherheitsabstand ist das Unfallrisiko Nr. 2. ½ Tacho (bei 80 km/h etwa 40 m) bzw. 2 Sekundenabstand außerhalb Ortschaften sollte man unbedingt einhalten. Innerhalb geschlossener Ortschaften darf man den Abstand auf 1 Sekunde Reaktionsweg reduzieren (bei 50 km/h etwa 3 Fahrzeuglängen).

Für Überholmanöver genügend Zeit und Geduld aufbringen. Überholen im Zweifelsfall – *nie!*

Gefährlicher Fahrstreifenwechsel ist das Produkt von schlechter Umsicht und Ungeduld.

Fehlende Bremsbereitschaft und Fahren auf Zufall führen zur Vorfahrtsverletzungen. Das kann sehr teuer werden.

Kurvenschneiden entsteht aus der Angst, nicht um die Kurve zu kommen. Beim Fahrschüler ist es ein Zeichen mangelnder Beherrschung der Lenkung.

Hineinzwängen in Engstellen bedeutet mangelnde Bremsbereitschaft und blindes Vertrauen zu dem anderen Fahrer.

Bei Kindern muß man immer mit unüberlegten und unberechenbaren Reaktionen rechnen.

Bei unsicher um sich blickenden Radfahrern ist äußerste Vorsicht geboten.

Blinkendes Fahrzeug in einer Parkreihe aufmerksam beobachten – es könnte plötzlich anfahren.

Angst ist eine positive Kraft beim Autofahren. Sie fördert die Umsicht und mindert die Risikobereitschaft. Sie mahnt den Fahrer zum vorsichtigen und rücksichtsvollen Fahren.

Die meisten Fahrschüler kommen mit gemischten Gefühlen und einer gehörigen Portion Angst zur ersten praktischen Fahrstunde. Aufgabe des Fahrlehrers ist es, durch schlüssige Erklärungen, persönliche Demonstration sowie Üben, Üben und nochmals Üben, den Schüler mit der Bedienung des Fahrzeugs so vertraut zu machen, daß er die Angst davor verliert.

Notdürftige Beherrschung des Fahrzeugs führt zu einer »falschen« Angst. Sie macht sich bemerkbar, indem das Anhalten, Anfahren, Schalten und besonders die Umsicht noch schwerfällt. Übertrieben gesagt, fährt dann der Schüler lieber mit geschlossenen Augen und auf gut Glück und ohne Bremsbereitschaft über eine Kreuzung, als daß er sich der Situation durch richtiges Verkehrsverhalten anpaßt, nämlich langsam zu fahren, mit der erforderlichen Umsicht und gegebenenfalls anzuhalten.

Die »richtige, bewußte« Angst führt zum vorausschauenden, unfallfreien Fahren. Die Angst fördert das Erkennen von kalkulierbaren Gefahren. Danach kann man dann sein Fahrverhalten einstellen.

Eigene schwerwiegende Fehler sind:

1. zu schnell fahren

2. kein Sicherheitsabstand

3. riskante Überholmanöver

4. gefährlicher Fahrstreifenwechsel

5. Vorfahrt nicht beachten

6. Kurvenschneiden

7. Hineinzwängen in Engstellen

8. unkorrektes Verhalten an Zebrastreifen und ampelgeregelten Fußgängerüberwegen

9. Ignorieren von unsicher um sich schauenden Radfahrern

10. blinkende Fahrzeuge in Parkreihen nicht beachten

Um allein Auto fahren zu können und *prüfungsreif* zu sein, muß man auf alle anderen Verkehrsteilnehmer achten (mehrere Kraftfahrzeuge, Straßenbahn, Radfahrer, Fußgänger, Kinder usw.).
Daher sollte man wissen, wie die anderen sich verkehrsgerecht verhalten müssen und beobachten, wie sie sich in Wirklichkeit tatsächlich verhalten, um etwaige Fehler selbst rechtzeitig »auszubügeln«. Um das zu können, müssen Sie vorausschauend fahren und kritische Verkehrssituationen schon aus größerer Entfernung wahrnehmen. Unterdrücken Sie die angeborene »richtige bewußte« Angst nicht. Fahren Sie nicht risikofreudig.

Dies gilt besonders für den Führerschein-Neuling, der aus einem gewissen Geltungsbedürfnis heraus riskant, wagemutig und damit unvorsichtig fährt.
Dabei übersehen diese den großen Unterschied zwischen Fahrschulausbildung und Eigenverantwortung nach bestandener Prüfung.
Viel zu wenig wird beispielsweise bedacht, daß in den Fahrschulen zum größten Teil Dieselfahrzeuge mit starker Geräuschkulisse und träger Beschleunigung gefahren werden. Der Fahrschüler hat sich bis zur Prüfung so an das Umfeld und die kontinuierliche Fahrweise gewöhnt, daß er nach bestandener Prüfung eine gewisse Zeit braucht, um beim Wechsel auf einen spurtfreudigen Benziner mit den neu auf ihn zukommenden Verhältnissen fertig zu werden.

Was Sie unbedingt üben sollten

Vieles sieht beim Fahren leicht aus – ist es aber in Wirklichkeit gar nicht!
Verlangen Sie daher folgende Übungen von Ihrem Fahrlehrer:

- Neben einem Fahrzeug in Lenkradhöhe anhalten. Dies dient als Vorübung, um bei der Annäherung an Kreuzungen und Einmündungen kontrolliert bremsen zu lernen.
- In Höhe eines vorgegebenen Zielpunktes (Fahrzeug, Baum usw.) zunehmend langsamer fahren und dabei in den 1. Gang schalten: bremsen – kuppeln – schalten.
- Vollbremsung bei einer Geschwindigkeit von ca. 50 km/h durchführen. Alle 4 Räder sollten blockieren. Sie werden überrascht sein, welche Kräfte auf das Fahrzeug und auf Sie einwirken.
- Intervall-Stotterbremsung bei einer Geschwindigkeit von ca. 50 km/h durchführen. Drücken Sie kräftig auf das Bremspedal, bis die Räder kurz vor dem Blockieren sind. Dann Bremse freigeben und mit schnellen Intervallen das Fahrzeug bis zum Stillstand abbremsen.
- Mit schleifender Kupplung ganz langsam hinter einem parkenden Fahrzeug herausfahren. Dies ist eine sehr schwierige Übung für Sie, denn Hände und Füße müssen gleichzeitig arbeiten. Außerdem dürfen Sie die Umsicht nicht vergessen.

- In Lücken ausweichen mit Kupplung und Bremse. Wichtig ist: ganz langsam fahren, schnell lenken nach rechts, in der Mitte der Lücke rasch wieder nach links lenken. Fahrzeug parallel zur Bordsteinkante anhalten.
  Einfacher gesagt: Versuchen Sie, vorwärts in eine Parklücke zu fahren. Zum Herausfahren müssen die Räder nach links eingeschlagen bleiben.

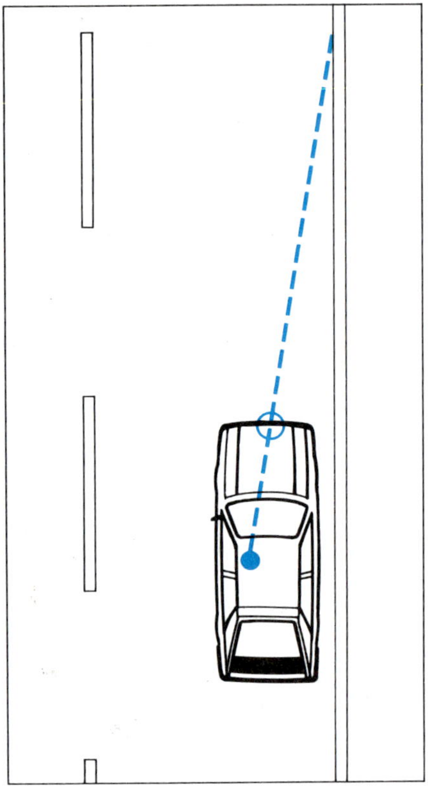

- Fahrzeug vorwärts oder rückwärts genau an die Bordsteinkante anstellen. Es ist einfach, wenn Sie über die Mitte des Fahrzeuges, nach vorn oder hinten, den Bordstein anvisieren und entlangfahren.
- Wenn Sie nervös mit dem Lenkrad spielen, versuchen Sie, während der Fahrt mit einer Hand zu lenken, und drehen Sie die Seitenscheibe hinunter und hinauf oder legen Sie die rechte Hand auf den Schalthebel. Man muß auch mit einer Hand lenken lernen.

- Vor jedem freiwilligen Anhalten unbedingt den nachfolgenden Verkehr im Innenspiegel kontrollieren.

Ausbildungsplan

1. Stunde:	Lenken – Anfahren – Anhalten – Hinaufschalten
2. Stunde:	Wiederholung – Herunterschalten
3. Stunde:	Wiederholung – Berganfahren mit der Handbremse
4. Stunde:	Wiederholung – Berganfahren ohne Handbremse mit Gas und Kupplung
5. Stunde:	Wiederholung – Ganz langsam bergauf und bergab fahren (schleifende Kupplung, Bremse) – Wenden
6. Stunde:	Wiederholung – Alles Gelernte zusammengefaßt zum Kreuzungfahren – Rechts- und Linksabbiegen
7. Stunde:	Wiederholung – Rückwärtsfahren – Einparken seitwärts
8. Stunde:	Wiederholung – Einparken rückwärts mit Korrigieren
9. Stunde:	Wiederholung – Alle Übungen durcheinander wiederholen
Ab der 10. Stunde:	Fertigfahren – Überholen – Autobahnfahrt – Überlandfahrt – Nachtfahrt – dabei Blickschulung – vorausschauendes Fahren – verkehrsgerechtes Sehen und Verhalten üben (Wegweiser, Verkehrszeichen) – Fahren bis Prüfungsreife

Die hier angegebenen Übungen für die jeweiligen Fahrstunden sind Richtwerte. Sie können sich je nach Ausbildungsstand verschieben.

Fahren lernen – die erste Fahrstunde

Ziehen Sie sich bequem an. Zum Fahren braucht man Bewegungsfreiheit. Die Schuhe sollten keine zu dicken Sohlen haben. Hochhackige Damenschuhe eignen sich auch nicht. Wenn Sie zum Fahren eine Brille brauchen, müssen Sie diese auch wirklich tragen.

Bevor Sie einsteigen, den fließenden Verkehr beobachten.

Wenn Sie auf dem Fahrersitz Platz genommen haben, müssen Sie zunächst drei Dinge tun:

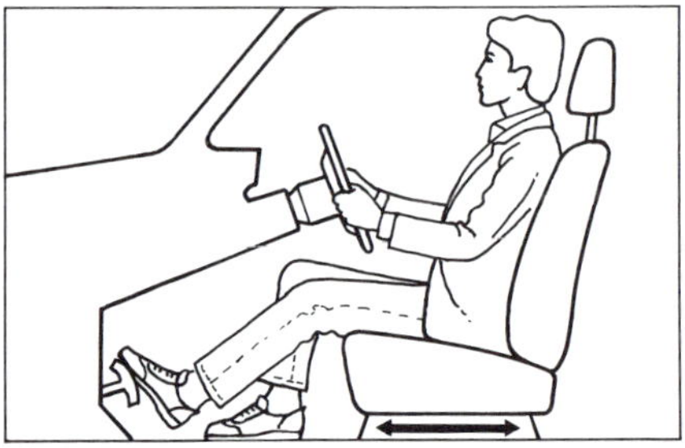

- Sitz entsprechend der gedrückten Kupplung einstellen (richten Sie sich nicht nach dem Bremspedal). Das Bein darf nicht ganz gestreckt sein.

- Innen- und Außenspiegel einstellen. Lassen Sie die Einstellung vom Fahrlehrer kontrollieren. Dabei kann er Ihnen gleich den toten Winkel zeigen und erklären, warum der Schulterblick so wichtig ist.
- Angurten. Schließen und Öffnen des Sicherheitsgurtes.

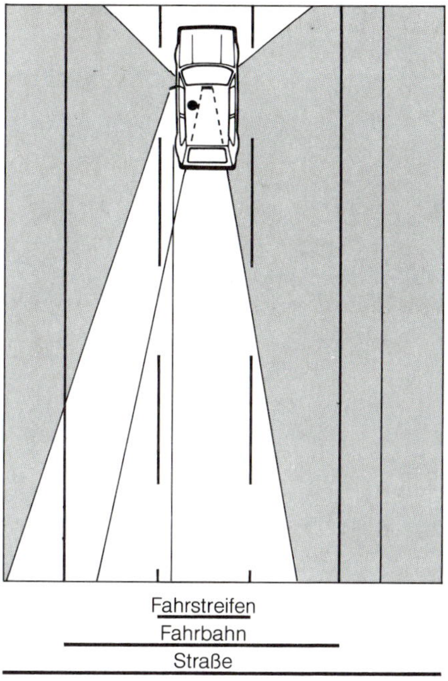

Toter Winkel (graue Fläche) bei nur einem Außenspiegel links

Profitip

Zur *Straße* gehören alle für den Straßenverkehr oder für einzelne Arten des Straßenverkehrs bestimmte Flächen (Fahrbahn, Radweg, Fußweg).

Die *Fahrbahn* wird begrenzt von der Bordsteinkante, dem Fahrbahnrand, dem Breitstrich als Fahrbahnbegrenzung.

Der *Fahrstreifen* ist der Teil der Fahrbahn, den ein mehrspuriges Fahrzeug zum ungehinderten Fahren im Verkehr der Fahrbahn benötigt.

Der Fahrlehrer wird Ihnen nun im Fahrschulwagen alle Pedale, Knöpfe, Hebel und Schalter zeigen und erklären. Machen Sie sich mit allem vertraut, eventuell auch nach der Fahrstunde im Fahrzeug zu Hause.

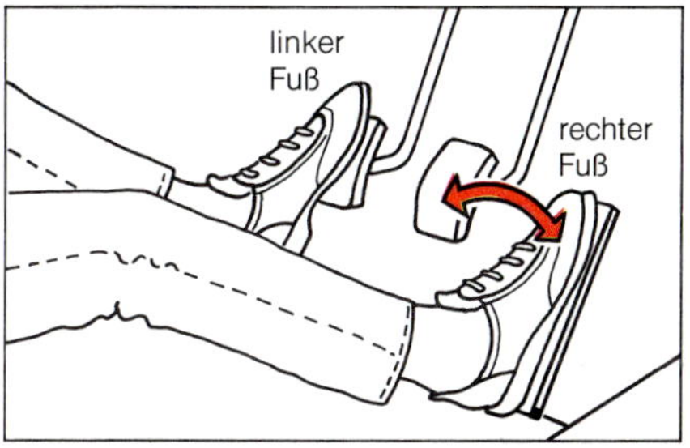

Der linke Fuß bedient das Kupplungspedal
Der rechte Fuß bedient das Bremspedal und das Gaspedal

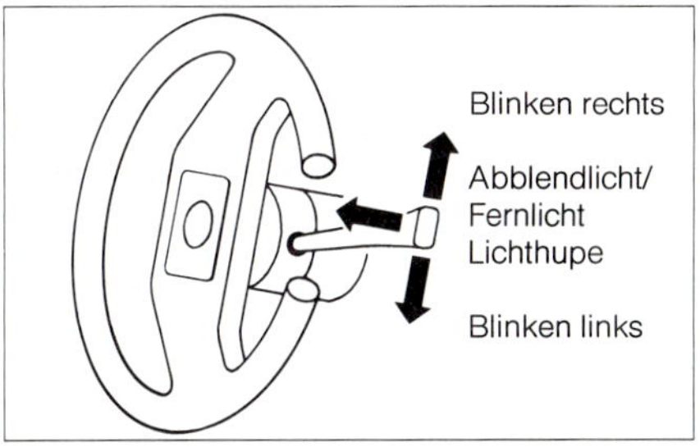

Die linke Hand bedient den Blinker und den Abblendschalter mit Lichthupe

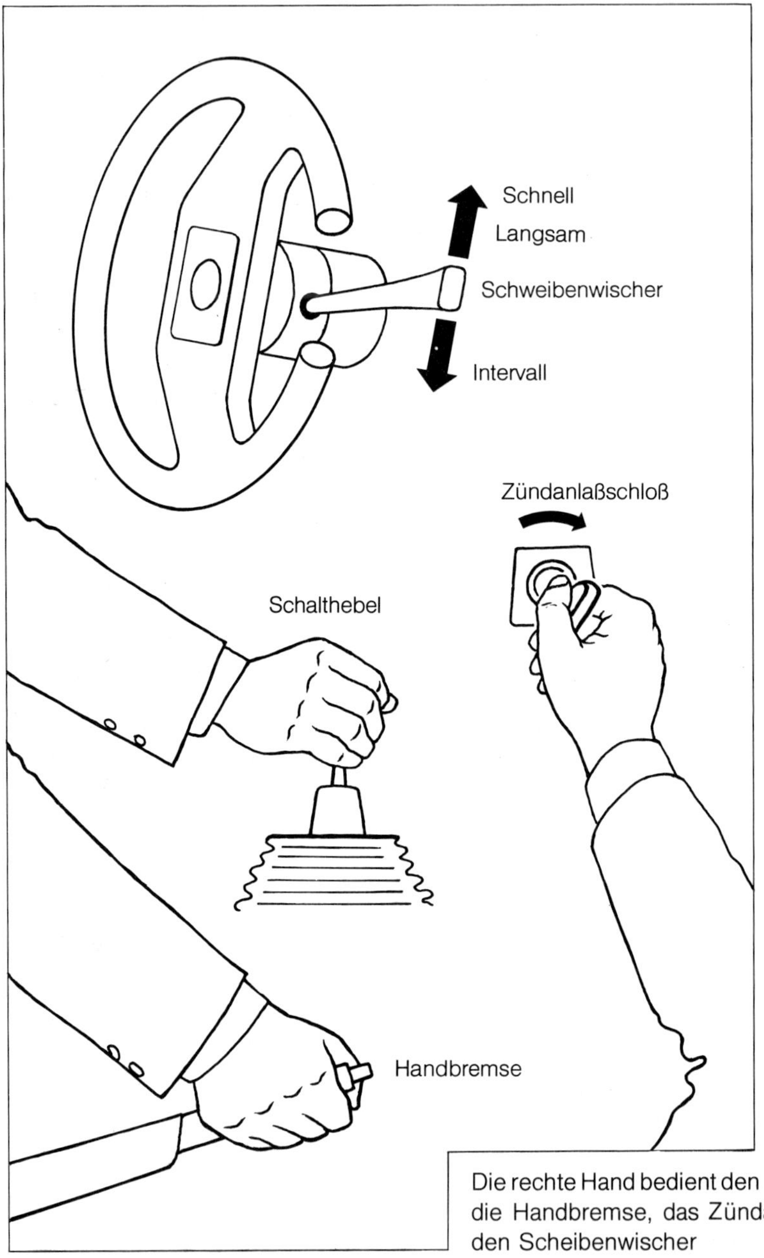

Die rechte Hand bedient den Schalthebel, die Handbremse, das Zündanlaßschloß, den Scheibenwischer

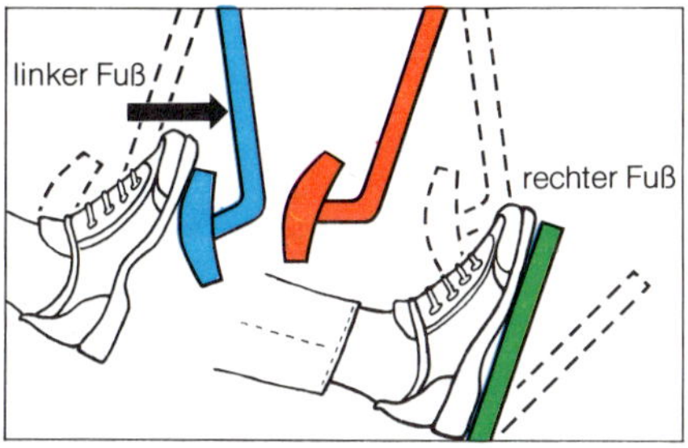

Das Kupplungs- und Bremspedal wird mit dem ganzen Bein bedient, wobei der Schuhabsatz nicht auf den Boden aufgesetzt wird. Dagegen wird das Gaspedal mit aufgesetztem Schuhabsatz bedient.

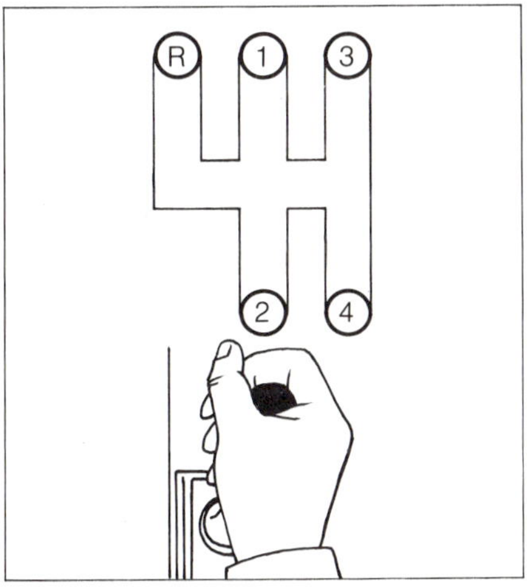

4-Gang-Knüppelschaltung

Achten Sie von der ersten Fahrstunde an auf die richtige Handhaltung beim Schalten. Ein Verschalten ist dann kaum möglich. Nicht auf den Schalthebel sehen. Der Blick ist immer auf die Fahrbahn gerichtet. Ruhig in zwei Phasen schalten. Die Anordnung der Gänge (Schaltsystem) kann je nach Fahrzeugart verschieden sein.

Schalthebelübungen

Bei diesen Übungen ist der Motor nicht angelassen. Bei richtiger Handhaltung wird Ihnen das Schalten bald leicht fallen:

1. Kupplung drücken – Vergegenwärtigen Sie sich nochmals das Schaltschema

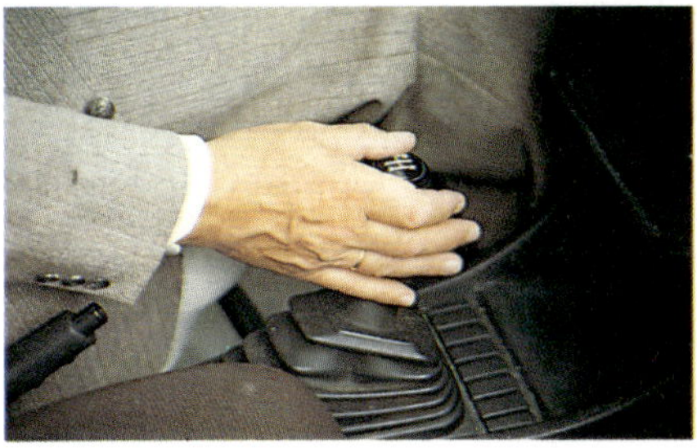

2. 1. Gang schalten – Daumen oben

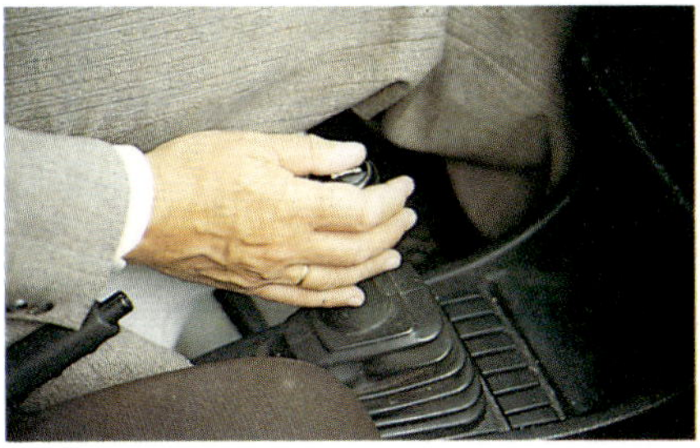

3. 2. Gang schalten – Daumen oben

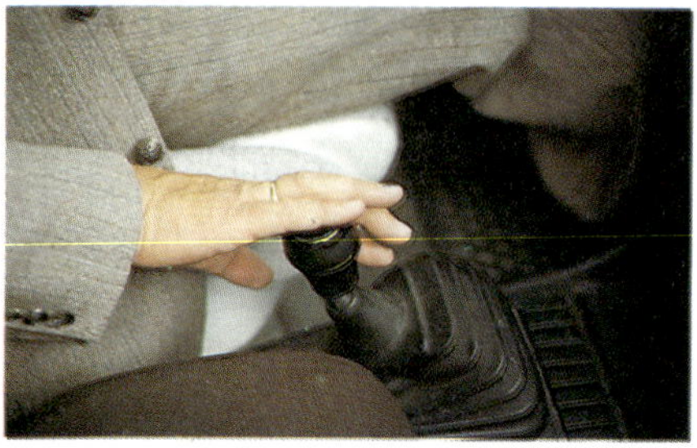

4. Hand drehen – Daumen unten – 3. Gang schalten – Stoßbewegung

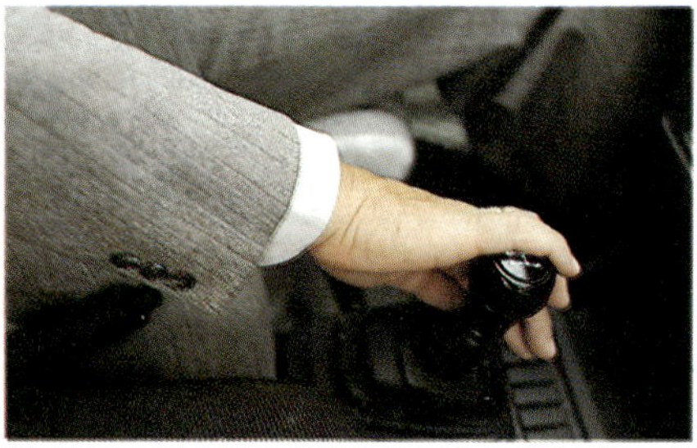

5. 4. Gang schalten - Daumen unten - Ziehbewegung

Und nun rückwärts:

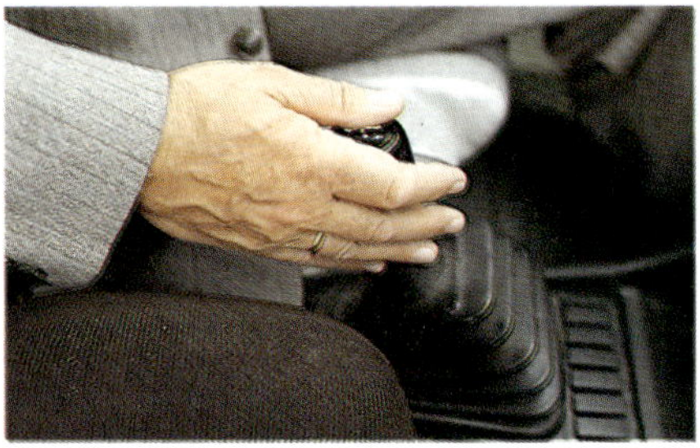

6. Dasselbe rückwärts zum 3. – 2. – 1. Gang

7. Rückwärtsgang schalten – vorher Sperre überbrücken

Beim Aussteigen nehmen Sie die rechte Hand zum Öffnen der Tür, gleichzeitig werfen Sie einen Blick nach hinten.

Motor starten und wieder abstellen

Starten

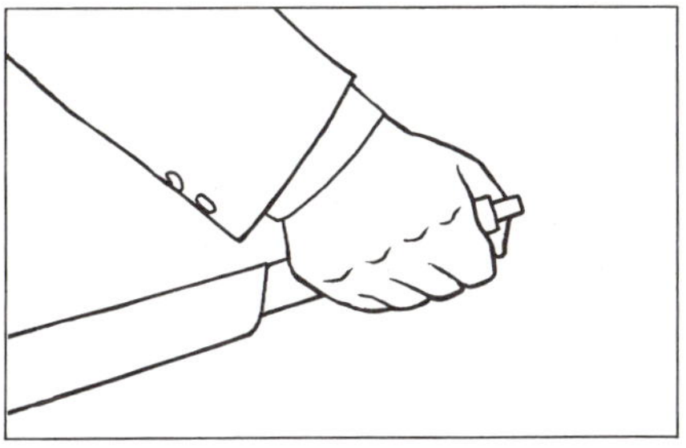

1. Zunächst kontrollieren, ob die Handbremse angezogen ist. Dies ist notwendig, weil das Fahrzeug sonst wegrollen könnte.

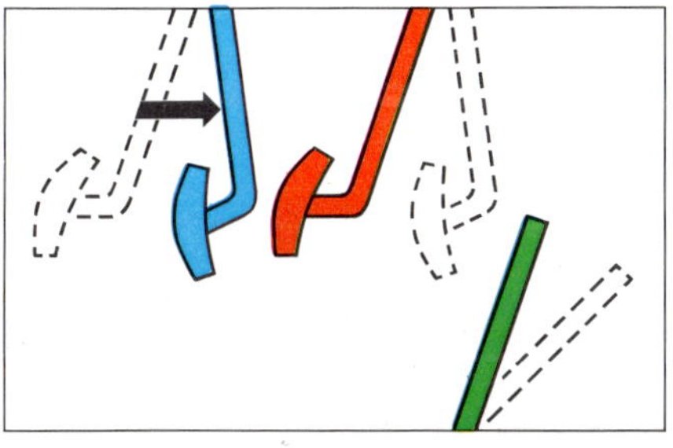

2. Dann die Kupplung treten. Dies ist wichtig, denn das Fahrzeug soll stets mit eingelegtem Gang abgestellt werden. Außerdem wird die Batterie geschont, weil der Anlasser nur den Motor bewegen muß, nicht aber Kupplung und Getriebe. Der Motor springt dadurch leichter an.

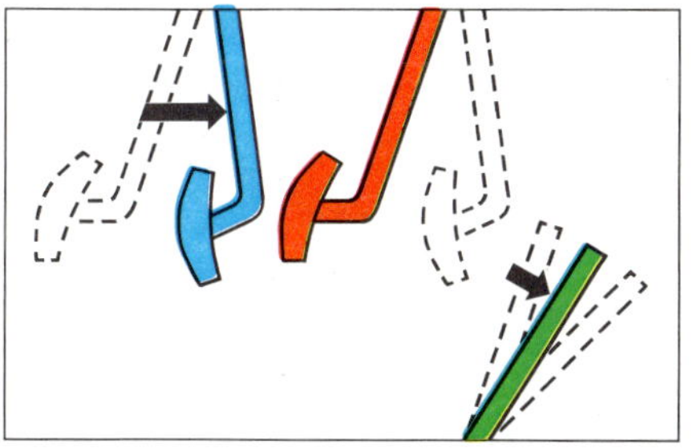

3. Fuß an das Gaspedal stellen (je nach Wagentyp mehr oder weniger Gas geben; siehe Betriebsanleitung.

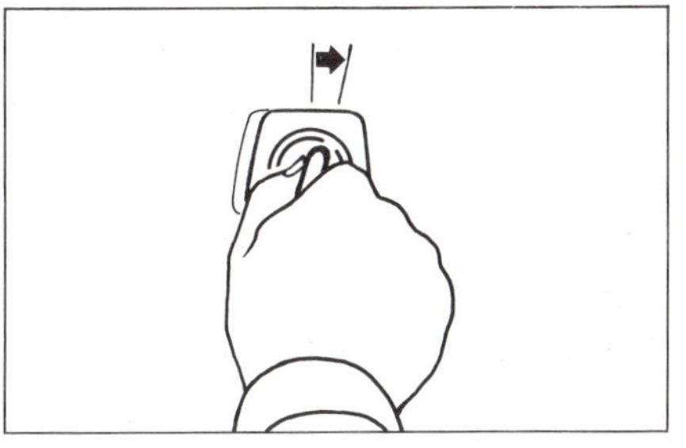

4. Zündung einschalten (Zünd- und Öl-kontrollampe müssen brennen). Läßt sich der Zündschlüssel nicht drehen, Lenkradschloß entriegeln. Keine Gewalt anwenden, sondern mit Gefühl dem Lenkrad »Spiel« geben.

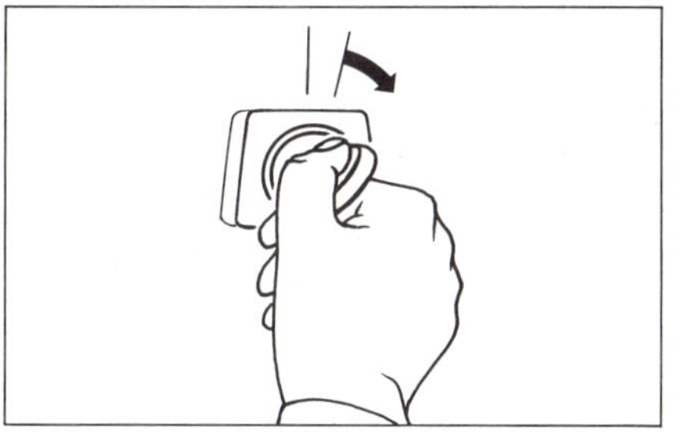

5. Anlasser betätigen.

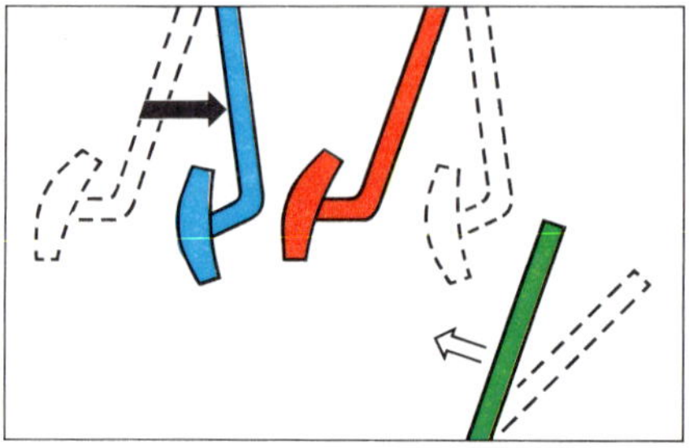

6. Wenn der Motor läuft: Hand vom Zündschlüssel – Fuß vom Gaspedal.
7. Beobachten, ob Kontrollampen aus sind.

Abstellen

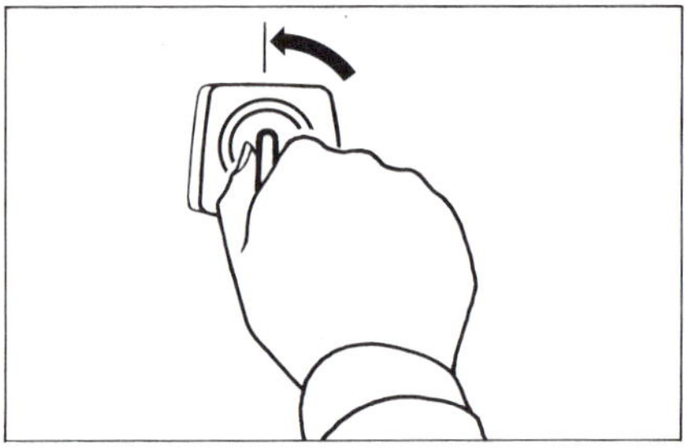

1. Zündung ausschalten.

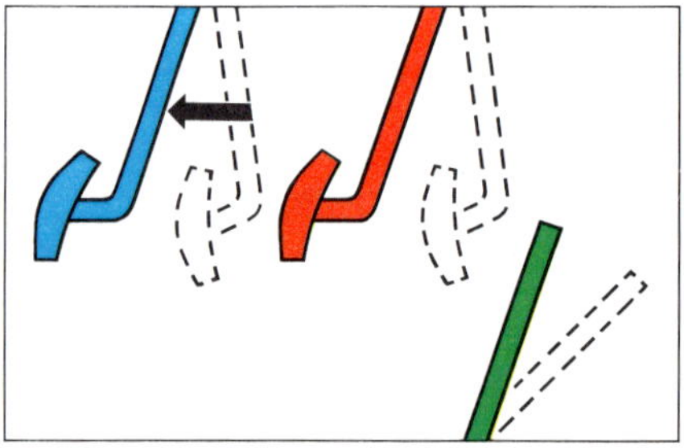

2. Kupplung kommen lassen.

Lassen Sie sich den Anlaßvorgang bei kaltem und warmem Motor zeigen.

Lenken

Die Hände halten das Lenkrad locker und leicht oberhalb der Speichen fest. Die Arme sind entspannt. Die Daumen liegen auf dem Lenkradkranz. Nicht festklammern. Der Blick ist weit voraus. Mit der Lenkung zielen. Nicht auf das Lenkrad, vor das Fahrzeug und auf den Randstein sehen, denn dort, wo Sie hinsehen, fahren Sie auch hin.

Vor den verkehrsbedingten Lenkradeinschlägen in Lenkbereitschaft gehen:

- Mit ziehender Hand oben fassen
- Mit schiebender Hand unten fassen
- Übergreifen bei großen Lenkeinschlägen, dabei muß eine Hand ständig Lenkradkontakt haben (enge Kurven, Rückwärtsparken, Einparken sowie Wenden)

Das Lenkrad läßt sich sowohl nach rechts als auch nach links zweimal einschlagen. Den Lenkeinschlag bzw. die Stellung der Räder kann man am Lenkrad nicht erkennen. Um zu wissen, wie die Räder stehen, muß man das Fahrzeug entweder vorwärts oder rückwärts fahren.

Übungen bei Lenkschwierigkeiten

Um mit dem Fahrzeug zielen, also sicher lenken zu lernen, sind folgende Übungen zu empfehlen:

- Auf einem freien Platz (ein mit Markierungen versehener freier Parkplatz) in Schlangenlinien fahren; ausgangs der Kurve sofort gerade fahren.

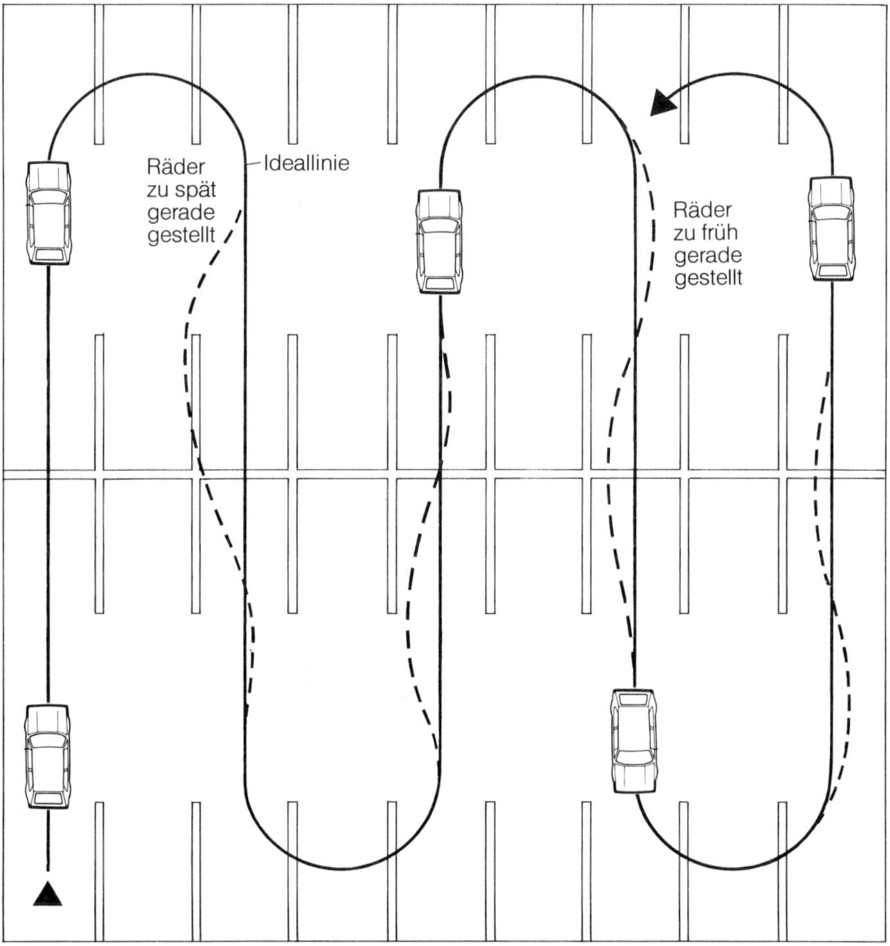

- Das Fahrzeug vorwärts und rückwärts an die Bordsteinkante anstellen, dabei an der Bordsteinkante entlangfahren, indem Sie über die Mitte des Fahrzeuges zielen.

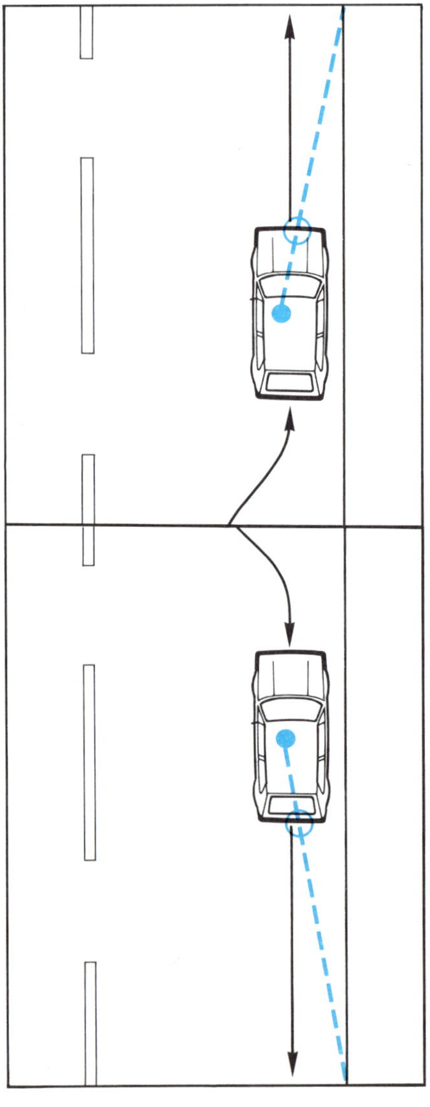

- Eine kurvenreiche Straße mehrmals mit steigender Geschwindigkeit befahren, damit man in der Kurve den Druck, der von der Fliehkraft herrührt, am Lenkrad spürt.
Je enger die Kurve und je größer die Geschwindigkeit ist, um so größer wird die Fliehkraft, also auch der Druck am Lenkrad. Um einwandfrei durch eine Kurve zu fahren, muß man entgegen der Fliehkraft an der Innenseite der Kurve entlangfahren. Ausgangs der Kurve sofort gerade lenken, und mit dem Fahrzeug in Richtung der nächsten Kurve zielen.
Lassen Sie sich von der Fliehkraft nicht aus der Kurve hinaustragen.
(Zeichnung nächste Seite)

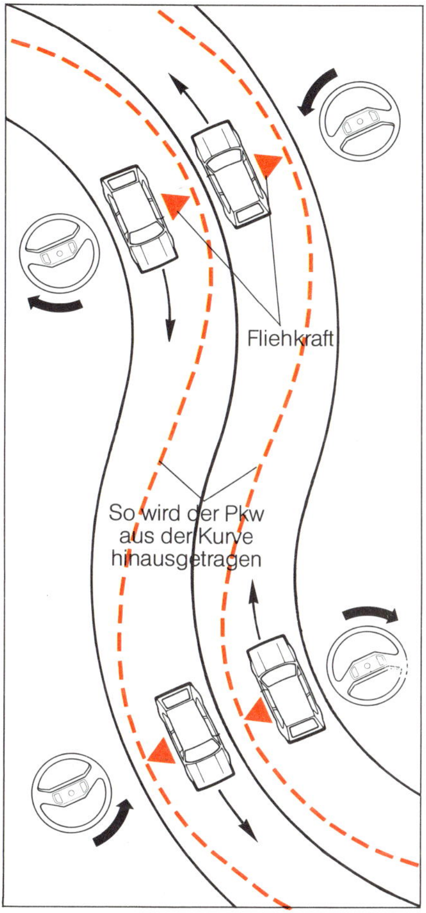

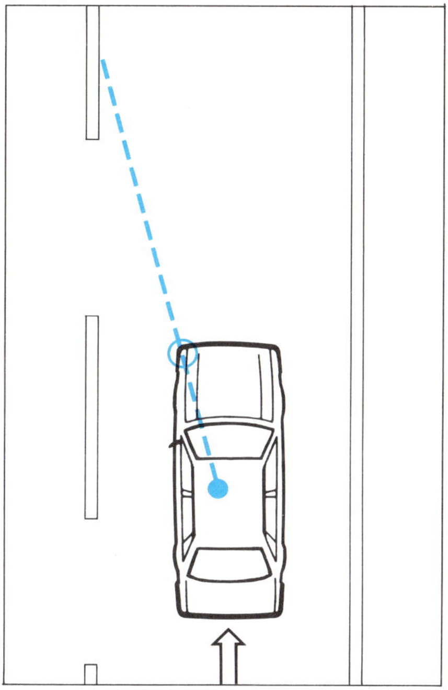

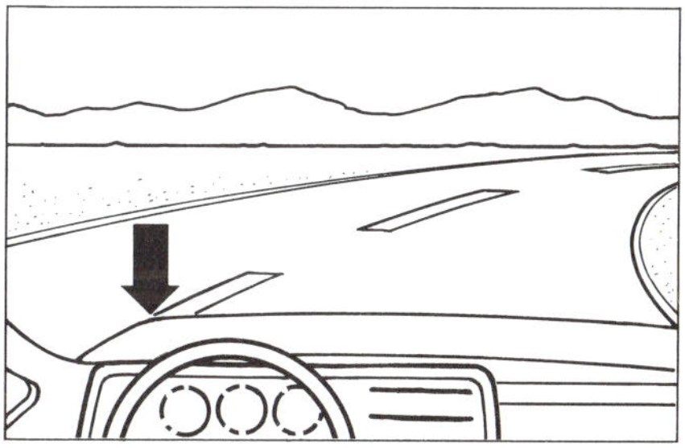

- Oft stellt der Abstand, den man zur Bordsteinkante oder zum Fahrbahnrand hat, ein Problem dar. Man kann ihn feststellen, indem man – über den linken Scheinwerfer zielend – an der Mittellinie (Leitlinie) entlangfährt. Diese Kontrolle darf aber nur einen Augenblick dauern!
(siehe die folgenden 3 Abbildungen)

Anfahren und Anhalten

Anfahren

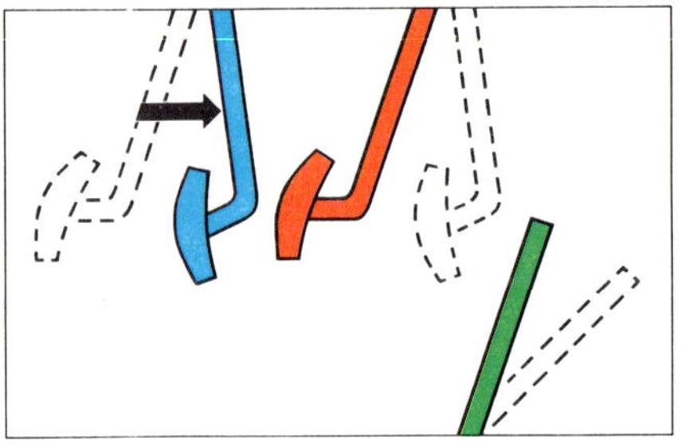

1. Kupplung drücken

2. In 1. Gang schalten

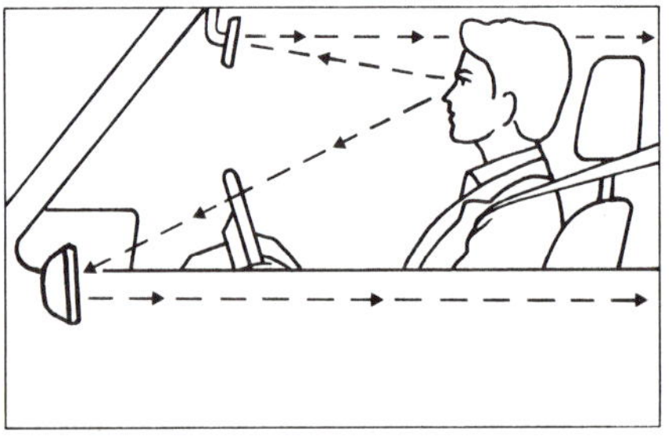

3. Kontrollblick Verkehr: Innen- und Außenspiegel

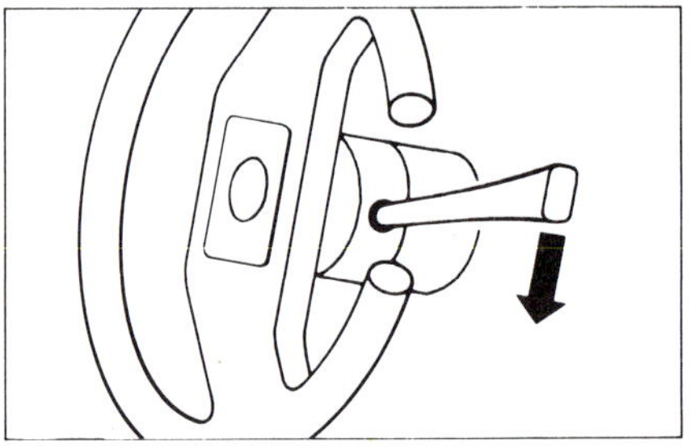

4. Blinker links stellen

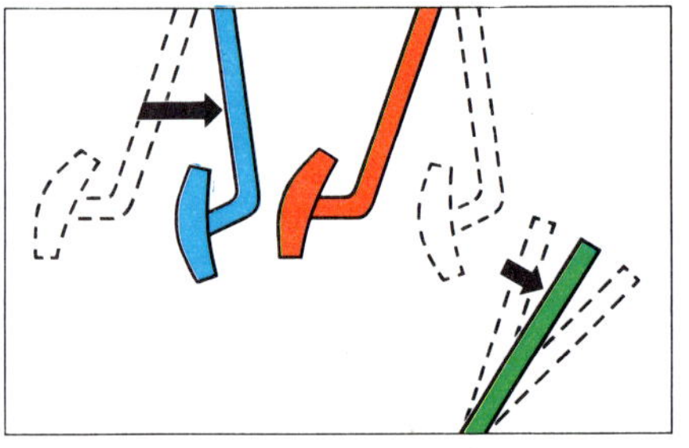

5. Anfahrgas geben – Gas gibt man mit der Fußspitze und dem Ohr

6. Kontrollblick über Verkehrslage, nach vorn und über die linke Schulter rückwärts schauen (toter Winkel)

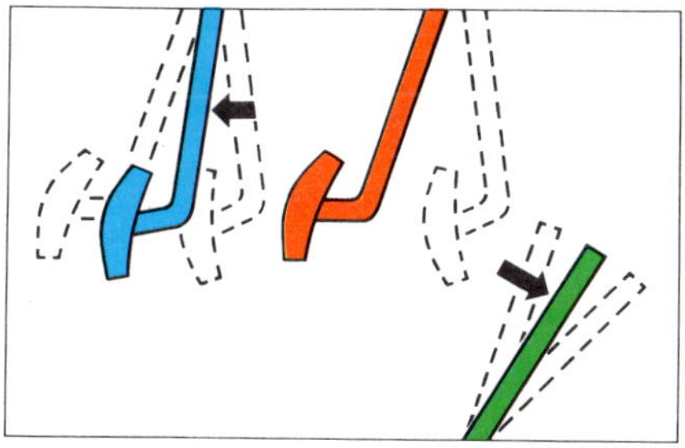

7. Dabei die Kupplung *nur* soweit herauslassen, bis das Fahrzeug anfahren will. Kupplung an diesem Punkt (Schleifpunkt) festhalten, und erst nach 3 bis 5 m Fahrt ganz herauslassen. Den Schleifpunkt hört man am Motorengeräusch, sieht man an der leichten Bewegung des Fahrzeuges und spürt man an der Kupplung
8. Mehr Gas geben
9. Kontrolle, ob Blinker zurückgestellt

Anfahren, zunächst ohne Umsicht: Nachdem Sie Anfahrgas gegeben haben, Kupplung bis zum Schleifpunkt herauslassen – nicht umgekehrt!

Anhalten

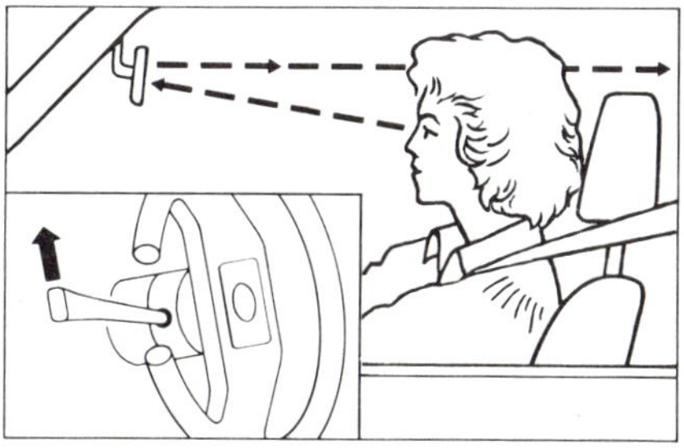

1. Im Innenspiegel den rückwärtigen Verkehr kontrollieren, Blinker rechts stellen

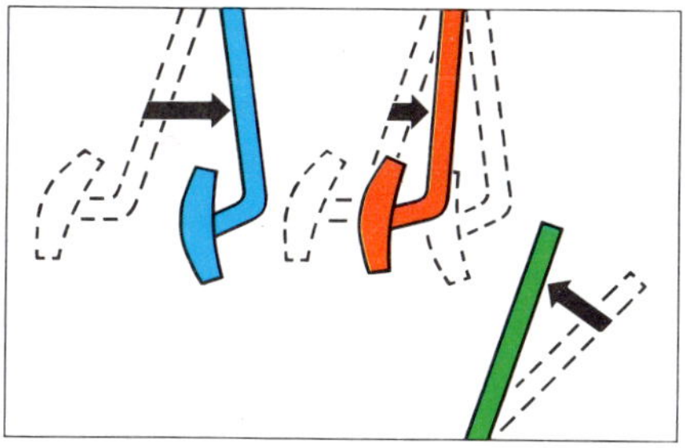

2. Gas wegnehmen
3. Mit der Fußbremse abbremsen und rechts an den Straßenrand fahren (max. 20 cm Abstand)
4. Kurz vor Stillstand des Fahrzeuges die Kupplung drücken und ruckfrei anhalten. Ruckfreies Anhalten wird durch Verminderung des Bremsdruckes kurz vor dem Stillstand erreicht

Bei langsamer Fahrt (z. B. Kolonne) und bei Eis- und Schneeglätte zuerst die Kupplung drücken, damit das Fahrzeug rollt und alle 4 Räder die gleiche Bremswirkung haben. Vorsicht, die Bremse mit Gefühl betätigen. Bei Eis und Schnee: »Intervall-Stotterbremsung«
Beim Anfahren treten erfahrungsgemäß beim Fahrschulanfänger Schwierigkeiten auf. Auf die wichtigsten sei an dieser Stelle hingewiesen.

Abwürgen

- Zu wenig Anfahrgas
- Kupplung am Schleifpunkt nicht festgehalten oder zu weit herausgelassen

Fahrzeug springt

- Zuviel Anfahrgas
- Kupplung zu schnell herausgelassen

Abhilfe können Sie in beiden Fällen nur durch Drücken der Kupplung erreichen. Die Kupplung trennt und verbindet den Motor mit dem Fahrzeug (siehe Kapitel »Schalten«).

Die Kupplung – eine Zusammenfassung

Man braucht die Kupplung zum:

1. Anhalten
2. Schalten
3. Rollenlassen des Fahrzeuges
4. Anfahren
5. Langsam bergauf und bergab fahren
6. Halten des Fahrzeuges bergauf in Ruhestellung
7. Fahren
8. Motor abwürgen (bei falscher Bedienung der Kupplung, kann aber auch in Sonderfällen erforderlich sein)

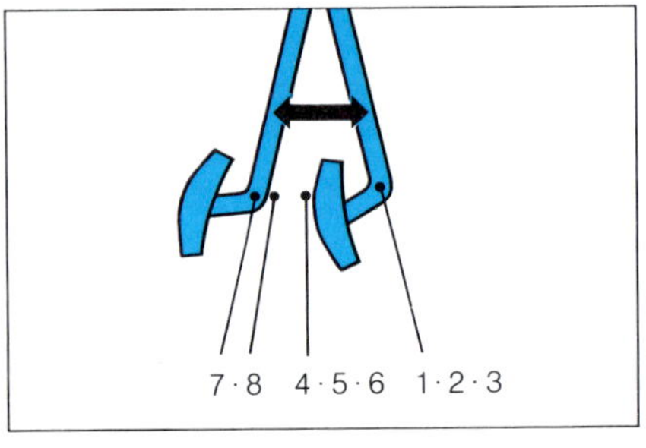

Wenn Sie den Schleifpunkt weder hören, noch sehen und spüren, sollten Sie folgende Übung machen:

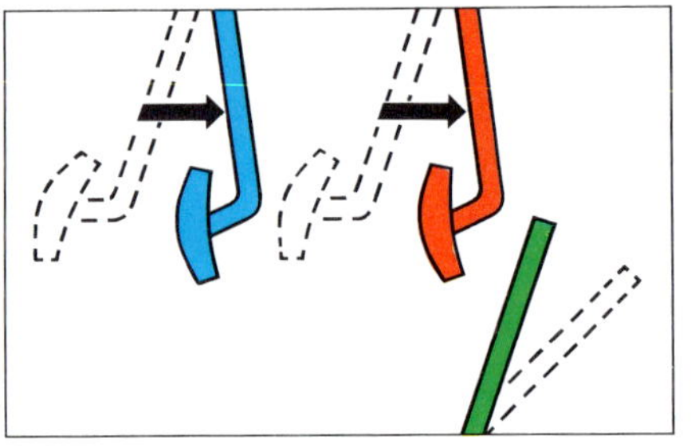

Halten Sie das Fahrzeug an einer leichten Steigung mit der Fußbremse und gedrückter Kupplung fest. Lassen Sie jetzt

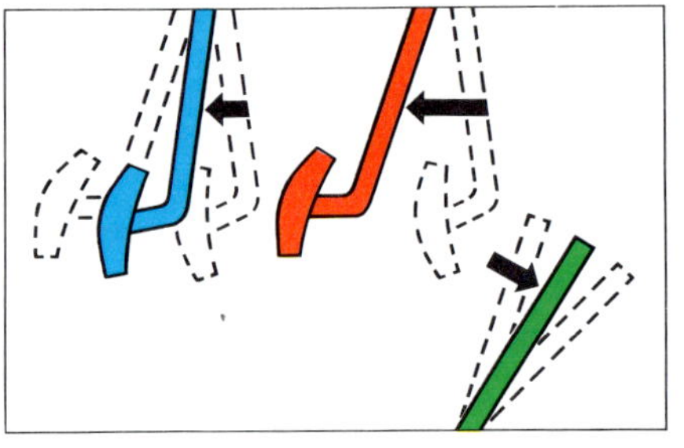

die Kupplung bis zum Schleifpunkt heraus (hören, sehen, spüren), geben Sie nun die Bremse frei und wechseln Sie zum Gaspedal. Jetzt Anfahrgas geben und vorsichtig anfahren.

Diese Übung sollten Sie nicht zur Gewohnheit werden lassen: Im Verkehr ist die Gefahr, den Motor abzuwürgen, sehr groß.

Schalten

Um die Kraft des Motors den jeweiligen Verkehrsverhältnissen (Ebene, Gefälle, Steigung, Witterungsverhältnisse, Straßenführung, Kurven usw.) anzupassen, ist im Auto das Schaltgetriebe mit den Gängen eingebaut.
Merken Sie sich besonders:
Die Wahl des Ganges richtet sich nach der gefahrenen Geschwindigkeit. Wann man schalten muß, läßt sich auch am Motorengeräusch feststellen. Viele Fahrschüler schalten am Anfang fälschlicherweise willkürlich nach dem Gedanken: »Jetzt muß ich wohl wieder schalten!«

Wann schaltet man

Man fährt:

- Anfahren und ganz langsam im — 1. Gang
- langsam im — 2. Gang
- schnell im — 3. Gang
- ganz schnell im — 4. Gang

Man schaltet in der Ebene:

- bei ca. 20 km/h in den — 2. Gang
- bei ca. 40 km/h in den — 3. Gang
- bei ca. 60 km/h in den — 4. Gang

Man schaltet zurück:

- bei ca. 50 km/h in den — 3. Gang
- bei ca. 30 km/h in den — 2. Gang
- bei ca. 10 km/h in den — 1. Gang

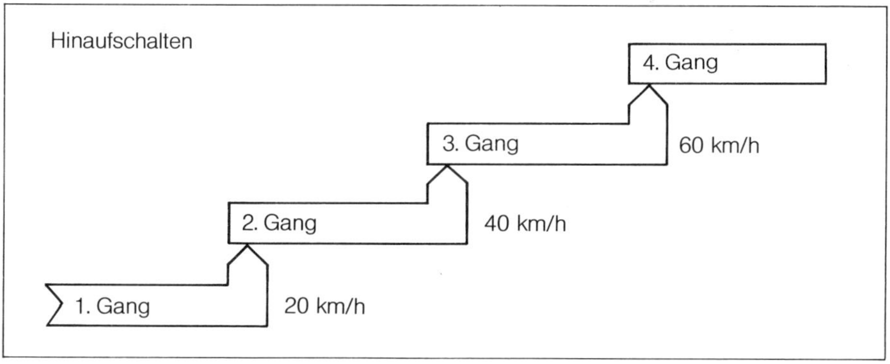

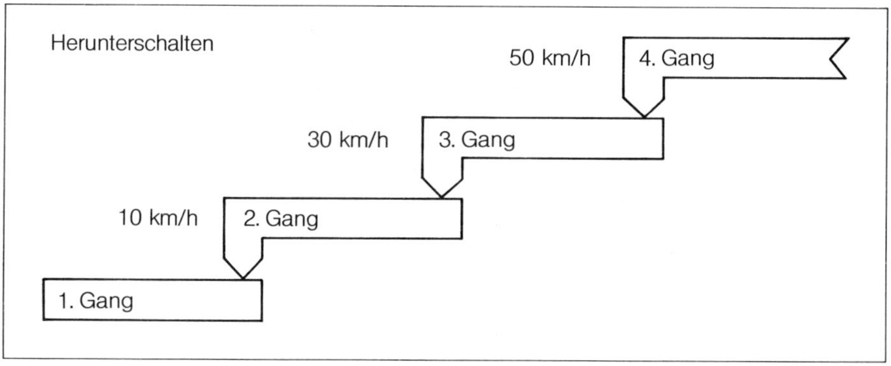

Hinaufschalten

1. Vorher Fahrzeug beschleunigen

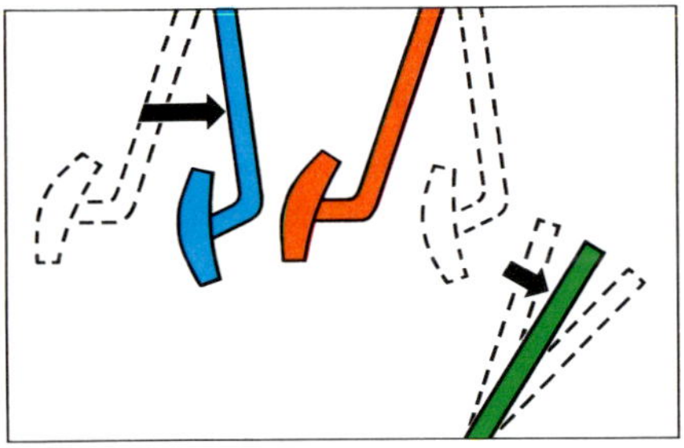

2. Gas geben
3. Kupplung drücken

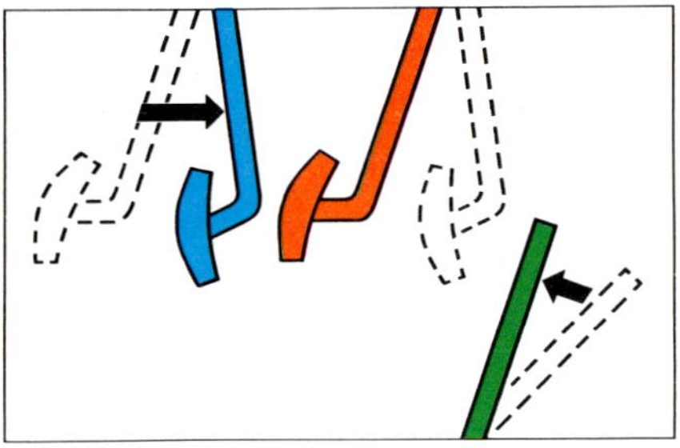

4. Gas weg

5. Schalten (nicht umgekehrt: Gas weg – Kupplung drücken)

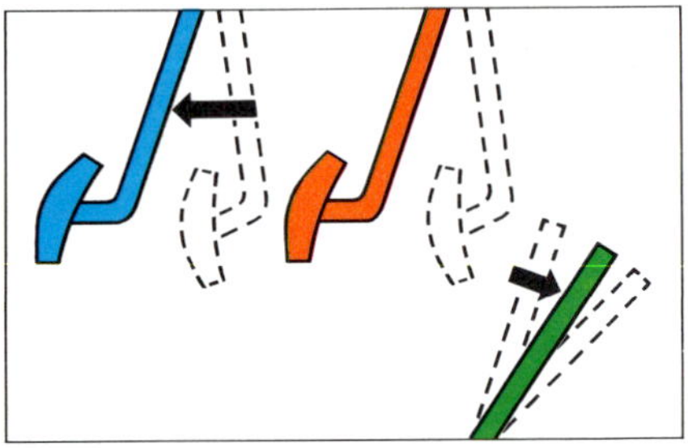

6. Kupplung herauslassen
7. Gas geben

Profitip

Bergauf muß man beim Hinaufschalten das Fahrzeug um ca. 10 bis 20 km/h mehr beschleunigen als beim Schalten in der Ebene, da man während des Schaltvorganges rasch an Geschwindigkeit verliert. Bergab kann man beim Hinaufschalten schon etwas früher den nächsthöheren Gang einlegen.

Herunterschalten

Stets erst die Geschwindigkeit verringern. Entweder mit Hilfe der »Motorbremse« (das heißt, der Motor bremst den Wagen, wenn man Gas wegnimmt), oder mit der Fußbremse, wobei sich der Druck auf das Bremspedal nach der gefahrenen Geschwindigkeit richtet. Erst dann wählt man den richtigen Gang.

Herunterschalten:

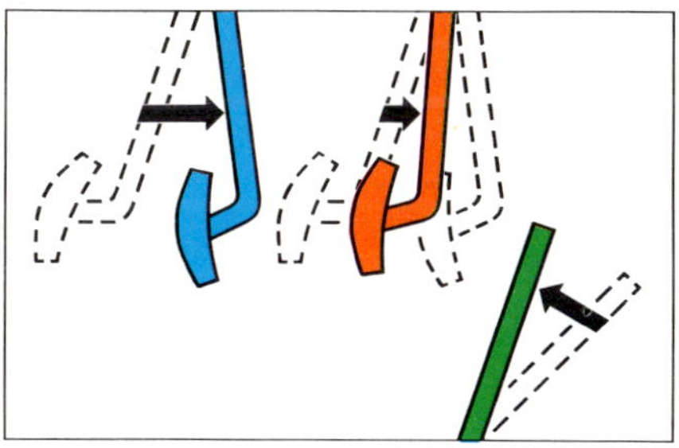

1. Gas weg
2. Bremsen
3. Kuppeln

4. Schalten

Den Schalthebel nicht als Rührlöffel oder Brechstange benutzen, sondern leicht und locker führen; auf die Handhaltung achten (siehe Kapitel »Fahren lernen – die erste Fahrstunde«).

Um das H-Schaltschema allmählich zu beherrschen, ist es ratsam, auch einmal selbst eine Skizze vom Schaltschema anzufertigen.

Den Rückwärtsgang dürfen Sie nur bei stehendem Fahrzeug einlegen. Eine Sperre soll verhindern, daß er sich während der Fahrt einschalten läßt, da sonst ein Getriebeschaden entstehen könnte.

Anfahren bergauf

Anfahren bergauf mit der Handbremse

Die Handbremse brauchen Sie:

- Wenn das Fahrzeug in die entgegengesetzte Richtung rollt, als Sie fahren wollen. Sie wollen beispielsweise bergauf vorwärts fahren, der Wagen rollt aber zurück, also müssen Sie mit der Handbremse anfahren.

Keine Handbremse brauchen Sie:

- Wenn das Fahrzeug nicht wegrollt.
- Wenn das Fahrzeug in die Richtung rollt, in die Sie fahren wollen. Sie fahren beispielsweise bergan zurück, das Fahrzeug rollt aber schon von selbst bergab. In diesem Fall regulieren Sie die Geschwindigkeit mit der Fußbremse und gedrückter Kupplung.

Profitip

Den Schleifpunkt merken Sie

- am Motorengeräusch – es verändert sich
- am Fahrzeug – es will anfahren
- an der Kupplung – diese wird »schwerer«

Beim Anfahren bergauf mit der Handbremse sind zunächst folgende Vorbereitungen zu treffen:
Motor läuft – Kupplung ist gedrückt – 1. Gang ist eingeschaltet – Handbremse angezogen

Dann ist Schritt für Schritt folgendes zu machen:

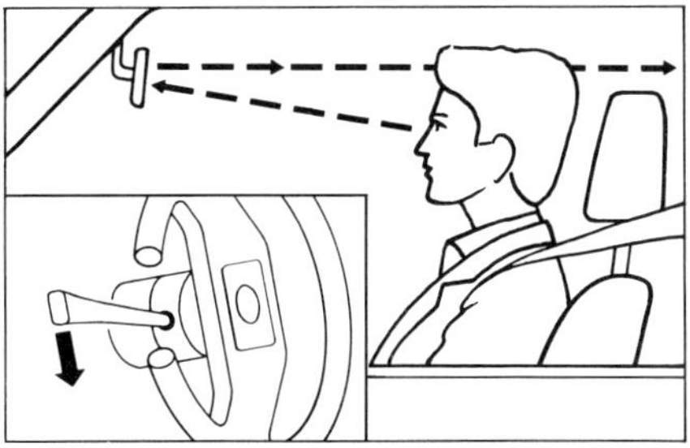

1. Verkehr kontrollieren – Blick in den Spiegel
2. Blinker links stellen

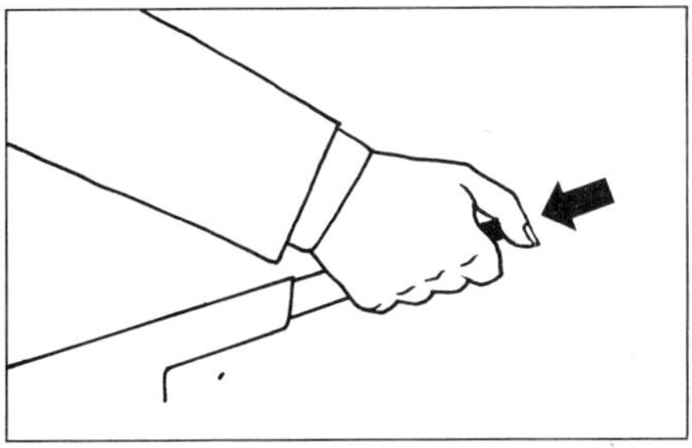

3. Handbremse – Sperre lösen – Handbremse aber noch festhalten, damit das Auto nicht wegrollen kann

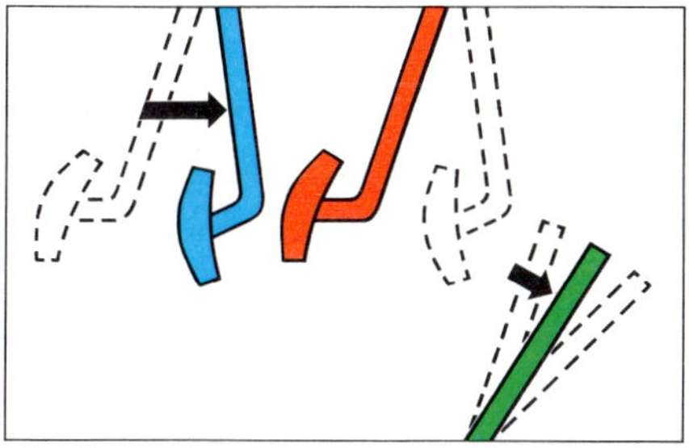

4. Anfahrgas geben, je nach Steigung mehr oder weniger

5. Nochmals Verkehr kontrollieren, nach vorn und über die linke Schulter rückwärts schauen (toter Winkel)

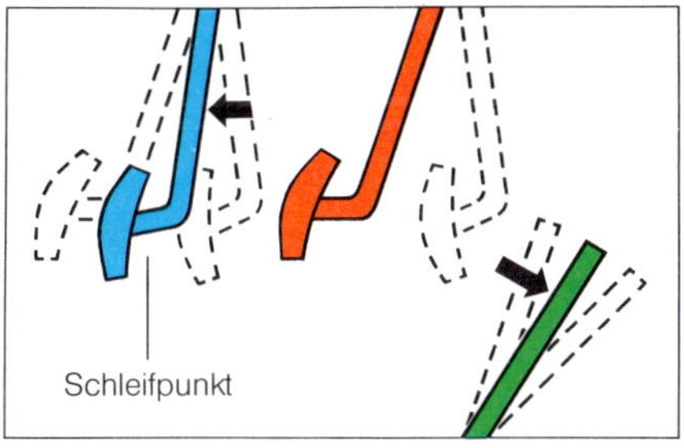

6. Dabei die Kupplung nur bis zum Schleifpunkt herauslassen und hier unbedingt festhalten
Anfahrgas aus Nr. 4 konstant halten

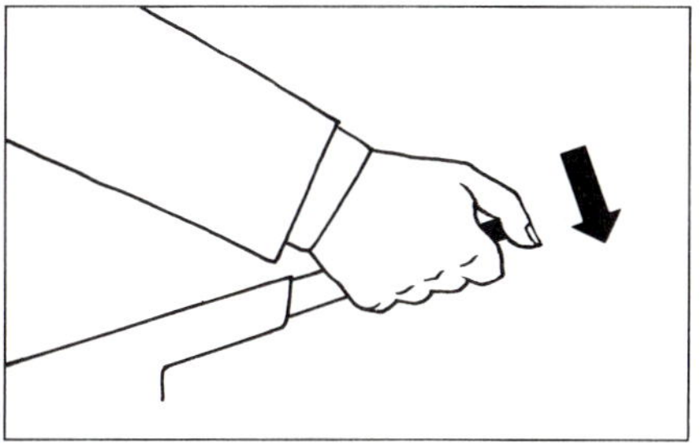

7. Wenn die Kupplung den Schleifpunkt erreicht hat, sofort die Handbremse freigeben und erst nach 3 bis 5 m Fahrt die Kupplung ganz herauslassen.

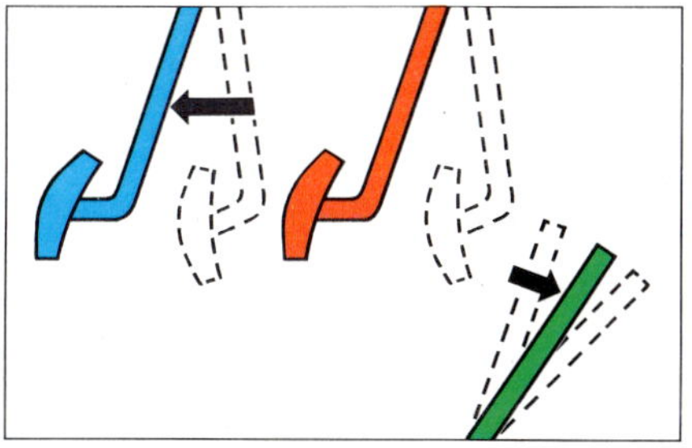

8. Mehr Gas geben

Profitip

Kurzformel für das Anfahren bergauf mit der Handbremse:

- Handbremse – Sperre lösen
- Anfahrgas geben
- Kupplung bis Schleifpunkt
- Handbremse freigeben
- Anfahren
- mehr Gas geben

Beim Rückwärtsfahren bergauf sind die Handlungsabläufe ähnlich. Rückwärtsgang schalten, umdrehen und nach hinten schauen, anfahren.

Profitip
Wenn der Motor abgewürgt wird, haben Sie die Kupplung zu weit herausgelassen und nicht am Schleifpunkt gehalten.
Wenn das Fahrzeug zurückrollt, haben Sie die Handbremse zu zeitig freigegeben.

Anfahren bergauf mit Gas – Kupplung

Um schnell ein gutes Kupplungsgefühl zu bekommen und die Angst vor dem Fahrzeug zu verlieren, empfiehlt sich folgende Vorübung an einer leichten Steigung:

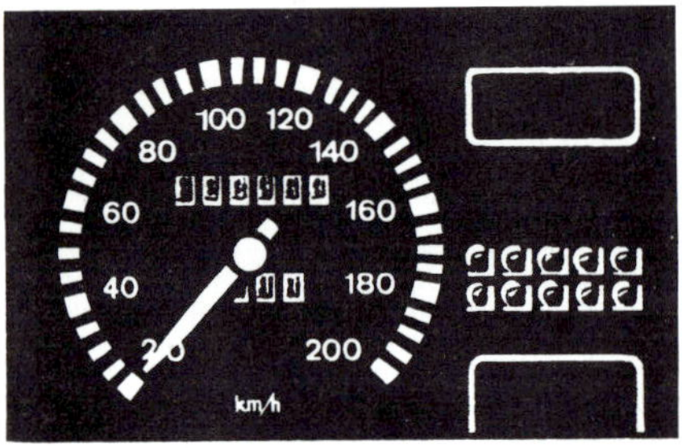

1. Mit ca. 20 km/h fahren

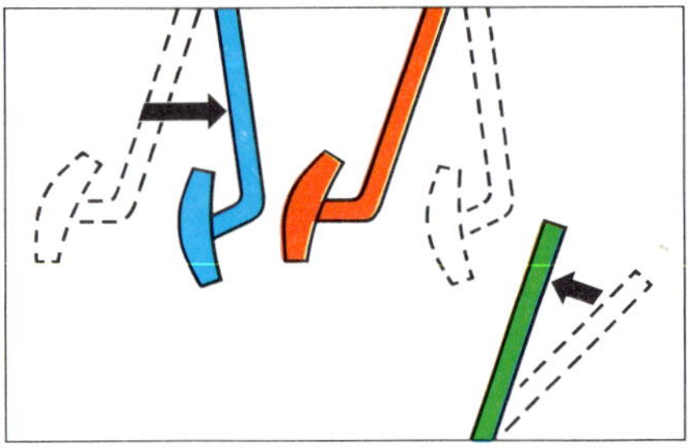

2. Kupplung drücken und Gas wegnehmen
3. Fahrzeug ausrollen lassen

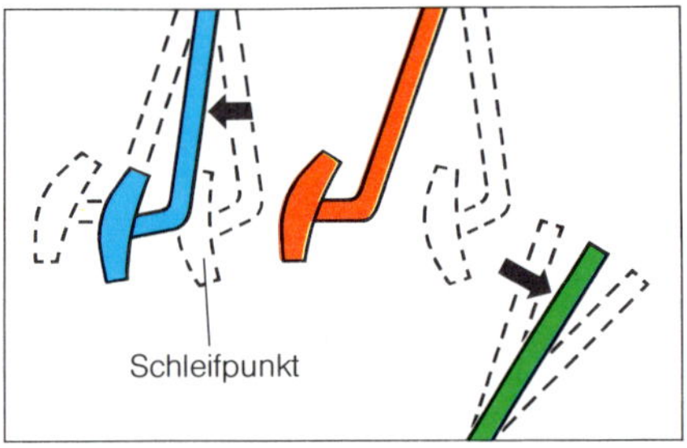

4. Kurz vor Stillstand des Fahrzeuges mit Anfahrgas ruckfrei weiterfahren, wobei Sie die Kupplung am Schleifpunkt halten

Gehen Sie danach einen Schritt weiter, und lassen Sie das Fahrzeug ca. 10 bis 20 cm zurückrollen, ehe Sie es mit Gas – Kupplung abfangen (bei normalem Anfahrgas ist der Kupplungsverschleiß gleich Null).

Wenn Sie die Vorübung einwandfrei beherrschen, versuchen Sie das Anfahren mit Gas – Kupplung aus dem Stand heraus (Schritte 1–7 folgende Seite).

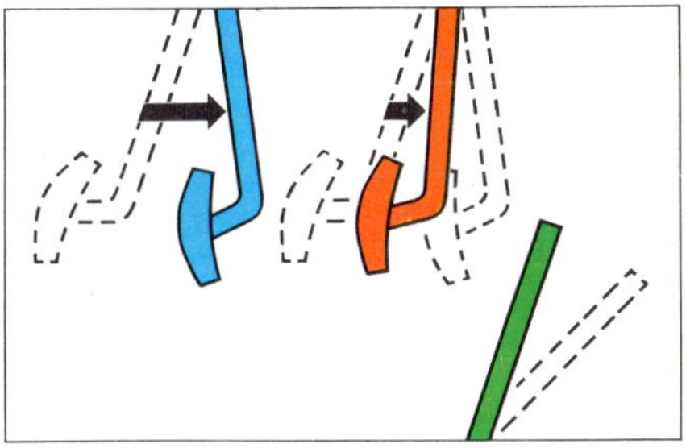

1. Kupplung und Bremse sind gedrückt

2. Der 1. Gang ist eingeschaltet
3. Kontrollblick Verkehr: Blick in die Spiegel – Schulterblick

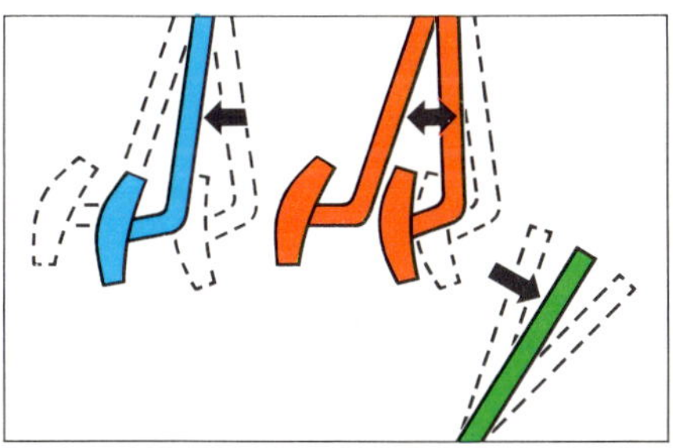

4. Bremse kurz kräftig drücken (dadurch lösen sich die Bremsbacken nicht so schnell), freilassen
5. anschließend schnell *nur* Anfahrgas geben
6. Gleichzeitig Kupplung *nur* bis zum Schleifpunkt herauslassen und hier unbedingt festhalten

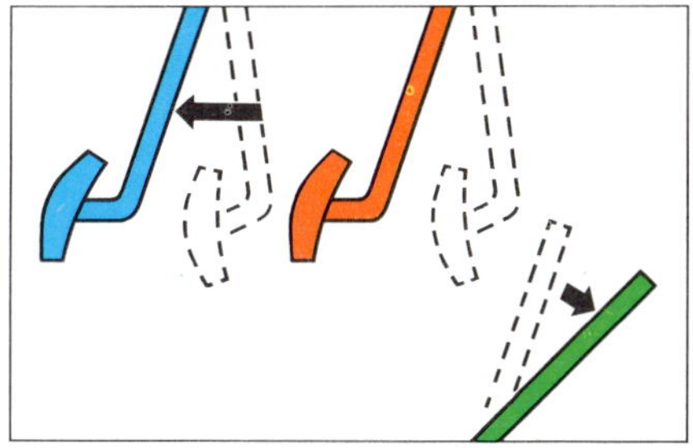

7. Nach ca. 3 bis 5 m Fahrt Kupplung ganz herauslassen und mehr Gas geben

Profitip

Wenn Sie Schwierigkeiten bei dieser Übung haben, dann sagen Sie zu sich selbst ganz schnell: »Gas – Kupplung«. Die Füße führen das Kommando entsprechend aus (Sie werden überrascht sein). Probieren Sie zuletzt auch das Anfahren mit Gas – Kupplung bei gleichzeitigem Lösen der Handbremse.

Ganz langsam bergauf und bergab fahren

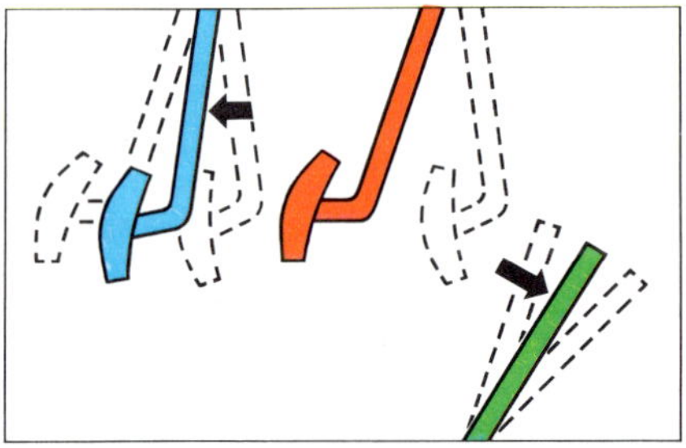

Bergauf fährt man ganz langsam mit wenig Gas, wobei man mit der schleifenden Kupplung die Geschwindigkeit reguliert. Bergab fährt man ganz langsam mit gedrückter Kupplung – und reguliert die Geschwindigkeit mit der Fußbremse.

Profitip

Kupplung am Schleifpunkt nur wenig bewegen. Sofort reagieren, wenn das Fahrzeug in die falsche Richtung rollt oder fährt. Fährt das Fahrzeug zu schnell vorwärts – Kupplung etwas hineindrücken. Rollt das Fahrzeug zurück – Kupplung etwas mehr herauslassen. Versuchen Sie auch, das Fahrzeug am Schleifpunkt im Stillstand zu halten.

Übungen

1. Um die richtige Bedienung der Pedale (Kupplung – Bremse – Gas) bei langsamer Bergauf- und Bergabfahrt zu lernen, machen Sie folgende Übung: Bergauf fahren – Kupplung drücken – Gas wegnehmen – Fahrzeug ausrollen lassen. Wenn das Fahrzeug zurückrollt, die Geschwindigkeit mit der Fußbremse bis zur gleichmäßigen ganz langsamen Bergabfahrt regulieren. Nach ca. 20 m das Fahrzeug mit Gas – Kupplung abfangen und ganz langsam vorwärts fahren.
   So lange üben, bis es ohne Motorabwürgen und vorheriges Anhalten klappt. Diese Übung bewirkt, daß Sie die Angst vor dem Fahrzeug verlieren.
2. Versuchen Sie, bergab bei einer Geschwindigkeit von ca. 30 km/h abzubremsen und plötzlich ganz langsam zu fahren. Nicht anhalten! (Kupplung und Bremse gleichzeitig drücken – Bremse kurz vor Stillstand des Fahrzeuges etwas lösen – Vorsicht, rückwärtiger Verkehr!). Dies ist eine ganz wichtige Übung für die Reaktionsschnelligkeit (Sehen – Reagieren).
3. Auf etwa 2 m Abstand hinter ein parkendes Fahrzeug – bergab oder bergauf – fahren und nun versuchen, so langsam wie möglich aus der Parklücke herauszufahren. Blinker und Umsicht nicht vergessen.

Wenden und Umkehren

Wenden auf der Fahrbahn nach vorn

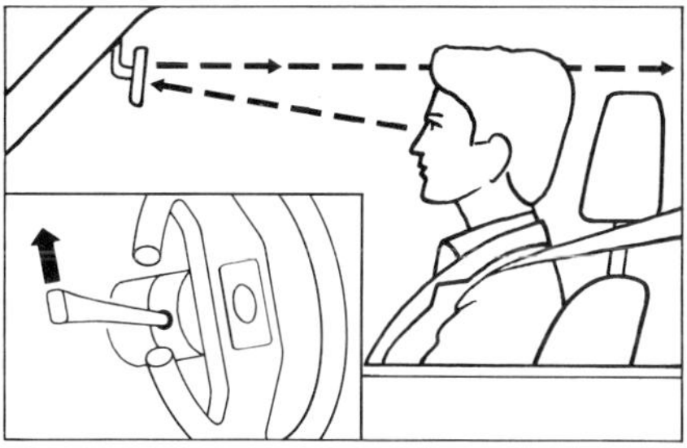

1. Kontrollblick über rückwärtige Verkehrslage – Blinker rechts
2. Langsam fahren
3. Rechts am Straßenrand anhalten
4. Den 1. Gang schalten
5. Kontrollblick Verkehr – nach vorn und hinten – Verkehrsteilnehmer vorbeilassen
6. Blinker links stellen, nochmal Verkehr kontrollieren
7. Anfahren – langsam fahren und schnell nach links lenken
8. Kurz bevor die Vorderräder den Randstein berühren, schnell gegenlenken (rechts) und anhalten
9. Rückwärtsgang schalten – Verkehr auf der Fahrbahn von rechts und links beobachten (evtl. mit Handzeichen verständigen) – über die rechte Schulter rückwärts schauen
10. Langsam mit vollem Lenkeinschlag nach rückwärts fahren
11. Bei Annäherung an den Randstein schnell gegenlenken und anhalten

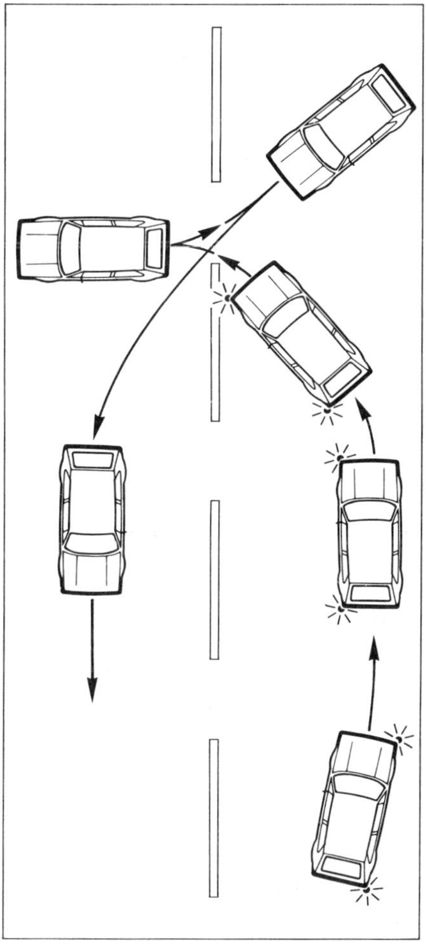

12. Den 1. Gang schalten
13. Kontrollblick Verkehr
14. Anfahren und auf der rechten Fahrbahnseite weiterfahren

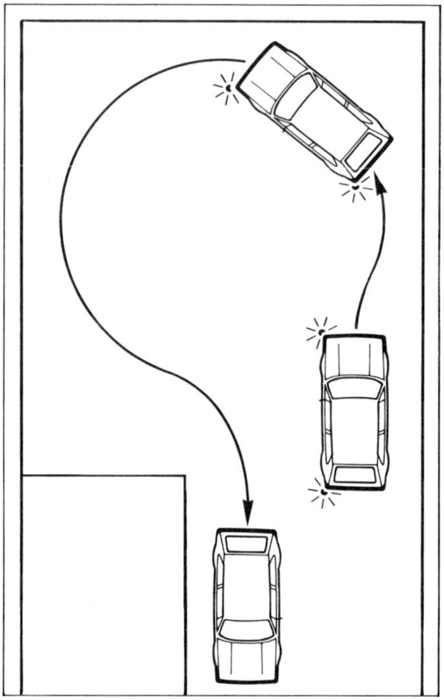

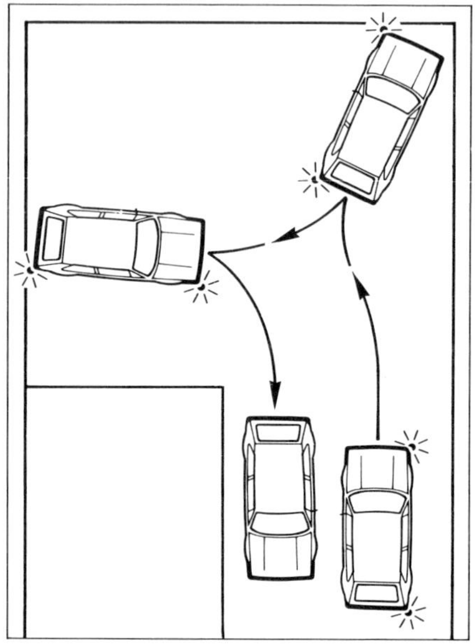

1. Ausnutzung von Wendeplatten
   (Beide Abbildungen auf dieser Seite)

Umkehren

Während man beim Wenden die Fahrbahn dreimal überqueren muß, braucht man beim Umkehren die Fahrbahn nur einmal zu überqueren.

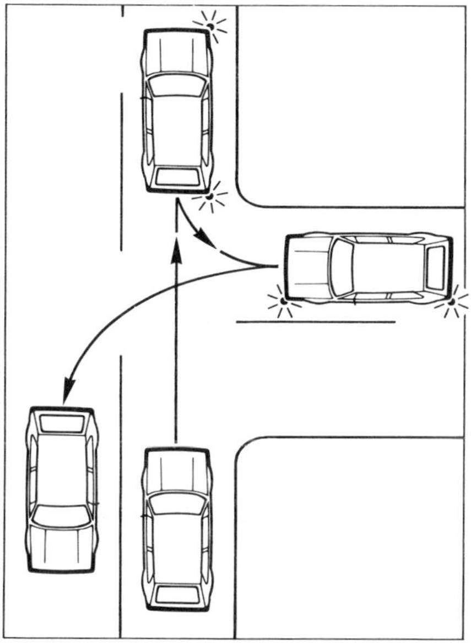

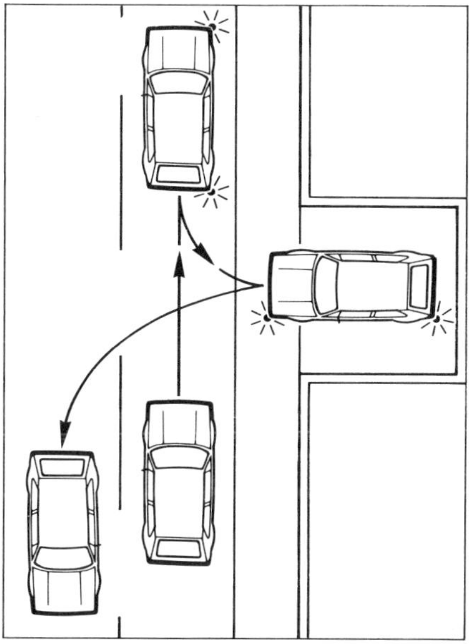

2. Nach einer Straßeneinmündung oder Einfahrt rechts an der Bordsteinkante anhalten. In die Straße oder Einfahrt zurückstoßen und vorwärts unter Beachtung des Querverkehrs auf der rechten Fahrbahnseite weiterfahren. Bei der Fahrprüfung wird das selbständige Umkehren in Sackgassen sehr gern verlangt.
(Beide Abbildungen auf dieser Seite)

Kreuzung fahren – Vorfahrt gewähren

Die Annäherung an eine Kreuzung sowie das Einfahren und Überqueren sind für den Fahrschüler am Anfang mit Schwierigkeiten verbunden. Er muß wissen, wer Vorfahrt hat, und er muß abschätzen können, mit welcher Geschwindigkeit Fahrzeuge fahren, die sich der Kreuzung nähern. Danach muß er beurteilen, ob die Zeit reicht, ohne Schwierigkeiten in die Kreuzung einzufahren, oder ob er noch eine günstigere Situation abwarten muß. Ebenso wie die Eltern mit viel Geduld ihren Kindern das Überqueren einer Straße beibringen, muß auch der Fahrlehrer dem Fahrschüler durch geduldiges Erklären, Zeigen und Üben das Kreuzungfahren beibringen.

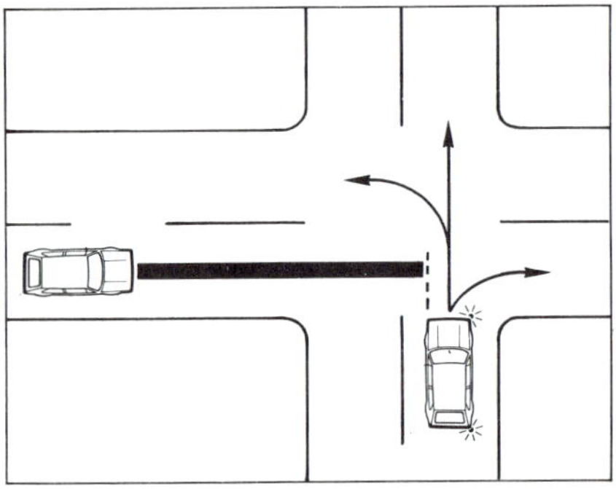

Dabei ist es besonders wichtig, daß der Fahrschüler erkennt, ob er vom anderen Fahrzeug wegfährt, also zum Durchkommen nur eine kleine Lücke braucht, oder ob er in gleicher Richtung wie das ankommende Fahrzeug fahren will. Hierzu wird eine große Lücke benötigt,

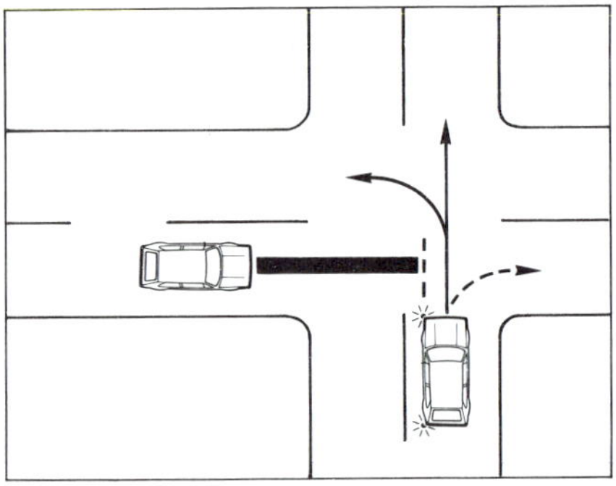

um eine Behinderung oder sogar eine Gefährdung auszuschließen.

Bei der Annäherung an eine Kreuzung sowie beim Einfahren und Überqueren sollte man, außer wenn man Vorfahrt hat, stets anhaltebereit sein. Deshalb rechtzeitig Gas wegnehmen und Fahrzeug heranrollen lassen. Die Füße vor Brems- und Kupplungspedal stellen.

Bei der Einfahrt in eine Vorfahrtstraße und bei unübersichtlichen Kreuzungen sollte man außerdem rechtzeitig auf einen kleineren Gang schalten.

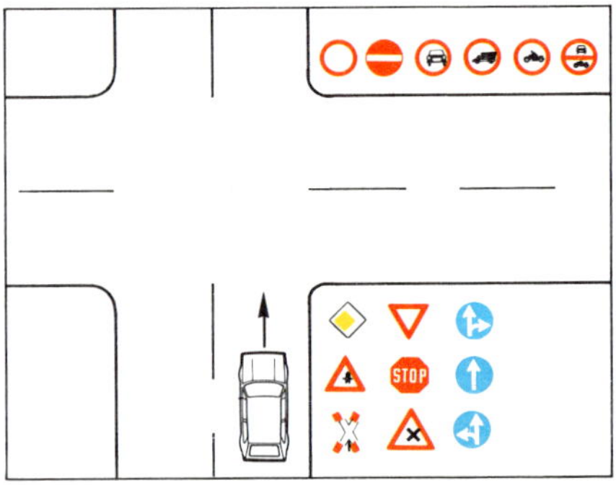

An jeder Kreuzung bzw. Einmündung muß man schon vorher wissen und beachten, wer Vorfahrt hat oder wartepflichtig ist. Dazu ist es notwendig, nach vorfahrtregelnden Verkehrszeichen, die auf der rechten Straßenseite vor der Kreuzung oder Einmündung stehen, Ausschau zu halten. Auch aus den Verkehrszeichen, die die vorgeschriebene Fahrtrichtung angeben, läßt sich zum Teil schon von weitem die Vorfahrt erkennen (sofern nicht Sie selbst ein eindeutiges Vorfahrtszeichen haben).

Vorgeschriebene Fahrtrichtung geradeaus – von rechts Einbahnstraße – Fahrzeuge von rechts haben Vorfahrt

Geradeaus und Linksabbiegen erlaubt – Fahrzeuge von rechts haben Vorfahrt

Geradeaus und Rechtsabbiegen sind erlaubt – Fahrzeuge von links sind wartepflichtig

Die Fahrbahnbegrenzung durch breite Striche gibt ebenfalls Hinweis auf die Vorfahrt. Breite Markierung in Längsrichtung zeigt die Vorfahrt an.
Verlaufen die breiten Striche in Querrichtung, heißt das Vorfahrt gewähren. Dies ist eine gute Hilfe, wenn man einmal ein Vorfahrtszeichen übersehen hat.

Auch bei abknickender Vorfahrt (oben) und Sonderfahrstreifen (unten) auf Fahrbahnbegrenzung achten.

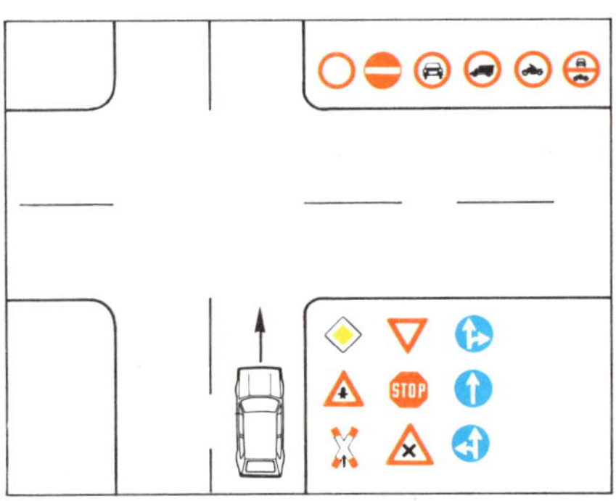

Gleichzeitig muß man die evtl. nach der Kreuzung stehenden Verbotszeichen mit erfassen und das Verkehrsverhalten danach einrichten. Ein rascher Blick genügt nicht. Deshalb die Geschwindigkeit der vorhandenen Sicht und den vorfahrtregelnden Verkehrszeichen anpassen.

Wenn man so gut wie nichts sieht oder erkennen kann, dann sollte man anhalten und sich in die Kreuzung hineintasten.

Verhalten an gleichberechtigten Kreuzungen: Rechts vor links

1. Ebene – vor Kreuzung Fahrzeug abbremsen – wenn frei, weiterfahren – bei zu geringer Geschwindigkeit schalten
2. Bergab – vor Kreuzung Fahrzeug abbremsen – wenn frei, weiterfahren – nicht schalten
3. Bergauf – vor Kreuzung Kupplung drücken, wenn nötig, leicht abbremsen – auf kleineren Gang schalten

Verhalten an vorfahrtgeregelten Kreuzungen durch Vorfahrtzeichen

1. Bei Verkehrszeichen »Vorfahrt« zügig fahren, die Geschwindigkeit trotzdem der jeweiligen Verkehrssituation anpassen

2. Bei Verkehrszeichen »Vorfahrt gewähren« ganz langsam fahren – 1. Gang schalten

3. Bei Verkehrszeichen »Halt! Vorfahrt gewähren« unbedingt anhalten. Auch wenn die Straße frei ist, mindestens 3 bis 5 sec. warten und die Verkehrslage prüfen – 1. Gang schalten

---

Profitip

Verkehrslage prüfen heißt:
Blick weit voraus – Vorfahrtregelung klären – auf Gegenverkehr achten. Blick nach links – wartepflichtigen Verkehr beachten – rechtzeitig vor der Kreuzung
Blick nach rechts – gegebenenfalls Vorfahrt gewähren

Erkennen einer Kreuzung

Eine Anfangsschwierigkeit des Fahrschülers ist das Erkennen einer Kreuzung. Es gibt drei Möglichkeiten:

1. Möglichkeit: die Bordsteinkante

2. Möglichkeit: das Straßennamensschild

3. Möglichkeit: die vorfahrtregelnden Verkehrszeichen

Profitip

Wenn man das Lernziel Kreuzung fahren – Vorfahrt gewähren – Einordnen zum Rechts- und Linksabbiegen einwandfrei beherrscht, kann man fast schon Auto fahren.

Beim Heranfahren an einen Fußgängerüberweg/Zebrastreifen (Bild oben) oder an einen Bahnübergang (Bild darunter) muß man seine Geschwindigkeit wie bei Kreuzungen nach der vorhandenen Sicht einrichten. Es darf keinesfalls eine Gefährdung entstehen!

Rechts- und Linksabbiegen

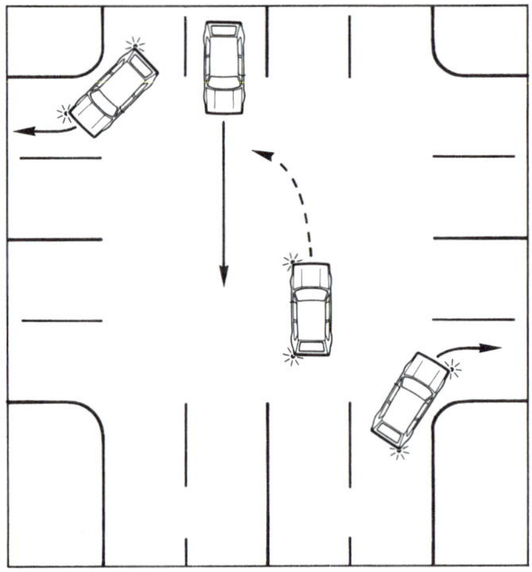

§ 9 der Straßenverkehrsordnung schreibt vor:

»Wer abbiegen will, muß dies rechtzeitig und deutlich ankündigen, dabei sind die Fahrtrichtungsanzeiger zu benutzen. Rechtsabbieger haben ihr Fahrzeug möglichst weit rechts, Linksabbieger bis zur Mitte, auf Fahrbahnen für eine Richtung möglichst weit links einzuordnen, und zwar rechtzeitig.

Linksabbieger dürfen sich auf längs verlegten Schienen nur einordnen, wenn sie kein Schienenfahrzeug behindern. Vor dem Einordnen und nochmals vor dem Abbiegen ist auf den nachfolgenden Verkehr zu achten, vor dem Abbiegen ist es dann nicht nötig, wenn eine Gefährdung nachfolgenden Verkehrs ausgeschlossen ist.

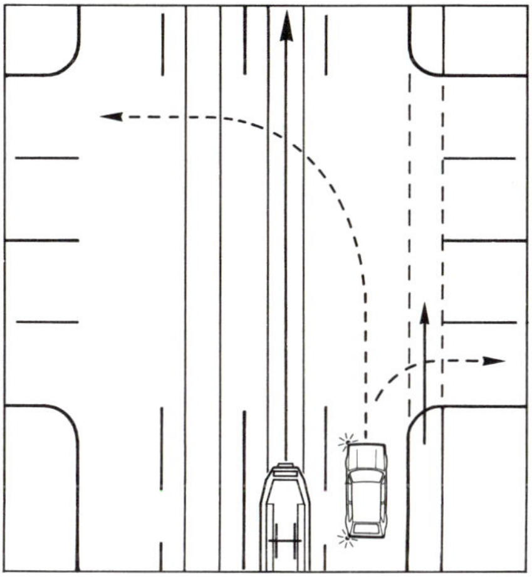

Wer abbiegen will, muß entgegenkommende Fahrzeuge durchfahren lassen, Schienenfahrzeuge, Fahrräder mit Hilfsmotor und Radfahrer auch dann, wenn sie auf oder neben der Fahrbahn in der gleichen Richtung fahren. Dies gilt auch gegenüber Linienomnibussen und sonstigen Fahrzeugen, die gekennzeichnete Sonderfahrstreifen benutzen.
Auf Fußgänger muß er besondere Rücksicht nehmen, wenn nötig, muß er warten.
Linksabbieger müssen entgegenkommende Fahrzeuge, die nach rechts abbiegen wollen, durchfahren lassen.
Beim Abbiegen in Grundstücke, beim Wenden und beim Rückwärtsfahren muß sich der Fahrzeugführer darüber hinaus so verhalten, daß eine Gefährdung anderer Verkehrsteilnehmer ausgeschlossen ist, erforderlichenfalls hat er sich einweisen zu lassen.«
Zum besseren Verständnis des Gesetzestextes sollen die folgenden Skizzen und Bilder dienen, in denen das Rechts- und Linksabbiegen erläutert wird.

Ausführung des Rechts- und Linksabbiegens

Beim Abbiegen genau die Reihenfolge einhalten:
Merken Sie sich: – **Spie – Bli – ei.**

1. **Spie**gel – Schulterblick
2. **Bli**nker
3. **Ei**nordnen
4. Langsam fahren – evtl. zurückschalten (bremsen, kuppeln, schalten)

5. Abbiegen nach rechts – rechts einordnen – Rechtskurve ein enger Bogen – Fahrzeug *schräg* zur Bordsteinkante stellen, damit die Kurve eng gefahren wird
6. Abbiegen nach links – bis zur Fahrbahnmitte einordnen – Fahrzeug bis zur Kreuzung *gerade* vorfahren – Linkskurve in einem weiten Bogen oder tangential (amerikanisch) fahren.

Bei versetzten Kreuzungen ist das richtige Einordnen und das Einhalten des Fahrstreifens besonders wichtig. Das Schneiden der Kurve kann zu einer schwierigen Situation führen.

Profitip

Zum Rechtsabbiegen das Fahrzeug an der Kreuzung immer leicht *schräg* zur Bordsteinkante stellen. Zum Linksabbiegen muß es an der Kreuzung *gerade* stehen. Schrägstellung führt zum Kurvenschneiden.

Tangential (amerikanisch) abbiegen

Deutsch abbiegen

Rechtsabbiegen

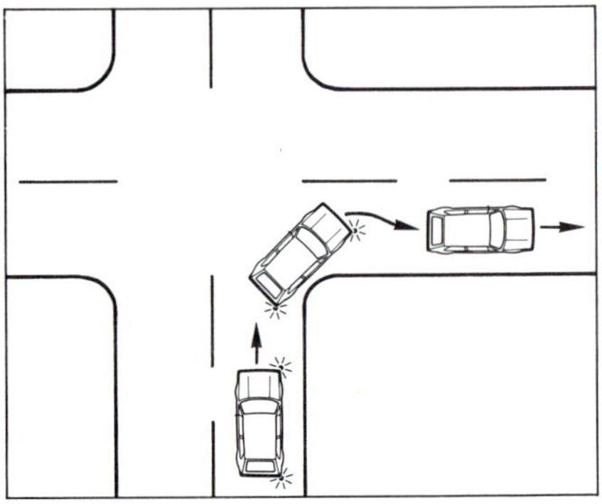

1. Kontrollblick Verkehr – Innenspiegel – Schulterblick
2. Blinker rechts stellen
3. Rechtzeitig auf rechte Fahrbahnseite einordnen – auf Einordnungspfeile achten
4. Langsam fahren – Gas weg – abbremsen – evtl. zurückschalten
5. Verkehrslage prüfen: Vorfahrt klären – auf nachfolgenden Geradeausverkehr durch Schulterblick nach rechts (Radfahrer) und auf Verkehr von links achten – in einem engen Bogen abbiegen – nochmals Schulterblick – Rücksicht auf Radfahrer und Fußgänger nehmen.
6. Blinkerkontrolle – mit gewünschter Geschwindigkeit weiterfahren

Linksabbiegen

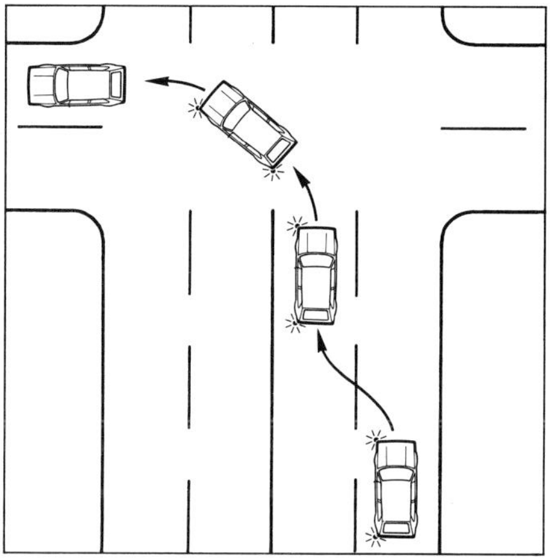

1. Kontrollblick Verkehr – Innen- und Außenspiegel – Schulterblick links
2. Blinker links stellen
3. Wenn frei – zügig nach links bis zur Fahrbahnmitte einordnen – Fahrbahnmarkierungen beachten (auf Fahrbahnen für eine Richtung möglichst weit links einordnen)
4. Langsam fahren – Gas weg – abbremsen – evtl. zurückschalten
5. Verkehrslage prüfen – Vorfahrt klären – *nur* bis Kreuzungsmitte fahren – Gegenverkehr geradeaus und rechtsabbiegend vorbeilassen
6. Vor dem Abbiegen nochmals durch Schulterblick nach links nachfolgenden Verkehr kontrollieren – Rücksicht auf Fußgänger nehmen – evtl. anhalten
7. Blinkerkontrolle – mit gewünschter Geschwindigkeit weiterfahren

Doppelte Umschaupflicht heißt:
Vor dem Einordnen und noch einmal vor dem Abbiegen »schauen«. Es ist nicht nötig, wenn eine Gefährdung des nachfolgenden Verkehrs ausgeschlossen ist.

Profitip

Beim Linksabbiegen immer nur bis zur Fahrbahnmitte oder auf Einordnungspfeile einordnen. Niemals die Gegenfahrbahn benutzen. Bei Fahrbahnen mit zwei Fahrstreifen zum Rechts- oder Linksabbiegen ist es ratsam, den rechten Fahrstreifen zu benutzen. Den Fahrstreifen einzuhalten bei der Weiterfahrt ist dann einfacher. Große, weiträumige Kreuzungen, die Ihnen am Anfang Schwierigkeiten bereiten, sind kein Problem, wenn Sie beim Abbiegen konsequent den Fahrstreifen einhalten und erkennen, wo die rechte Bordsteinkante in Fahrtrichtung ist.

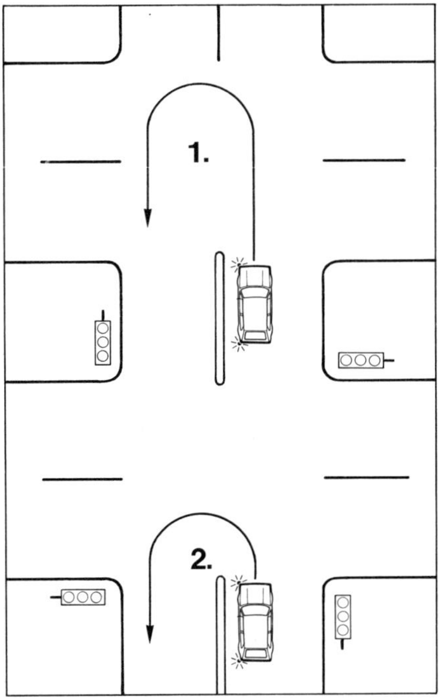

Zweimal Linksabbiegen um 180 Grad:

1. *Ohne* Ampelregelung – in einem großen Bogen abbiegen
2. *Mit* Ampelregelung – in einem kleinen Bogen abbiegen

Profitip

Beim Fahrstreifenwechsel keine Hektik aufkommen lassen, sondern mehrmals überzeugen, wie sich die anderen Verkehrsteilnehmer verhalten. Erst dann einordnen, wenn keine Gefahr besteht.

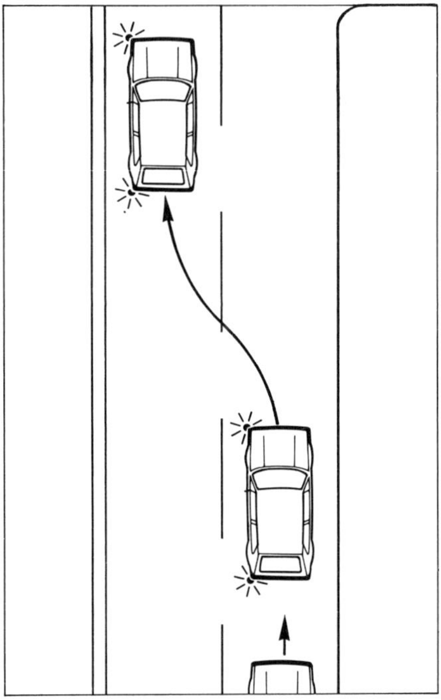

Möglichkeiten des Fahrstreifenwechsels

1. Wenn ein Fahrzeug im selben Fahrstreifen hinter Ihnen fährt, nach vorn mit Gasgeben einordnen (siehe Skizze oben)

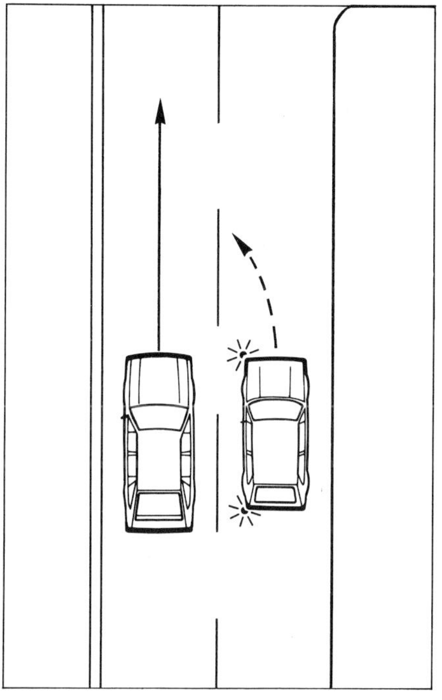

2. Links oder rechts fahrende, überholende Fahrzeuge erst vorbeilassen, und dann einordnen. Blinker erst setzen, wenn Fahrzeug auf gleicher Höhe fährt (siehe Skizze oben)

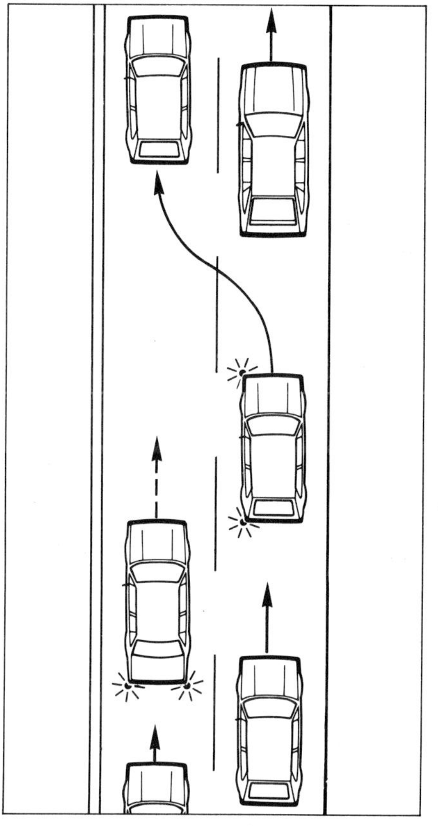

3. Bei Fahrzeugschlangen Blinker rechtzeitig stellen und Verkehr auf linkem oder rechtem Fahrstreifen beobachten – warten, bis ein verkehrsbewußter, höflicher Kraftfahrer das Einordnen ermöglicht (siehe Skizze oben)

Profitip

Achten Sie stets darauf, daß Sie auch in der Querstraße, in die Sie einbiegen, im selben Fahrstreifen weiterfahren.

Linksabbiegen im Fahreralltag

Linksabbiegen in einer »Rechts-vor-links-Kreuzung«

Das Foto und die Skizze zeigen das korrekte Einordnen zum Linksabbiegen. Es wäre falsch:

- den Gegenverkehr durch zu weites Einordnen nach links zu gefährden
- über die Mitte hinauszufahren und dadurch den Vorfahrtsberechtigten von rechts zu blockieren; außerdem führt dies zu Schwierigkeiten beim Abbiegen in die Querstraße (zu großer Bogen).

Profitip

Je besser Sie sich auch in komplizierte und zunächst unübersichtliche Kreuzungssituationen hineinversetzen können, um so leichter werden Sie es in der Praxis haben.

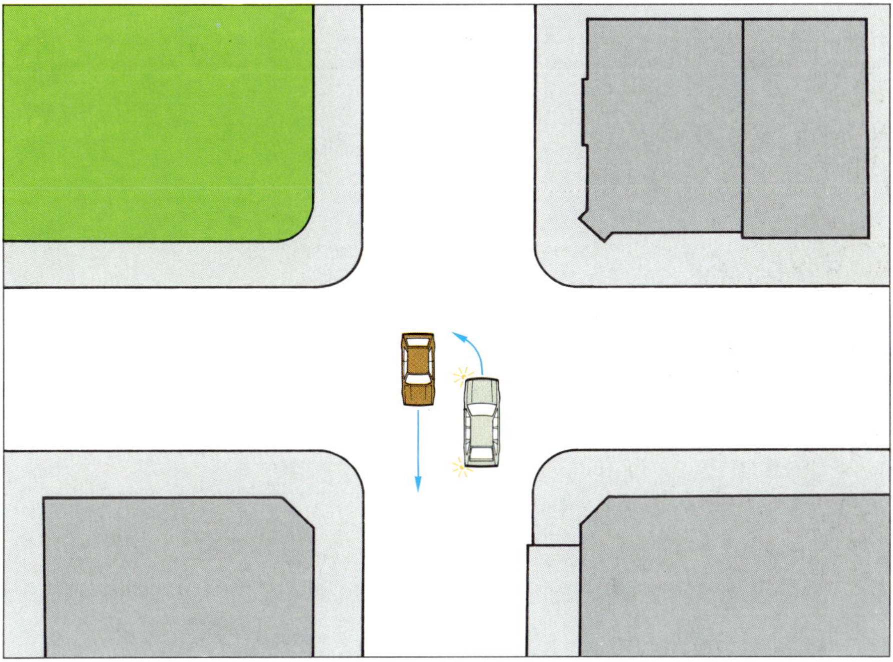

Linksabbiegen: Einmündung mit Insel ohne Pfeil

Wenn an einer Verkehrsinsel kein Verkehrszeichen »rechts oder links vorbei« aufgestellt ist, sagt Ihnen das Verkehrszeichen »Vorfahrt gewähren«, auf welcher Seite der Verkehrsinsel Sie in die Straße einfahren müssen. Falsch ist es, sich rechts von der Insel einzuordnen. Sie stehen dann auf dem Fahrstreifen des von der Vorfahrtsstraße nach links einbiegenden Fahrzeuges.

Stehen mehrere Fahrzeuge zum Linksabbiegen an der Insel, ist weiter hinten zu halten, damit die Fahrbahn für den von der Vorfahrtsstraße Einbiegenden freigehalten wird.

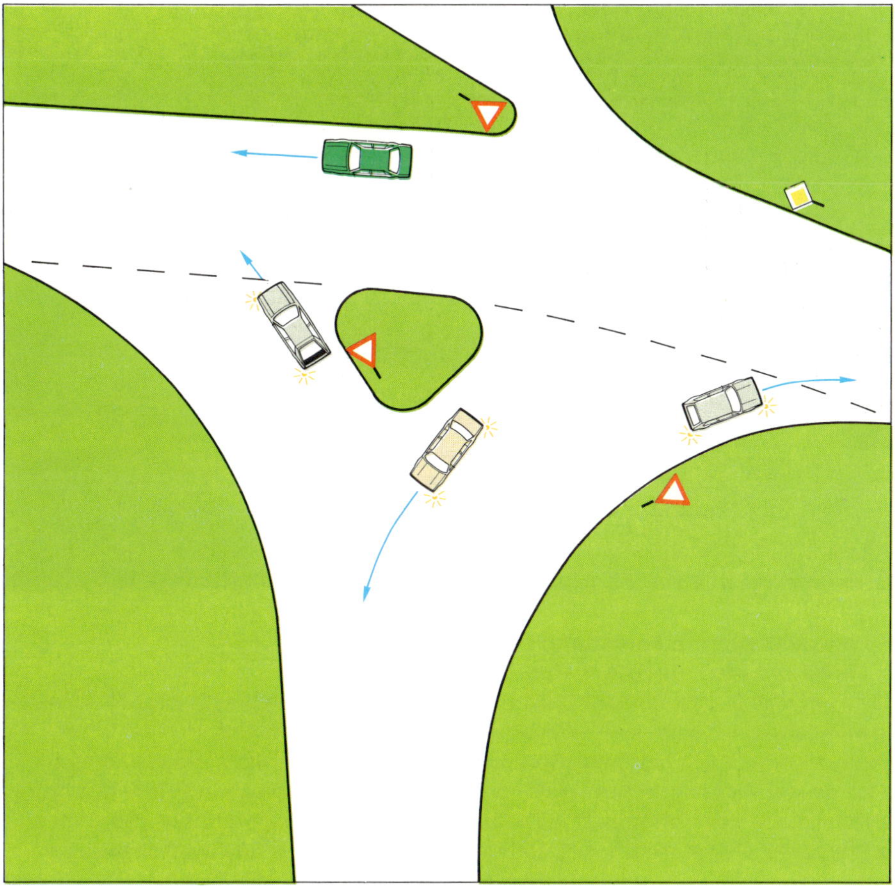

Linksabbiegen: Einmündung mit Insel mit Pfeil »rechts vorbei«

Wie man sich in diesem Fall richtig einordnet, wird hier durch das Verkehrszeichen »rechts vorbei« angezeigt. Beachtet man dieses Verkehrszeichen nicht, gelangt man auf den Fahrstreifen des Gegenverkehrs. Das ist nicht nur gefährlich, sondern es führt auch zum Nichtbestehen der Fahrprüfung.

Wer von der Vorfahrtsstraße kommt und nach links einbiegen will, wird durch das Verkehrszeichen »Verbot der Einfahrt« zum Fahren um die Insel gezwungen.

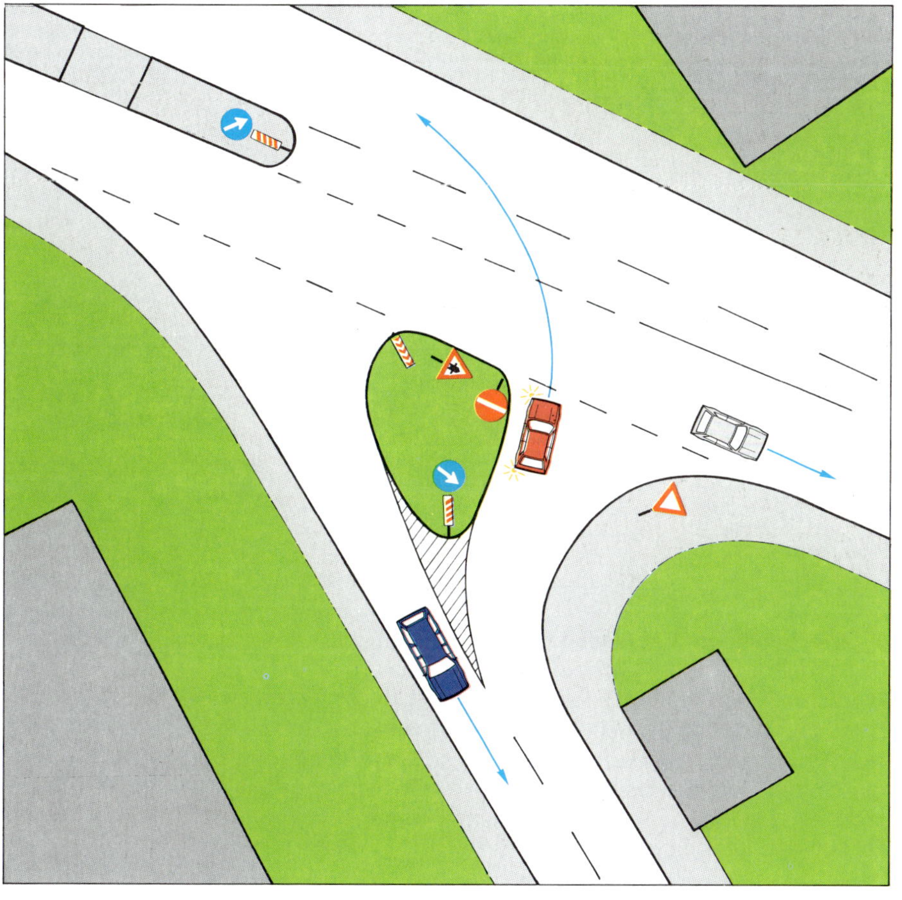

Linksabbiegen aus einem Fahrstreifen in zwei Fahrstreifen

In dieser Situation dürfen Sie nur bis zur Kreuzungsmitte vorfahren, hier zunächst den Gegen- und Rechtsabbiegeverkehr durchfahren lassen. Dann je nach Verkehrssituation im rechten oder linken Fahrstreifen weiterfahren. Beim Abbiegen das Verkehrsverhalten aller entgegenkommenden Fahrzeuge und auch das ebenfalls abbiegende nachfolgende Fahrzeug beobachten (doppelte Umsicht).

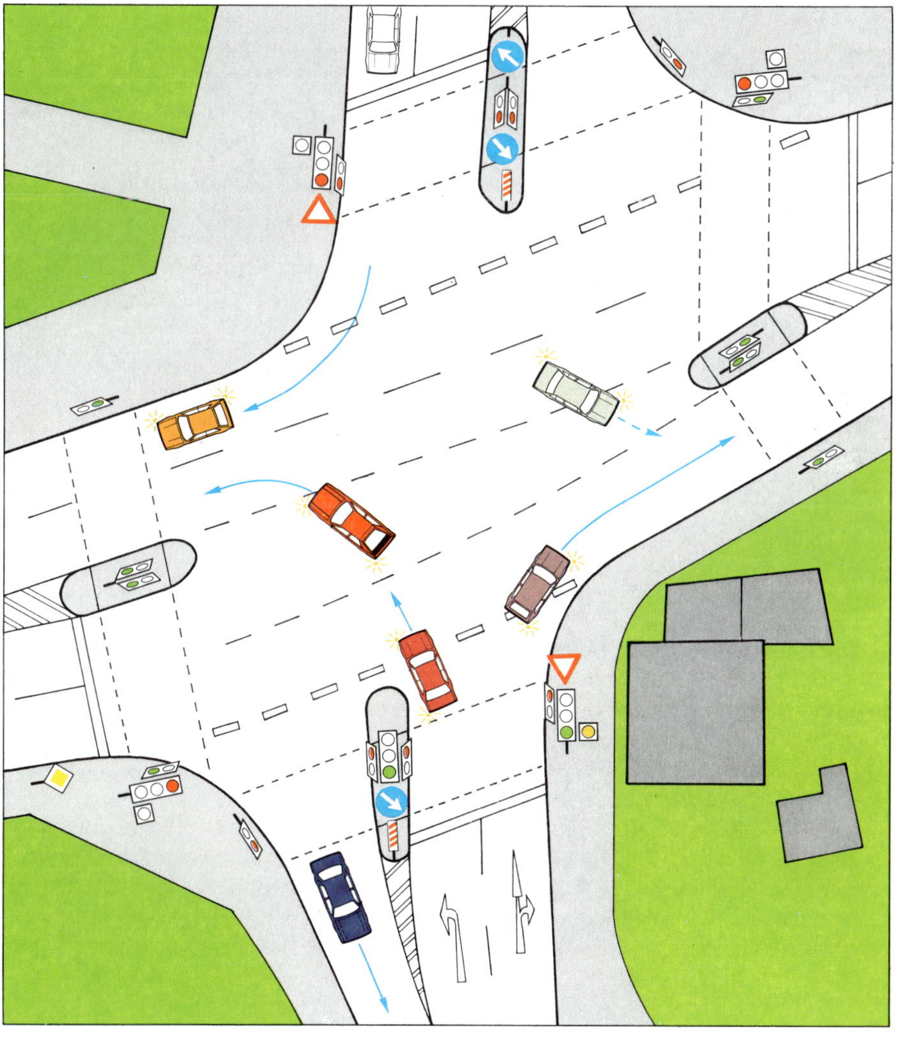

Linksabbiegen aus zwei Fahrstreifen in einen Fahrstreifen

Bei dieser Einmündung ist während und nach dem Abbiegen mit erhöhter Unfallgefahr zu rechnen.

Wenn Sie sich auf dem rechten Fahrstreifen eingeordnet haben, müssen Sie über die Mitte gerade vorfahren, um in einem großen Bogen am rechten Fahrbahnrand weiterzufahren. Vor der Engstelle verständigen Sie sich mit dem links fahrenden Fahrzeugführer und wenden das Reißverschlußverfahren an: erst rechts – dann links; nicht drängeln, sondern höflich sein.

Haben Sie sich auf dem linken Fahrstreifen eingeordnet, müssen Sie einen kleinen Bogen fahren. Sie müssen sich mit dem rechten Fahrzeugführer verständigen, um sich einordnen zu können.

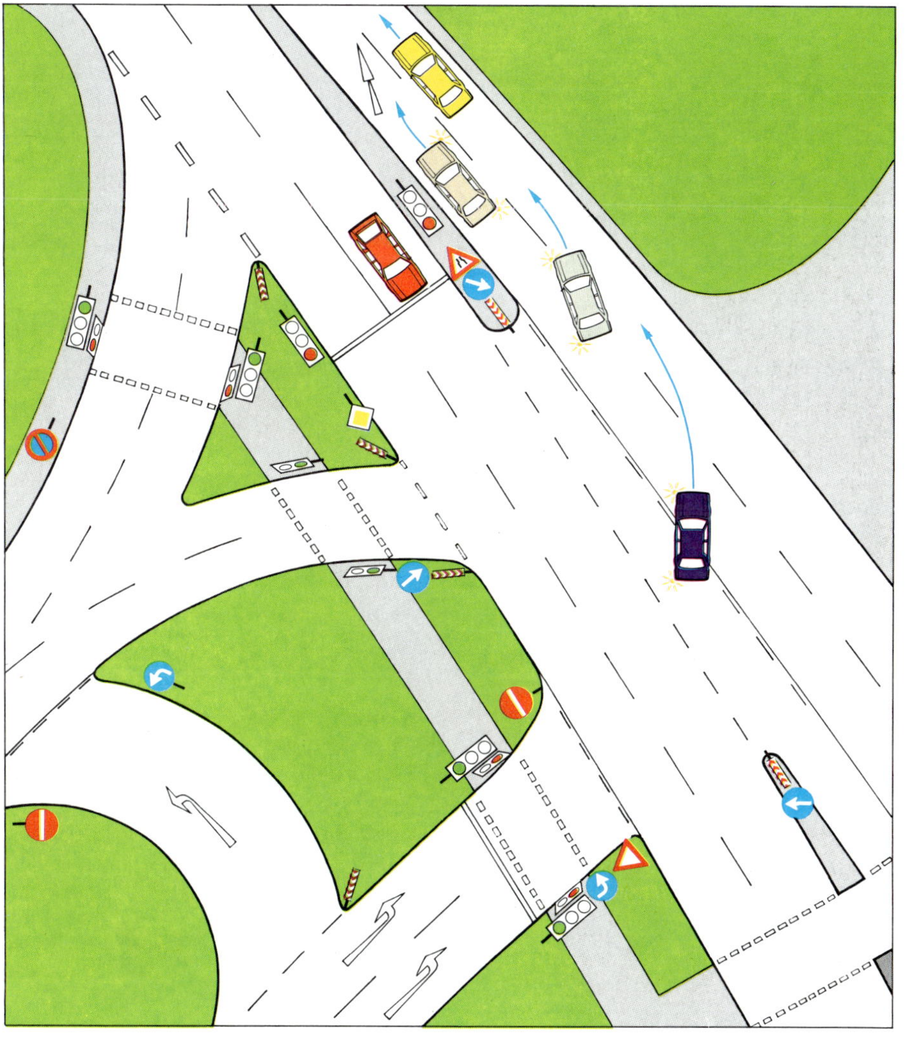

Linksabbiegen aus zwei Fahrstreifen in zwei Fahrstreifen

Das Abbiegen aus zwei Fahrstreifen in zwei Fahrstreifen verursacht die wenigsten Schwierigkeiten, wenn Sie konsequent Ihren Fahrstreifen bis weit in die Querstraße hinein einhalten. Eine unfallträchtige Situation kann nur entstehen, wenn ein Fahrzeug während des Abbiegens den Fahrstreifen verläßt. Sollte ein Fahrstreifenwechsel notwendig sein, führen Sie ihn erst nach der Kurve durch, wenn Sie genügend Übersicht haben.

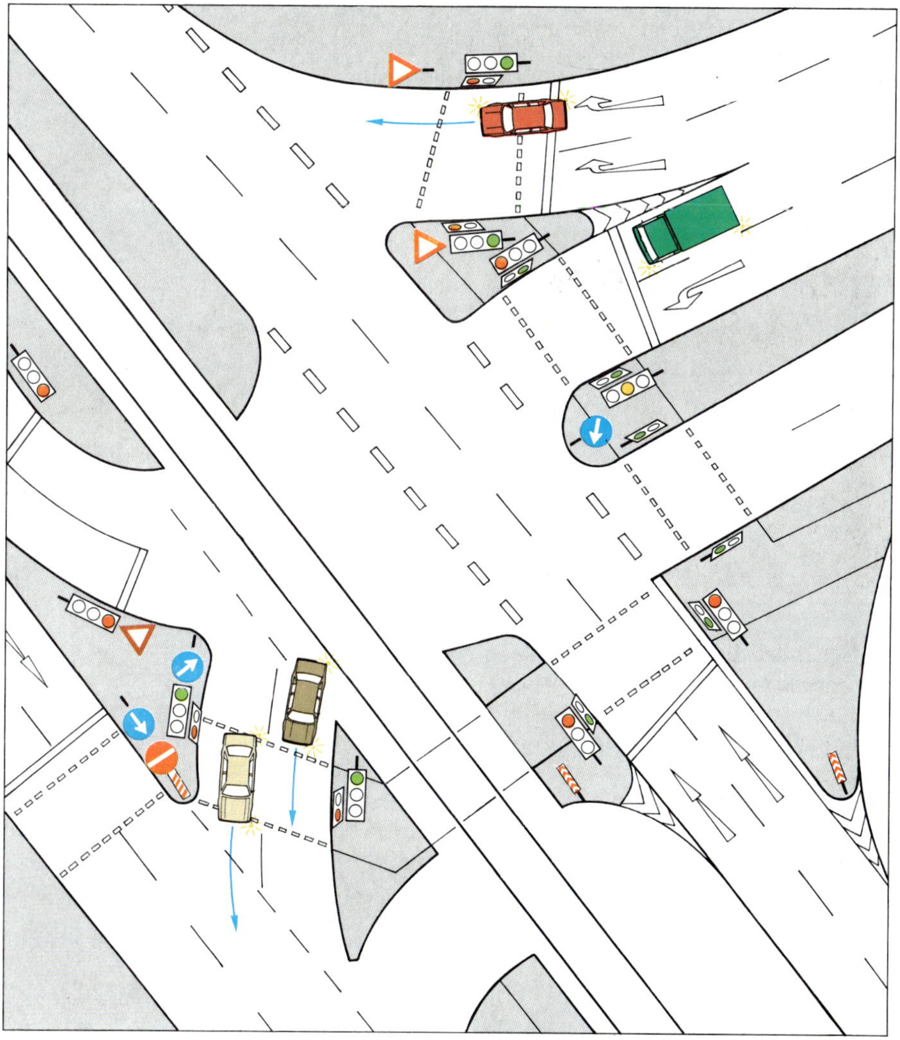

Linksabbiegen in einer weiträumigen Kreuzung

Große weiträumige Kreuzungen bereiten nicht nur dem Fahrschüler Schwierigkeiten, sondern auch allen anderen Kraftfahrern. Am leichtesten lassen sich solche Kreuzungen fahren, wenn man folgendes beachtet:

- den Fahrstreifen und die Fahrbahnbegrenzung konsequent einhalten
- die Fahrbahnmarkierungen und die durch Verkehrszeichen vorgeschriebene Fahrtrichtung beachten
- den rechten Fahrbahnrand in der Querstraße erkennen, damit man nicht in die falsche Fahrbahn einbiegt
- Fahrstreifenwechsel erst nach dem Abbiegen durchführen

Linksabbiegen mit Fußgänger-druckampel und vorfahrts-berechtigtem Rechtsverkehr

An dieser schwierigen Einmündung wird nur der Teil des Fußgängerüberweges gesperrt, dessen Ampel rot zeigt. Alle Fahrzeuge können sonst nach den hier geltenden Vorfahrtsregeln fahren. Als Linksabbieger mit dem Verkehrszeichen »Vorfahrt gewähren« müssen Sie alle Fahrzeuge durchfahren lassen. Weiterfahren ist nur möglich:

- wenn die Einmündung frei ist;
- wenn die Ampeln am Fußgängerüberweg rot zeigen und von rechts keine Linksabbieger kommen.

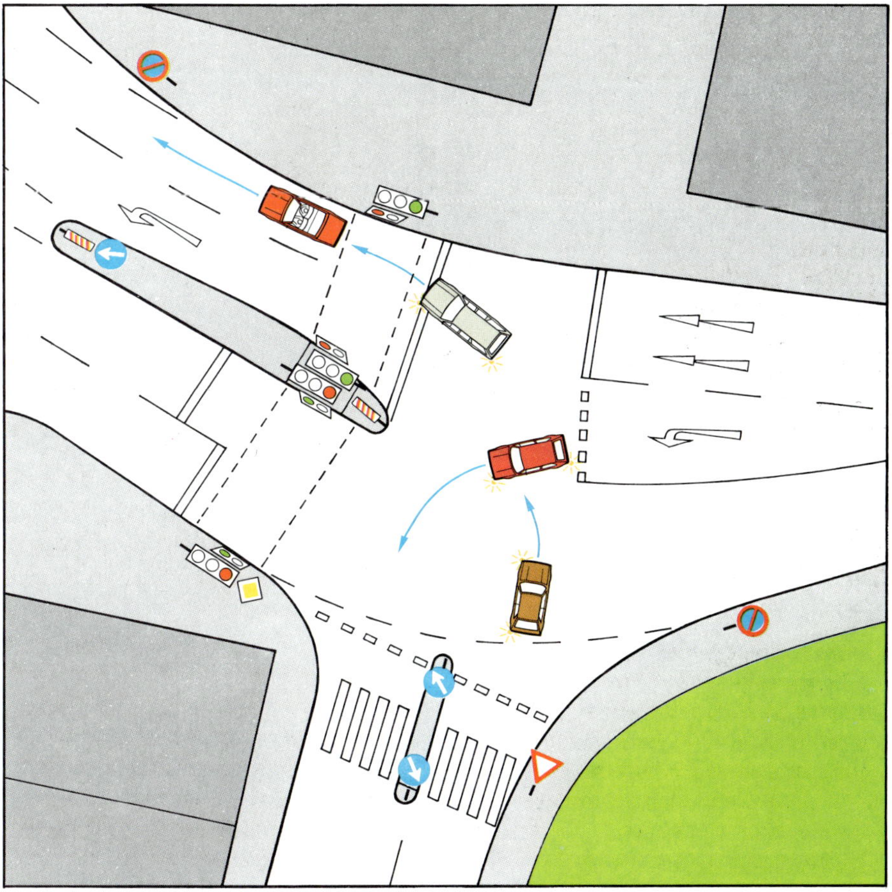

Linksabbiegen mit Straßenbahn, Gegenverkehr und Fußgängern

Das Linksabbiegen auf einer so stark frequentierten Kreuzung verlangt vom Fahrzeugführer äußerste Konzentration.
Auf folgendes muß man achten:

- Straßenbahn von hinten
- Straßenbahn im Gegenverkehr
- Fahrzeuge im Gegenverkehr
- Fußgänger nach der Kreuzung

Den Fahrbereich der Straßenbahn unbedingt frei halten. Nicht langsam neben der Straßenbahn mitfahren, sondern anhalten und warten, bis die Straßenbahn vorbei ist. Sein Fahrverhalten dann den neuen Verkehrsverhältnissen anpassen, denn auch die Situation des Gegenverkehrs hat sich unterdessen verändert.

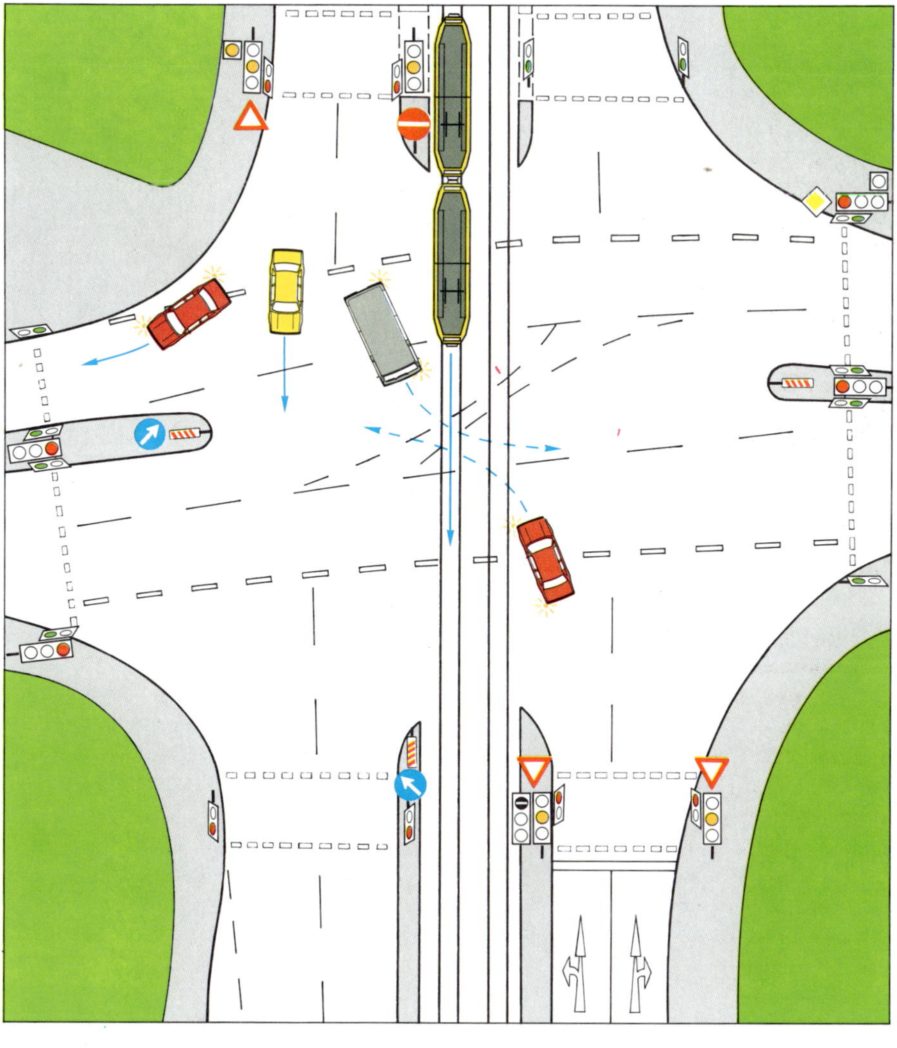

Tangential abbiegen von einer breiten Vorfahrtsstraße

Bei dieser Kreuzung ordnet man sich rechts von der Mitte ein und fährt nicht zu weit vor. Man beobachtet aufmerksam den Gegenverkehr und räumt die Kreuzung sofort, sobald man erkennt, daß der Gegenverkehr anhalten will. Um auf dem kürzesten Weg die Kreuzung zu räumen und in die Querstraße einzufahren, muß man tangential (amerikanisch) abbiegen.

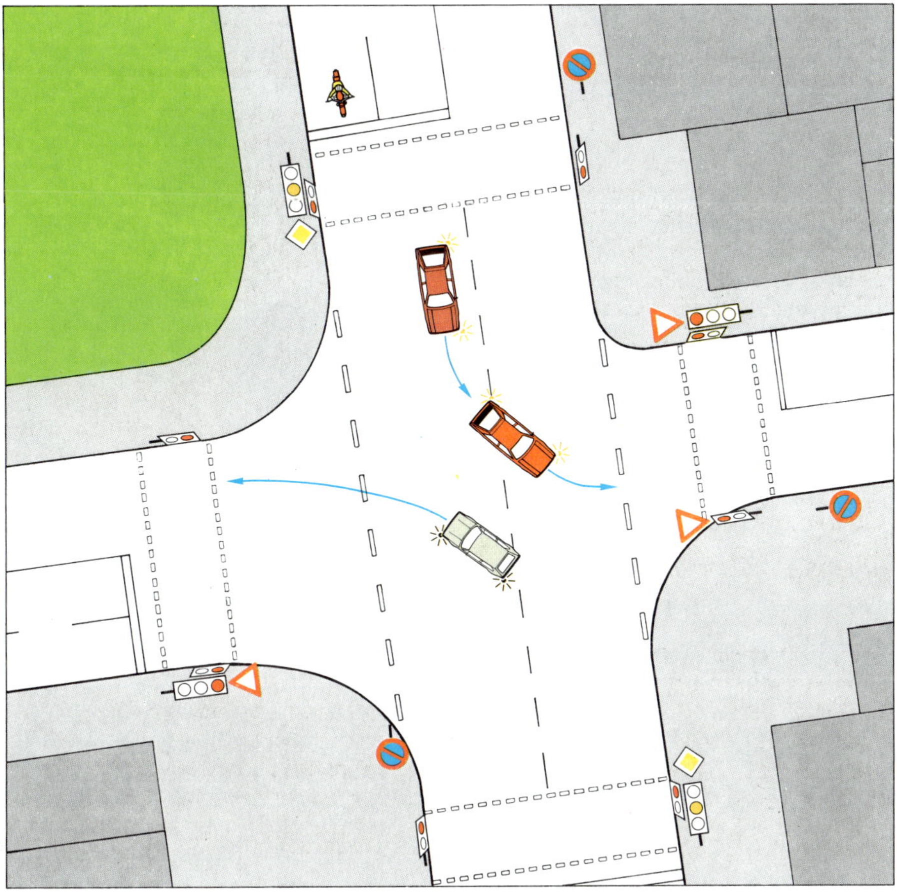

Ampelgeregelte Kreuzungen

Ampel ist nicht gleich Ampel. Sehen Sie sich die Ampel an. Sie kann Ihnen viel über Ihre vorausschauende Weiterfahrt sagen. Die an den Ampeln angebrachten vorfahrtregelnden Verkehrszeichen gelten nicht, wenn die Ampeln in Betrieb sind. Bei Ausfall der Ampeln ist die Kreuzung mit Vorsicht zu befahren. Auch dann, wenn man Vorfahrt hat.

Profitip

Bei »Halt« vor der Kreuzung den Farbwechsel bei der Fußgängerampel beobachten. Wenn der Fußgänger »rot« erhält, kann man sich auf die Weiterfahrt vorbereiten, da die eigene Ampel bald auf »grün« schaltet.

1. Die Verkehrszeichen »Vorfahrt gewähren« und »Halt! Vorfahrt gewähren« deuten auf kurze Grünphasen hin. Nur wenige Fahrzeuge können in die Kreuzung einfahren. Schon beim Heranfahren an so eine ampelgeregelte Kreuzung auf Anhalten einstellen. Als Linksabbieger auf Gegenverkehr achten. Bei blockierter Kreuzung vor der Weiterfahrt Ampel beobachten, da sie höchstwahrscheinlich mittlerweile »rot« zeigt.

2. »Vorfahrt gewähren« mit gelb blinkender Ampel »Vorsicht Fußgänger«. Abbieger haben auf die Fußgänger zu achten, die die Fahrbahn überqueren wollen.

3. Ein grüner Pfeil in der Ampel bedeutet: »Freie Fahrt in Fahrtrichtung«. Ein grüner Pfeil nach links bedeutet: »Kein Gegenverkehr – keine Fußgänger beim Abbiegen«. Die Grünphase ist kurz.

4. Die Ampel mit Linksabbiege-Pfeil und Zusatzschild, das amerikanisches (tangentiales) Abbiegen vorschreibt. Das Zusatzschild besagt entgegen der sonstigen Regel, daß der Linksabbieger im Gegenverkehr auch grün, also ebenfalls freie Fahrt hat. Um eine Behinderung oder Gefährdung auf der Kreuzung auszuschließen, muß wie vorgeschrieben aneinander vorbeigefahren werden.

5. Die Ampel mit dem Verkehrszeichen »Vorfahrt« hat eine lange Grünphase. Man kann auch dann noch »grün« haben, wenn man sich der Ampel von weitem nähert.

6. Das Zusatzschild mit Straßenbahn und gelber Blinkampel bedeutet für den Rechtsabbieger, daß die Straßenbahn »Freie Fahrt« hat und er wartepflichtig ist. Deshalb schon lange vor dem Abbiegen vergewissern, daß sich kein Schienenfahrzeug nähert.

7. Verkehrs- und Straßenbahnampel. Bedingt durch den längeren Bremsweg erhält die Straßenbahn bei ihren Verkehrszeichen vor dem Straßenverkehr »Halt« und ebenso vorher »Freie Fahrt«. Prägt man sich das ein, ist es eine gute Hilfe für das eigene Fahrverhalten bei Annäherung an so eine Kreuzung.

8. Doppelampel für Geradeausfahrt mit Pfeil und Rechtsabbiegen mit Fußgängerüberweg. Ein Verwechseln der Ampeln kann unliebsame Folgen haben.

9. Verkehrsampeln, die dem Umweltschutz dienen, gibt es in verschiedenen Varianten. Man sollte sie unbedingt beachten.

10. Der Hinweis, an dieser Ampel bis zur »Haltelinie vorzufahren«, hat folgende Bedeutung: Vor der Ampel befindet sich eine Kontaktschleife; wenn diese nicht überfahren wird, schaltet die Ampel nicht auf grün. Diese Ampeln sind oft ohne Hinweis bei Linksabbiegespuren zu finden.

Rückwärtsfahren

Rückwärtsfahren ist für manche Fahrschüler ein Problem. Sie denken mehr daran, wie sie lenken müssen, anstatt hinzusehen, wohin das Fahrzeug fährt. Deshalb ist es zunächst wichtig zu wissen: Wo man hinlenkt, fährt das Fahrzeug hin, ganz gleich, ob man vorwärts oder rückwärts fährt.

Grundsätzlich ist folgendes zu beachten:

1. Beim Aufstellen zum Rückwärtsfahren ist das Fahrzeug mit einem seitlichen Abstand von 0,5 bis 1 m vom Bordstein entfernt aufzustellen, um das Anschlagen der Räder am Bordstein zu verhindern.
2. Auf derselben Seite, auf der man vorwärts fährt, muß man auch rückwärts fahren (rechte Fahrbahnseite).
3. Blinker »rechts« bedeutet Rechtskurve – enger Bogen – Lenkeinschlag rechts – mit dem Lenken beginnen, wenn das Heck die Straßenkrümmung erreicht hat.
4. Blinker »links« bedeutet Linkskurve – weiter Bogen – Lenkeinschlag links – mit dem Lenken beginnen, wenn das Heck die Kreuzung oder Einmündung erreicht hat.

Grundsätzlich ist also das Lenkrad in die Richtung zu drehen, in die man fahren will; nicht anders als bei der Vorwärtsfahrt. Zum Rückwärtsfahren Sicherheitsgurt lösen und Sitzposition so wählen, daß man durch das Rückblickfenster die gesamte Straßenbreite sieht.

Lenkschwierigkeiten

Bei auftretenden *Lenkschwierigkeiten* sollten Sie einige Übungen durchführen, damit Sie ein Gefühl für das Lenken bekommen.

1. Auf einen freien Platz fahren – anhalten – Blinker rechts stellen – Lenkung rechts bis zum Anschlag drehen – vorwärts und rückwärts fahren, dabei beobachten, wohin das Fahrzeug fährt. Dasselbe mit Lenkeinschlag links machen.
   Als nächstes versuchen Sie, aus der rückwärtigen Rechts- oder Linkskurve gerade vorzufahren. Also rückwärts Rechtskurve – gerade vor. Ebenso rückwärts Linkskurve – gerade vor
2. In Schlangenlinien an der Bordsteinkante entlangfahren und beobachten, wie das Fahrzeug auf die Lenkung reagiert

3. Rückwärts auf Ziele zufahren (Kegel, Bäume usw.)
4. In große Parklücken seitwärts hineinfahren

Rückwärts eine Rechts- oder Linkskurve fahren

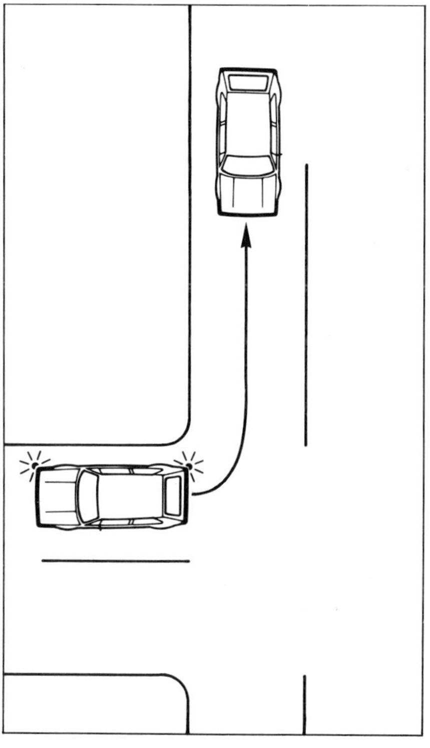

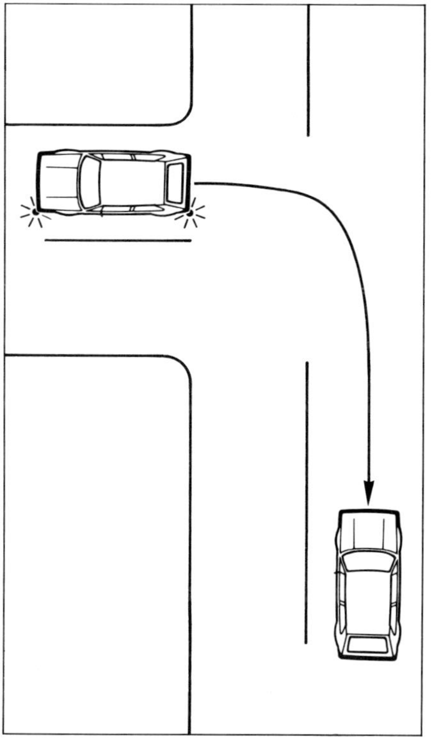

1. Kupplung drücken
2. Rückwärtsgang schalten
3. Kontrollblick über Verkehrslage nach vorn, über die rechte Schulter rückwärts schauen
4. Blinker in die zu fahrende Richtung stellen
5. Langsam mit schleifender Kupplung fahren – besonders in Kurven
6. Nach der Kurve Fahrzeug parkfertig abstellen (max. 20 cm vom Randstein und mindestens 5 m von der Kreuzung entfernt, vor keiner Ein- oder Ausfahrt, keinen Engpaß bilden usw.)

Einparken seitwärts zwischen zwei Fahrzeugen

1. Zum Anhalten Verkehr im Innenspiegel kontrollieren – Blinker rechts
2. Langsam fahren
3. Nach vorn mindestens zwei bis drei Fahrzeuglängen an der Parklücke vorbeifahren. Der seitliche Abstand sollte ca. 2 bis 3 m betragen
4. Rückwärtsgang schalten
5. Kontrollblick Verkehr vorn und hinten

6. Langsam mit schleifender Kupplung rückwärts fahren und anfangen mit dem Lenken, wenn das eigene Fahrzeug mit der hinteren Stoßstange das parkende Fahrzeug noch nicht erreicht hat. Früher drehen als man denkt

7. Vorsicht, Fahrzeuge rechts und links

8. Wenn das eigene Fahrzeug gerade in der Lücke steht, anhalten oder ganz langsam fahren und die Vorderräder durch schnelles Gegenlenken gerade stellen (2 Umdrehungen am Lenkrad)

9. Langsam weiter zurückfahren und kontrollieren, daß das Fahrzeug gerade in die Lücke fährt und genügend seitlicher Abstand zu den parkenden Fahrzeugen vorhanden ist – Türen sollten noch geöffnet werden können

Vorsicht nach hinten! (Mülleimer, Mauer, Fahrzeuge usw.) Wenn Sie das Gefühl haben, es wird zu eng, anhalten und nach vorn korrigieren. Auch bei der Prüfung dürfen Sie korrigieren. Kein Risiko eingehen

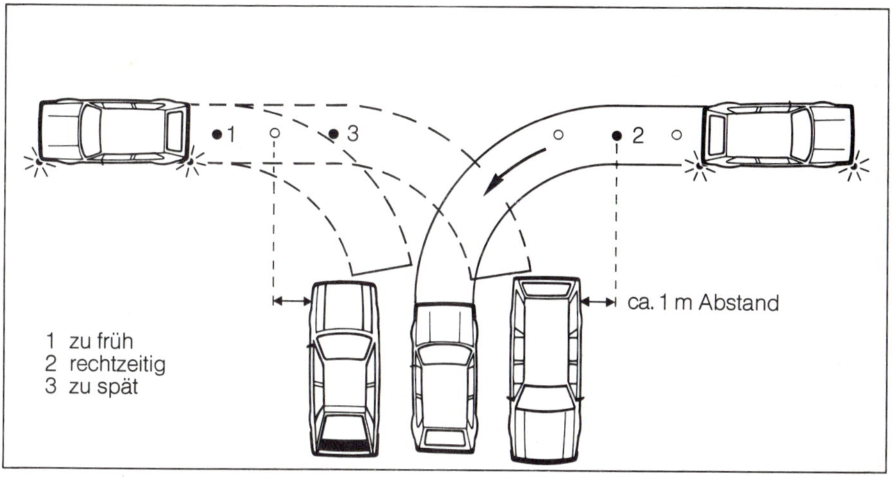

Zu spät angefangen mit dem Lenken – korrigieren

1. Wenn Sie zu spät anfangen zu lenken, was meist der Fall ist, kommen Sie in Gefahr, mit dem hinteren Fahrzeug zu kollidieren. Nichts riskieren! Anhalten und nach vorn korrigieren

2. Gerade in Fahrtrichtung vorfahren

3. Vorn mit Lenken beginnen, um gerade in die Lücke zu fahren. Der Blick ist hinten, damit Sie sehen, wohin Ihr Fahrzeug fährt, und ob Sie viel oder wenig einschlagen müssen.

4. Weiter zurückfahren, bis Fahrzeug mit dem richtigen Seitenabstand zu den parkenden Fahrzeugen steht

---

Profitip

Wenn das Fahrzeug auf ein Hindernis zufährt, weglenken oder dahin lenken, wohin man fahren will (siehe Anleitung Rückwärtsfahren).

Zu zeitig angefangen mit dem Lenken – korrigieren

1. Wenn Sie zu zeitig angefangen haben mit dem Lenken, kommen Sie am ersten Fahrzeug nicht vorbei. Nur maximal 50 cm an das gefährdete Fahrzeug heranfahren. Nicht probieren, ob es nicht doch noch reicht!

In dieser Situation unbedingt anhalten und nach vorn korrigieren

2. Gerade in Fahrtrichtung vorfahren. Vorderräder müssen gerade stehen. Nicht versuchen, zur Parklücke gerade vorzufahren. Die Lenkung steht dann falsch zur Lücke

3. Rückwärts gerade fahren und erst dann mit dem Lenken beginnen, wenn Sie sehen, daß Ihr Fahrzeug in die Parklücke fährt

4. Wenn Ihr Fahrzeug gerade in der Lücke steht, Vorderräder schnell durch Gegenlenken gerade stellen und langsam weiter zurückfahren. Auf richtigen Seitenabstand achten (Ein- und Aussteigen muß möglich sein, sonst korrigieren)

Vorwärts einparken zwischen zwei Fahrzeugen

Wichtig ist beim Einparken vorwärts zwischen zwei Fahrzeugen oder beim Hineinfahren in eine Garage, daß Sie so weit wie möglich ausholen, um geradlinig hineinfahren zu können. Bei schräger Anfahrt besteht die Möglichkeit der Kollision. Beim Herausfahren so weit gerade zurückfahren, bis das Fahrzeug vorn frei wird und erst dann kräftig einschlagen.

1. Fahrzeug fährt noch auf der rechten Seite

2. Verkehr nach allen Seiten kontrollieren und Blinker nach links stellen

3. Weit nach links ausholen und Blinker nach rechts stellen

4. Nochmal den Verkehr kontrollieren und mit dem Lenken erst anfangen, wenn Sie die Lücke erreicht haben und hineinsehen können

5. Versuchen Sie, geradlinig in die Lücke zu fahren (Garage). Seitenabstand beachten. Aussteigen muß auf beiden Seiten möglich sein

6. Beim Herausfahren erst mit dem Lenken beginnen, wenn Fahrzeug vorne frei ist und erst dann links oder rechts kräftig einschlagen

Rückwärts einparken hinter einem parkenden Fahrzeug

Rückwärts einparken hinter einem parkenden Fahrzeug ist Prüfungsaufgabe.

1. Kontrollblick Verkehr: Innenspiegel, Blinker rechts stellen
2. Langsam fahren

3. Fahrzeug mit einem seitlichen Abstand von 0,5 bis 1 m zu dem parkenden Fahrzeug und 1 bis 2 m über die Parklücke hinaus fahren und parallel zur Bordsteinkante anhalten. Sicherheitsgurt lösen
4. Rückwärtsgang schalten
5. Kontrollblick Verkehr vorn und hinten

6. Langsam rückwärts fahren, bis beide Fahrzeuge hinten auf gleicher Höhe sind – anhalten. Als Anhaltspunkte eignen sich: der Blick durch das hintere rechte Seitenfenster – gleiche Höhe Türanschlag – gleiche Höhe rechter Außenspiegel

7. Eine Umdrehung am Lenkrad nach rechts einschlagen (hinsehen – evtl. am Lenkrad kontrollierbar). Eine einzige Umdrehung am Lenkrad hat den Vorteil, daß das Fahrzeug vorn nicht so weit nach links ausschert. Das ist wichtig in engen Straßen im Hinblick auf den vorbeirollenden Verkehr

8. Über die rechte Schulter nach rückwärts schauen. Ganz langsam mit

schleifender Kupplung weiter zurückfahren und dabei beobachten, ob das Auge und die linke Ecke vom Heckfenster mit der Bordsteinkante eine Fluchtlinie bilden (evtl. anderen Bezugspunkt)

Jetzt anhalten und Lenkung nach links drehen. Dabei langsam zurückfahren. Das Lenken muß im Verhältnis zur gefahrenen Geschwindigkeit stehen. Die Lenkung zum späteren

Herausfahren eingeschlagen stehen lassen

9. Vorsicht, Wagenecke vorn rechts und Fahrzeug hinten
10. Beim Herausfahren Lenkrad nicht zu früh wieder nach rechts drehen (Kotflügelberührung)

Rückwärts einparken – im Alltag

Für die Prüfung wird das Einparken meist ohne Parklücke verlangt (kein Fahrzeug hinten). Der Bezugspunkt ist also die Bordsteinkante. Beim späteren Einparken in eine Parklücke nimmt man als Bezugspunkt den rechten Scheinwerfer

des hinten stehenden Fahrzeugs. Bei engen Parklücken mit der einen Umdrehung am Lenkrad nach rechts etwas früher anfangen, so daß das Fahrzeug knapp am parkenden Fahrzeug einschert. Beim Rückwärtseinparken in einer Einbahnstraße auf der linken Seite ist die Ausführung entsprechend seitenverkehrt, d. h. statt nach rechts ist die Lenkung nach links zu drehen.

Auf der folgenden Seite können Sie sich die wichtigsten Schritte anhand einer zeichnerischen Zusammenfassung gut einprägen:

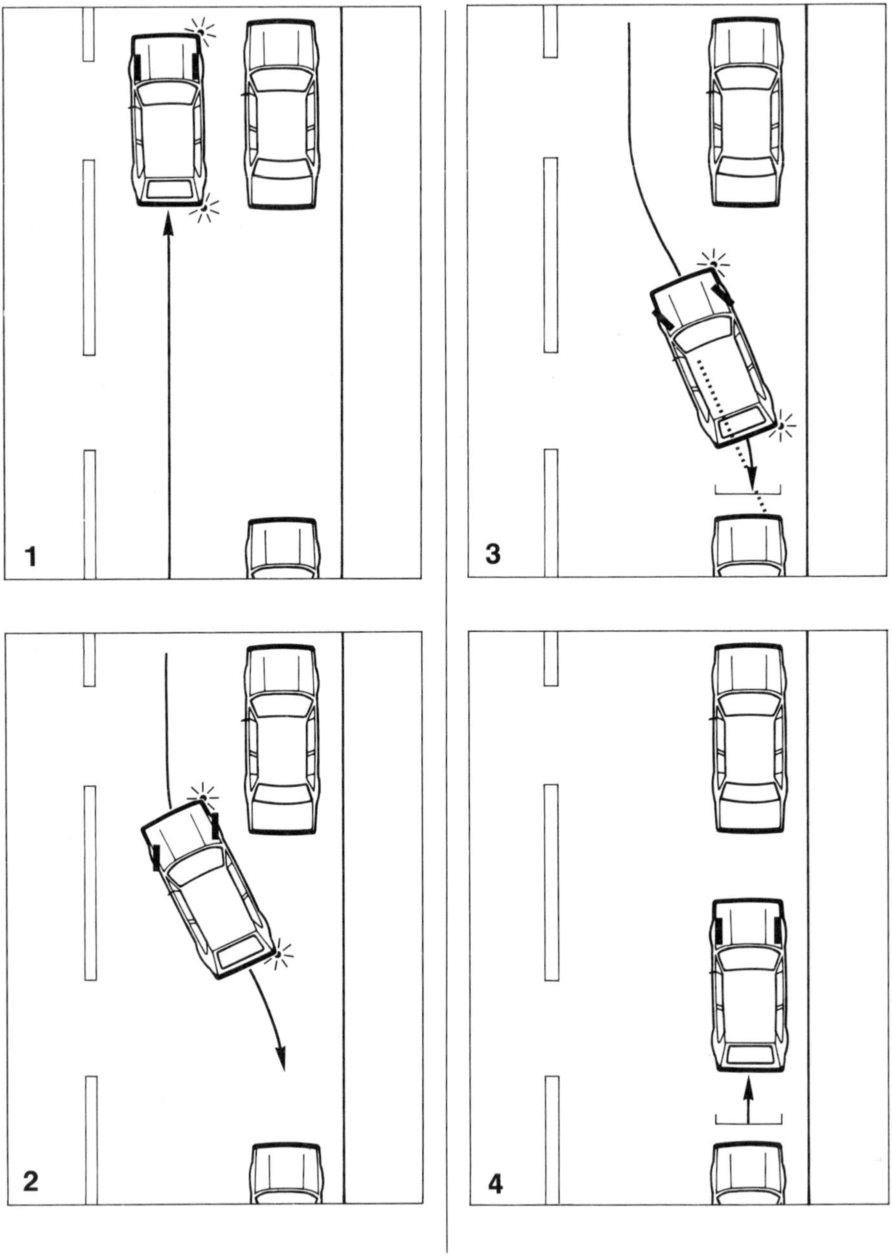
1
2
3
4

Rückwärts einparken – an die Bordsteinkante angestoßen – korrigieren

1. Fahrzeug mit dem Hinterrad an der Bordsteinkante angestoßen
   Was war falsch? Zu spät angefangen mit dem Gegenlenken – zu langsam gelenkt

2. Vorderräder gerade stellen – Lenkrad im Stand zweimal nach rechts drehen. Dann vorfahren bis zur Stoßstange oder zum Rücklicht des vorderen Fahrzeuges

3. Jetzt Lenkung im Stand zweimal nach links drehen und zurückfahren. Wenn der Abstand nach vorn zu gering war, Manöver wiederholen

4. Korrektur abgeschlossen

Profitip

Korrigieren – angestoßen:
Gerade bis Stoßstange vorfahren
– Lenkung links eingeschlagen,
zurückfahren.

Und nun auf der folgenden Seite die zeichnerische Zusammenfassung der wichtigsten Schritte:

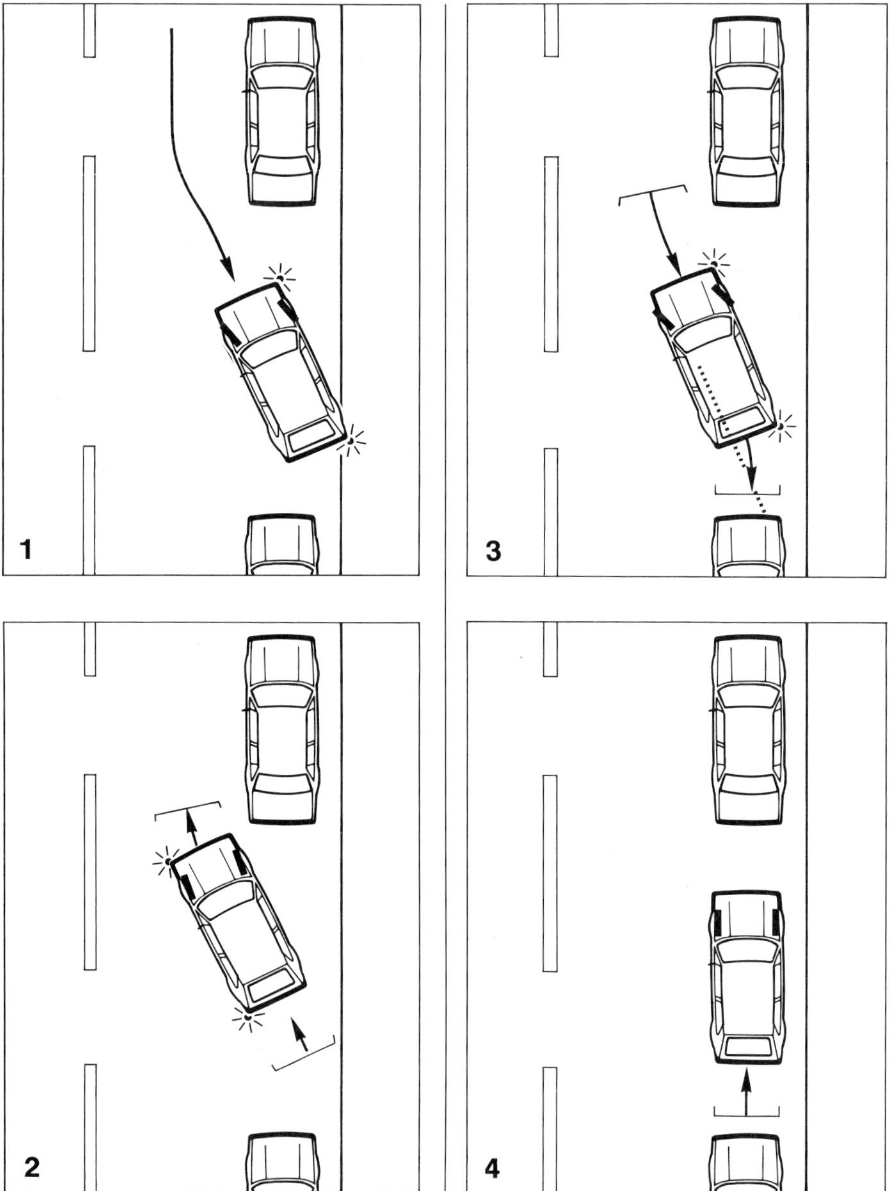
1
2
3
4

Rückwärts einparken – zu weit weg von der Bordsteinkante – korrigieren

1. Fahrzeug zu weit weg von der Bordsteinkante
   Was war falsch? Zu zeitig angefangen mit dem Gegenlenken – zu schnell gelenkt

2. Fahrzeug zunächst ohne Lenkbewegung bis zur linken Schlußleuchte vom parkenden Fahrzeug hinausfahren. Erst jetzt nach rechts lenken und mit dem rechten Vorderrad neben das linke Hinterrad des parkenden Fahrzeugs fahren

3. Zurückfahren, bis Bordsteinkante als »Bezugspunkt« erreicht ist – anhalten – gegenlenken und mit Gefühl einparken (lenken – fahren)

4. Fahrzeug eingeparkt. Sollte es nicht auf Anhieb klappen, nochmals korrigieren

---

Profitip

Korrigieren – zu weit weg:
Über Schlußleuchte hinausfahren – gerade zurückfahren – am Bezugspunkt nach links gegenlenken

---

Auf der folgenden Seite sind die wichtigsten Schritte zeichnerisch nochmals zusammengefaßt:

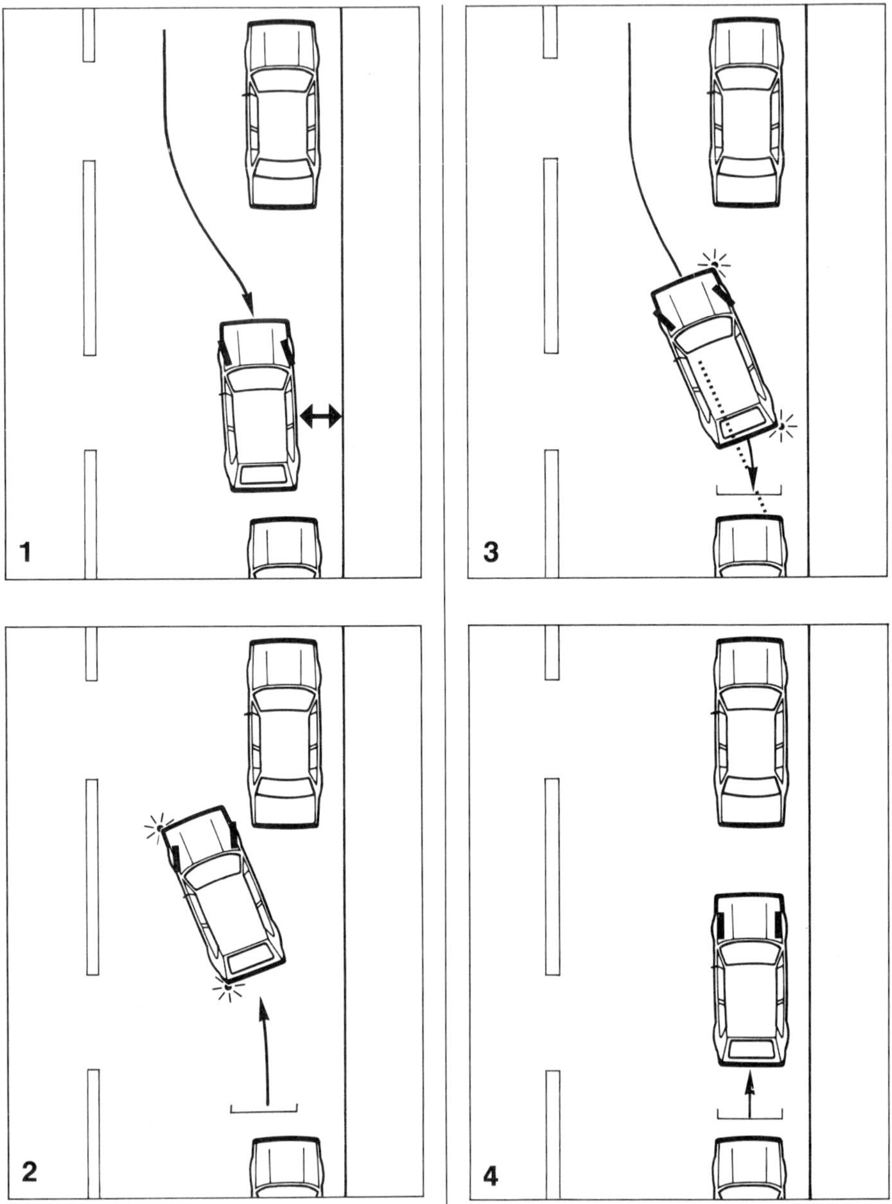
1
3
2
4

Überholen

Überholen ist ein gefährlicher Verkehrsvorgang, deshalb stets überlegen:

1. Ist Überholen erlaubt?
2. Bin ich wesentlich schneller als der Eingeholte?
3. Kann ich ein Überholen verantworten, und lohnt es sich?
4. Kann ich gefahrlos überholen? Im Zweifelsfall – **nie!**
5. Kann ich ohne jede Behinderung des Gegenverkehrs und mit ausreichendem Seitenabstand, auch bei Zweiradfahrern (Abstand: 1,5 m) und Fußgängern, innerhalb der übersehbaren Strecke den Überholvorgang durchführen?
6. Habe ich vor und nach dem Überholvorgang noch genügend Sicherheitsabstand?

Werden Sie niemals ungeduldig und glauben Sie nicht, unbedingt überholen zu müssen, auch bei der Führerscheinprüfung nicht.

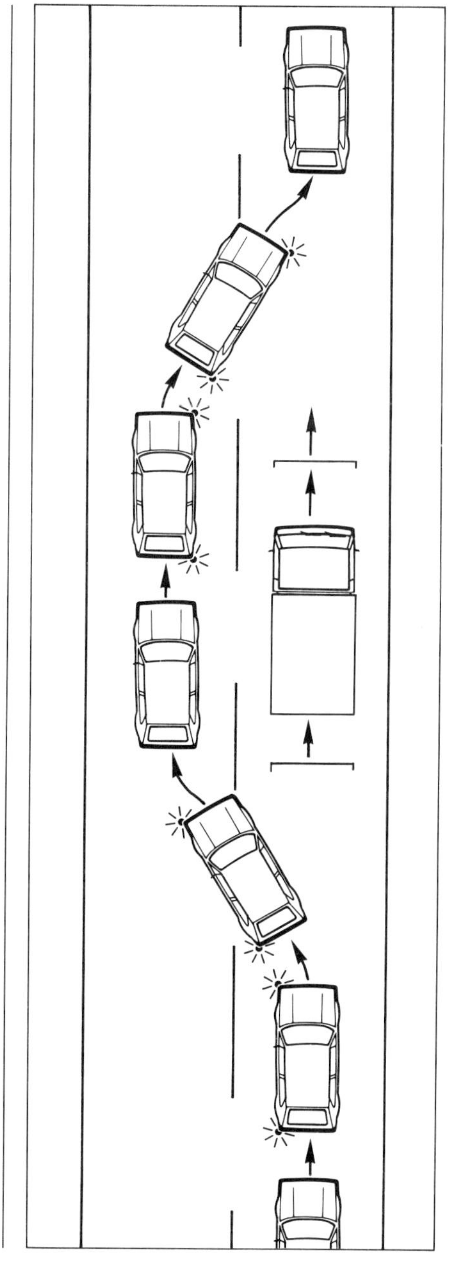

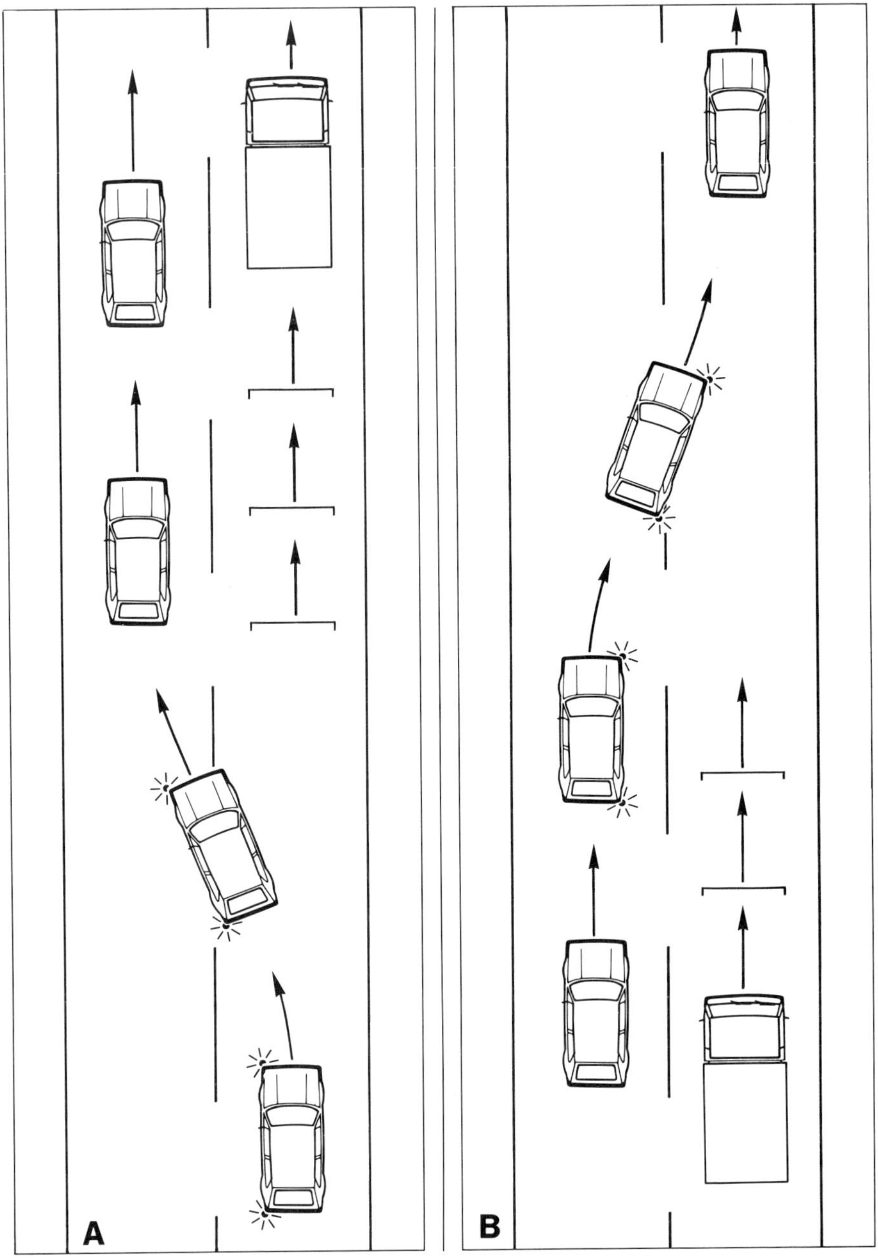
A
B

Es gibt zwei Überholvorgänge

Überholen nach Fahrt hinter einem eingeholten Fahrzeug, das aus verschiedenen Gründen nicht sofort überholt werden kann (Zeichnung Seite 95):

1. Verkehrslage nach vorn prüfen: (Gegenverkehr, Sicht, Hindernisse, Überholverbot, Straßenverhältnisse)
2. Zurückschalten auf einen guten Beschleunigungsgang
3. Verkehrslage nach vorn und rückwärts kontrollieren
4. Wenn Überholen möglich – Überholvorgang durch kurzes Blinken nach links ankündigen (2- bis 3mal)
5. Links ausscheren und nochmals Straße nach vorn kontrollieren
6. Gegebenenfalls Signal geben (Lichthupe außerhalb der geschlossenen Ortschaft)
7. Beschleunigen und in einem flachen Bogen mit ausreichendem Seitenabstand vorbeifahren
8. Blick in den Innenspiegel, bis überholtes Fahrzeug in diesem sichtbar wird
9. Kurz nach rechts blinken, rechts einordnen und zügig weiterfahren

Überholen ohne Geschwindigkeitsminderung, wenn es die Verkehrslage erlaubt (Zeichnung Seite 96):

1. Kontrollblick nach vorn und rückwärts im Innen- und Außenspiegel, Schulterblick nach links
2. Blinker kurz links stellen (2- bis 3mal)
3. Frühzeitig ausscheren (je höher die Geschwindigkeit, um so früher)
4. Gegebenenfalls Signal geben
5. Beschleunigen und mit ausreichendem Seitenabstand vorbeifahren
6. Blick Innenspiegel, bis überholtes Fahrzeug in diesem sichtbar wird
7. Kurz rechts blinken, rechts einordnen und zügig weiterfahren

Autobahn und Kraftfahrstraße

Autobahn

Drei Pflichtstunden Autobahnfahrt sind vom Gesetzgeber vorgeschrieben.
Lernziel ist die Beherrschung des Fahrzeuges bei hoher Geschwindigkeit. Schauen Sie weit voraus. Fahren Sie etwas versetzt, damit Sie sofort reagieren können, entweder durch Gas wegnehmen oder mit Bremsen, wenn bei 3 bis 4 Fahrzeugen vor Ihnen die Bremslichter aufleuchten.
Gewöhnen Sie sich daran, ab und zu einen Blick (max. 1 sec.) in den Innenspiegel zu werfen, damit Sie über das Fahrverhalten des nachfolgenden Verkehrs Bescheid wissen (Abstand, Überholen). Vor allem wissen Sie dann immer, ob Sie den Fahrstreifen wechseln können.
Bekommen Sie ein Gefühl für die gefahrene Geschwindigkeit der nachfolgenden Fahrzeuge durch Blick in die Spiegel.
Umdrehen kann bei hoher Geschwindigkeit sehr gefährlich werden. Benutzen Sie die Spiegel. Wenn Sie sich bei 150 km/h 2 sec. umdrehen, haben Sie ca. 100 m zurückgelegt.

Bereits ein kleiner Lenkeinschlag kann schreckliche Folgen haben. Halten Sie unbedingt den Sicherheitsabstand ein. Das trifft besonders bei Sichtbehinderung durch Nebel, bei Schneefall und starkem Regen zu. Nur so läßt sich ein Auffahrunfall bei einem plötzlichen Stau vermeiden.

Der Sicherheitsabstand darf in der Regel 2 sec. Fahrstrecke nicht unterschreiten oder sollte mindestens einen sogenannten 1/2 Tacho betragen. Ein Beispiel: 100 km/h : 2 = 50 m Abstand. Die Leitpfosten stehen normalerweise im Abstand von 50 Meter. Sie sind deshalb ein hervorragender Anhaltspunkt, um den Sicherheitsabstand zu kontrollieren.

Für den *Sicherheitsabstand* ist der *Anhalteweg* wichtig. Er setzt sich zusammen aus *Reaktions- und Bremsweg.*

Die Faustformel hierfür ist:
Reaktionsweg + Bremsweg = Anhalteweg

Berechnet wird der Anhalteweg folgendermaßen:

$$\frac{\text{Geschw.} \times 3}{10} + \frac{\text{Geschw.} \times \text{Geschw.}}{10 \times 10} = \text{AW}$$

Beispiele

$$\frac{50 \times 3}{10} = 15\text{ m} + \frac{50 \times 50}{10 \times 10} = 25\text{ m} = 40\text{ m AW}$$

$$\frac{70 \times 3}{10} = 21\text{ m} + \frac{70 \times 70}{10 \times 10} = 49\text{ m} = 70\text{ m AW}$$

$$\frac{100 \times 3}{10} = 30\text{ m} + \frac{100 \times 100}{10 \times 10} = 100\text{ m} = 130\text{ m AW}$$

Profitip

Der Reaktionsweg ist ungefähr die zurückgelegte Fahrstrecke in 1 sec. Beispiel: 70 km/h = 19,5 m/sec. Nach der Faustformel beträgt der Reaktionsweg nur unwesentlich mehr, nämlich 21 m. Wenn Sie unaufmerksam sind und nur 1 sec. zu spät reagieren, müssen Sie trotz 1/2 Tacho-Abstand mit einem Auffahrunfall rechnen: Reaktionsweg = 1 sec. Unaufmerksamkeit. Noch kritischer ist die Situation, wenn Sie keinen Sicherheitsabstand einhalten.

Auf der folgenden Seite ist in einer Skizze das Verhältnis zwischen Reaktions- und Bremsweg graphisch verdeutlicht.
Links: korrektes Fahrverhalten – es kann rechtzeitig gebremst werden.
Rechts: Unaufmerksamkeit führt zum Zusammenstoß

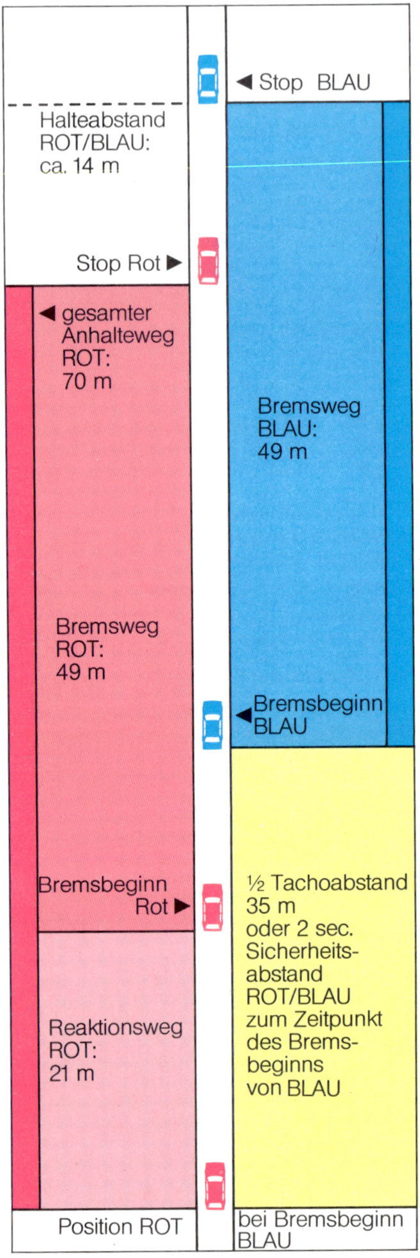
◄ Stop BLAU
Halteabstand ROT/BLAU: ca. 14 m
Stop Rot ►
◄ gesamter Anhalteweg ROT: 70 m
Bremsweg BLAU: 49 m
Bremsweg ROT: 49 m
◄ Bremsbeginn BLAU
Bremsbeginn Rot ►
½ Tachoabstand 35 m oder 2 sec. Sicherheits-abstand ROT/BLAU zum Zeitpunkt des Brems-beginns von BLAU
Reaktionsweg ROT: 21 m
Position ROT
bei Bremsbeginn BLAU

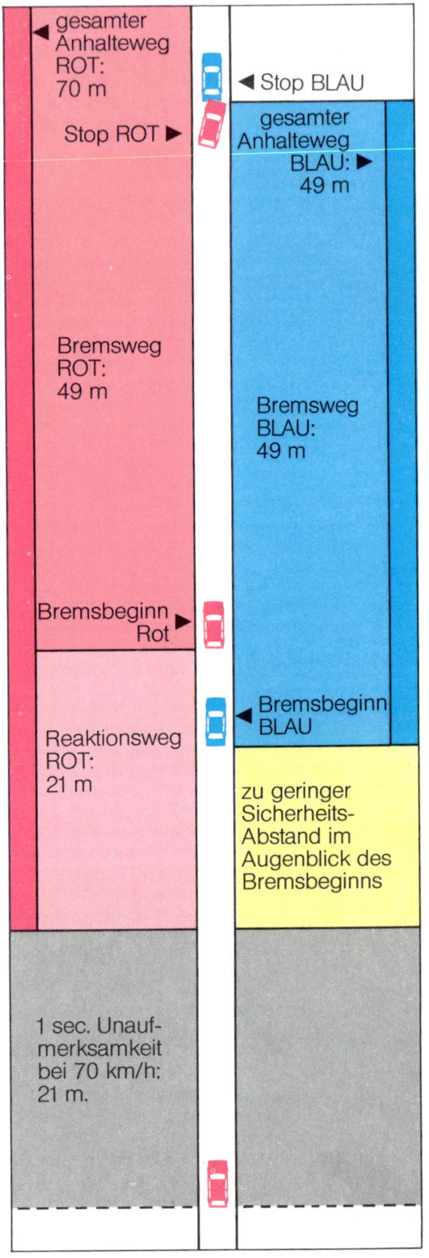
◄ gesamter Anhalteweg ROT: 70 m
◄ Stop BLAU
Stop ROT ►
gesamter Anhalteweg BLAU: ► 49 m
Bremsweg ROT: 49 m
Bremsweg BLAU: 49 m
Bremsbeginn Rot ►
◄ Bremsbeginn BLAU
Reaktionsweg ROT: 21 m
zu geringer Sicherheits-Abstand im Augenblick des Bremsbeginns
1 sec. Unauf-merksamkeit bei 70 km/h: 21 m.

Einfahren in die Autobahn

1. Verkehrszeichen mit Zielort und Autobahn-Nr. für die richtige Einfahrt und Weiterfahrt finden. Ganz wichtig: In die Autobahn darf immer nur rechts in Fahrtrichtung eingefahren werden
2. Mit engen Kurven vor dem Beschleunigungsstreifen rechnen.
   Zurückschalten auf einen guten Beschleunigungsgang

3. Schon bei der Einfahrt in den Beschleunigungsstreifen durch einen kurzen Blick nach links auf den Verkehr auf der Autobahn achten. Er hat Vorfahrt.
   Den Vordermann nicht vergessen, sonst droht ein Auffahrunfall
4. Beim Fahren auf dem Beschleunigungsstreifen Fahrzeug einfach fahren lassen. Zunächst nicht allzuviel Gas geben – keine Bremse – Kupplung nicht drücken. Die Fahrzeuge auf der Autobahn beobachten und dabei entscheiden, ob man sich bei einer ausreichend großen Lücke durch Gasgeben in den fließenden Verkehr einfädeln kann. Bei dichtem Verkehr abbremsen, zurückschalten und abwarten, bis sich eine Lücke zum Einfädeln bietet
5. Möglichst schnell die auf der Autobahn gefahrene Geschwindigkeit erreichen. Voll beschleunigen
6. Kontrollieren, ob Blinker zurückgestellt ist

Überholen

1. Ein Überholvorgang auf der Autobahn kommt selten plötzlich, deshalb rechtzeitig den rückwärtigen Verkehr im Innenspiegel beobachten
2. Zur Sicherheit schneller Blick in den Außenspiegel mit Schulterblick nach links – wenn frei – kurz links blinken
3. Zügig beschleunigen, und in einem flachen Bogen ausscheren
4. Nach dem Überholen, wenn überholtes Fahrzeug im Innenspiegel zu sehen ist, wieder in einem flachen Bogen rechts einordnen, dabei rechts blinken

Baustellen und Fahrbahnverengungen

1. Baustellen und Fahrbahnverengungen sind Stau- und Unfallschwerpunkte
2. Die Geschwindigkeit auf die durch Verkehrszeichen angezeigte höchstzulässige Fahrgeschwindigkeit reduzieren
3. Sicherheitsabstand unbedingt einhalten – auch dann, wenn andere Kraftfahrer Sie scheel ansehen und glauben, Sie könnten nicht Auto fahren
4. Rechten, breiten Fahrbahnstreifen benutzen

5. Gelbe Fahrbahnmarkierungen haben Vorrang.
6. Fahrstreifenwechsel bei Kolonnenverkehr vermeiden. Geduld aufbringen, vor allem bei einem Stau

Verlassen der Autobahn

1. Rechtzeitig rechten Fahrstreifen wählen. Keinen Überholvorgang mehr einleiten
2. Nachfolgenden Verkehr beobachten, spätestens an der 200-m-Bake nach rechts blinken

3. Verzögerungsstreifen sofort benutzen und die Geschwindigkeit stark verringern. Unbedingt die gefahrene Geschwindigkeit auf dem Tacho kontrollieren.
   Enge Kurven bei der Ausfahrt können gefährlich werden
4. Nach Verlassen der Autobahn auf Vorfahrt achten. Geschwindigkeit den neuen Verkehrsverhältnissen anpassen. Es wird häufig viel zu schnell gefahren.

Kraftfahrstraße

Auf der Kraftfahrstraße gelten dieselben Vorschriften und Verhaltensweisen wie beim Fahren auf der Autobahn.

Im Unterschied zur Autobahnfahrt fährt man an Kreuzungen oder Einmündungen

in die Kraftfahrstraße unmittelbar ein **und/oder** aus. Dies bedeutet, daß die Beschleunigungs- und Verzögerungsstreifen wesentlich kürzer sind. Also Vorsicht!

Außerdem muß man mit ampelgeregelten Fußgängerüberwegen an Kreuzungen und Einmündungen rechnen. Beim Fahren mit Abblendlicht die Geschwindigkeit der Sichtweite anpassen. Die höchstzulässige Fahrgeschwindigkeit wird oft durch Verkehrszeichen beschränkt.

Überlandfahrt

Fünf Fahrstunden sind bei der Überlandfahrt vorgeschrieben, wobei die während einer Ausbildungsfahrt gefahrene Strecke mindestens 50 km betragen muß. Die Überlandfahrt stellt an den Fahrschüler schon hohe Ansprüche und setzt eine gute Fahrpraxis voraus. Deshalb ist auch vorgeschrieben, daß sie erst am Ende der Ausbildung erfolgen darf.

Lernziele

1. Vorausschauendes Fahren auf Landstraßen mit ihren meist unübersichtlichen Kurven und Kuppen.
   Wenn Sie den weiteren Verlauf der Straße nicht mehr einsehen können, müssen Sie die Geschwindigkeit vermindern.
   Machen Sie sich die alte Kraftfahrerweisheit zu eigen: Vor der Kurve langsam fahren, ausgangs der Kurve zügig beschleunigen.
2. Nach einem vorgegebenen Fahrziel mit Hilfe der Vorwegweiser und Wegweiser fahren. Die richtige Richtung suchen und finden ist am Anfang mit

Schwierigkeiten verbunden, weil Sie die beiden Vorgänge Fahren und Verkehrszeichen lesen noch nicht gleichzeitig machen können. Es ist aber eine sehr gute Blickschulung für später; Sie üben dadurch das Erkennen und Deuten von Verkehrszeichen.

An der Ortstafel die Geschwindigkeit durch Zurückschalten auf 50 km/h reduzieren.
Vor und in Engstellen, Kurven, Baustellen und vor Kuppen langsam fahren – die Situation ist meist unübersichtlich (folgende 3 Abb.)

Besondere Verkehrszeichen-Kombinationen beachten, sie weisen auf schwierige Straßenabschnitte hin.

3. In fremder Umgebung ist es besonders wichtig, die Geschwindigkeit den gegebenen Verhältnissen anzupassen. Ein äußerst wichtiges Lernziel, weil Sie am Anfang immer zu schnell fahren und sich plötzlich einer Gefahrensituation gegenübersehen. Zwingen Sie sich, langsamer zu fahren als Sie möchten.

Verkehrszeichen mit dem Hinweis »Vorfahrt gewähren in 100 m Entfernung« sollten Sie unbedingt beachten. Sie werden nur da aufgestellt, wo eine Kreuzung oder Einmündung unübersichtlich und gefährlich ist. Also Geschwindigkeit verringern, zurückschalten, damit Sie rechtzeitig die Situation erkennen können.

4. Ein wichtiges Lernziel bei der Überlandfahrt ist es, die Angst vor der Bedienung des Fahrzeuges zu verlieren und die »Automatismen« zu beherrschen (Schaltfreudigkeit). Es ist dann erreicht, wenn der Fahrlehrer während der Fahrt nicht mehr eingreifen und korrigieren muß.

Nachtfahrt

Als Nachtfahrt ist eine Fahrt von mindestens 90 Minuten bei Dämmerung oder Dunkelheit vorgeschrieben, die zur Hälfte auf Bundes- oder Landstraßen durchgeführt werden muß. Vor Antritt der Fahrt wird Ihnen der Fahrlehrer das Licht erklären (Stand-, Abblend-, Fernlicht mit Kontrolle – die 3 Abb. unten).

Wenn möglich, sollte die Unterweisung hinter einem Fahrzeug oder vor einem Schaufenster erfolgen. Die jeweils eingeschaltete Lichtquelle kann man dann gut erkennen.

Fahrten bei Dunkelheit erfordern erhöhte Aufmerksamkeit. Schalten Sie schon bei Beginn der Dämmerung die Beleuchtung ein (Abblendlicht), damit die anderen Verkehrsteilnehmer, die von vorn, von hinten oder aus einer Seitenstraße kommen, Ihr Fahrzeug rechtzeitig wahrnehmen. Seien Sie kein Lichtmuffel.

Fahren Sie bei Dunkelheit nicht schneller, als es die Sichtweite zuläßt. Diese ist mit Abblendlicht ca. 70 Meter, was einer Geschwindigkeit von etwa 70 km/h entspricht. Auf der Autobahn darf schneller gefahren werden, wenn genügend Sicherheitsabstand eingehalten werden kann und eine entsprechende Sicht gegeben ist.

Diese Vorschriften sind erforderlich, damit Sie bei Hindernissen, die plötzlich im Scheinwerferlicht auftauchen, noch rechtzeitig reagieren und anhalten können (Wild, abgestellte Fahrzeuge, Fußgänger, Radfahrer usw.).

Wenn Sie mit Fernlicht fahren und abblenden müssen, sollten Sie gleichzeitig vom Gas gehen, gegebenenfalls bremsen, um Ihre Geschwindigkeit der Sichtweite anzupassen. Gewöhnen Sie sich an, den Abblendschalter mit den Fingerspitzen zu bedienen, und üben Sie bei der Nachtfahrt das Auf- und Abblenden so oft wie möglich.

Bei Blendung durch den Gegenverkehr nach rechts an den Fahrbahnrand schauen und langsamer fahren.

Richtungstafeln in Kurven sind besonders nachts sowie bei Nebel und Schneefall eine große Hilfe für Ihr Fahrverhalten.

Bei Sicht eines solchen Verkehrszeichens langsamer und vorsichtig fahren.

Bei Ermüdungserscheinungen – nicht erst bei auftretenden Halluzinationen – sollte man anhalten, aussteigen, frische Luft schnappen. Noch besser ist es, die Fahrt zu unterbrechen und sich auszuruhen.

Taucht vor dem Fahrzeug plötzlich Wild auf, bremsen und kräftig hupen. Wenn noch Zeit bleibt, sollten Sie auf- und abblenden. Lenkung festhalten. Nach Möglichkeit nicht ausweichen, dadurch sind schon sehr schwere Unfälle passiert. Grundsätzlich ist die Geschwindigkeit den Sichtverhältnissen anzupassen (am Tacho kontrollieren).

Fahren unter extremen Bedingungen

Beim Fahren unter schwierigsten Witterungsbedingungen, das heißt bei Eis- und Schneeglätte, Nebel und starkem Regen, zeigt sich der wahre Könner. Leider ist es in der Fahrschule nur ganz selten möglich, dem Fahrschüler das optimale Verhalten bei extremen Bedingungen beizubringen.

Wenn Sie das Glück haben, im Winter bei Eis oder Schnee zu einer Fahrstunde eingeteilt zu werden, so sagen Sie diese niemals aus Angst ab. In dieser Stunde lernen Sie für Ihr späteres Alleinfahren sehr viel mehr als in einer »normalen« Fahrstunde.

Das Verhalten beim Fahren unter extremen Bedingungen kann man lernen. Entweder übt man selbst auf einem freien Parkplatz, wenn diese Möglichkeit besteht, oder man besucht die vielerorts gegen ein Entgelt angebotenen Sicherheitstrainingskurse. Hier wird auf Verkehrsübungsplätzen Straßenglätte und Aquaplaning simuliert.

Profitip

Vielleicht liegt auch in Ihrer Nähe ein Verkehrsübungs- oder/und Sicherheitstrainingsplatz.
Erkundigen Sie sich bei:
1. Deutsche Verkehrswacht
Postfach 300249
5300 Bonn 3
2. ADAC-Zentrale
Am Westpark 8
8000 München 70

Sie werden schnell merken, daß der Umgang mit Gas, Bremse und Lenkung ein besonders feines Gefühl erfordert, um nicht ins Rutschen und Schleudern zu kommen. Die Gefahr, daß die Fahrbahn vereist, glatt ist oder Aquaplaning auftreten kann, kann man voraussehen.

Man muß wissen, daß auf und unter Brükken, in Waldschneisen und an schattigen Straßenstellen die Glatteisgefahr überraschend auftritt. Gehen Sie vorher vom Gas und versuchen Sie in Geradeausfahrt, das vereiste oder schneeglatte Straßenstück zu durchfahren.

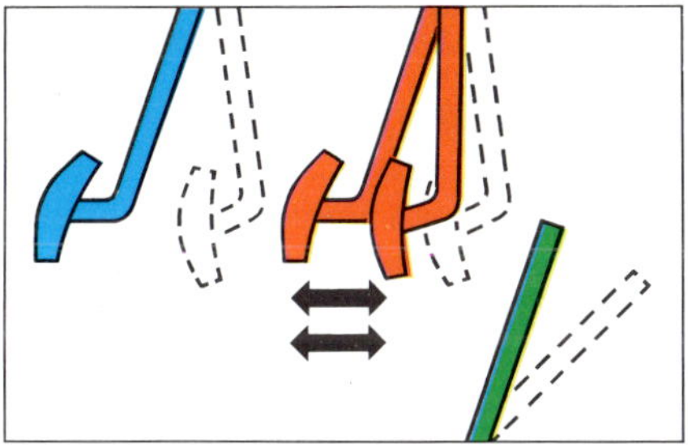

Bremsen kann gefährlich werden. Wenn Sie trotzdem aus irgendeinem Grund langsamer fahren oder anhalten müssen, haben Sie nur mit einer Intervall-Stotterbremsung die Chance, ihr Fahrzeug unter Kontrolle zu halten.

Grundsätzlich gilt, daß man bei Glatteis, bei Schneeglätte oder bei Nebel nur dann fahren sollte, wenn es unbedingt notwendig ist.

Bei *Aquaplaning* – durch Aufschwimmen der Räder läßt sich das Fahrzeug nicht mehr bremsen und lenken – ebenfalls Gas weg, Lenkung gerade halten und warten, bis die Räder wieder Fahrbahnkontakt bekommen. Man merkt das an einem Ruck, der durch das Fahrzeug geht.

Beim Fahren unter extremen Bedingungen sollten Sie Ihre Geschwindigkeit unbedingt den Straßenverhältnissen, den Witterungsbedingungen und den Sichtverhältnissen anpassen.

Vorsicht bei nasser Fahrbahn – Aquaplaninggefahr!

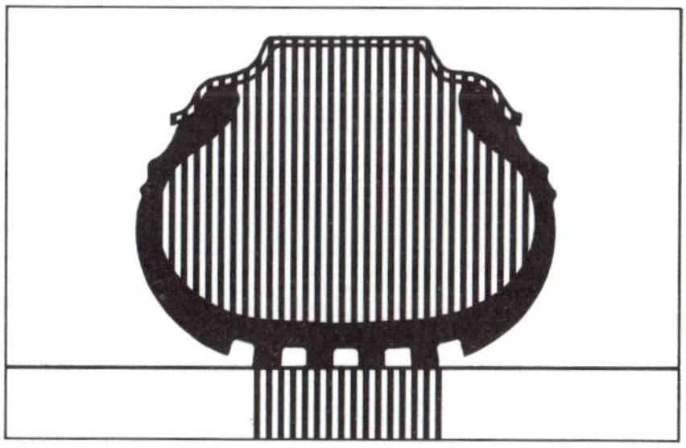

normaler Bodenkontakt

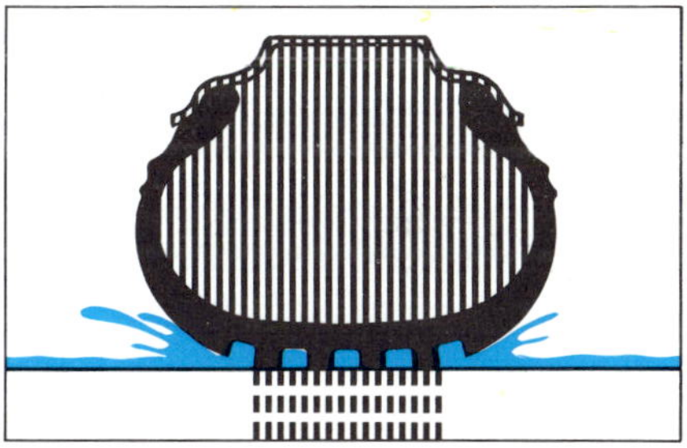

geringer Bodenkontakt

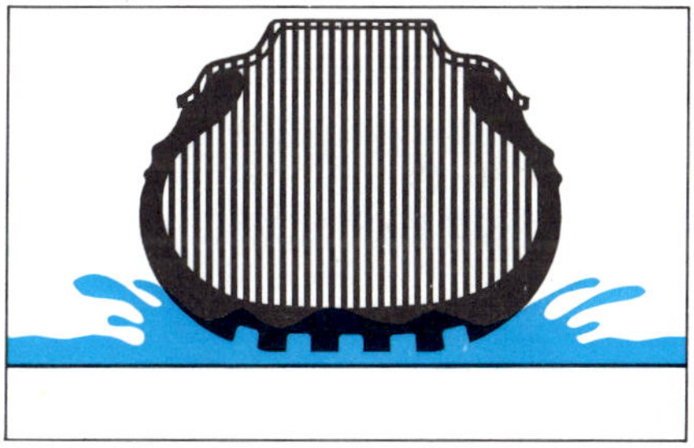

kein Bodenkontakt

Die Gefahr erhöht sich:

- je abgefahrener das Reifenprofil
- je größer die Wassermenge
- je höher die Fahrgeschwindigkeit ist
- wenn die Fahrbahn nicht rauh, sondern glatt ist

Energiesparende Fahrweise

Nach § 2 Straßenverkehrsgesetz darf nach einer bestandenen Führerscheinprüfung der Führerschein erst dann ausgehändigt werden, wenn der Fahrschüler nachweist, daß er die Grundzüge der energiesparenden Fahrweise beherrscht. Dazu ist bei der theoretischen Prüfung ein Fragebogen mit 6 Fragen zu beantworten. Diese Prüfung ist bestanden, wenn 4 Fragen richtig beantwortet sind.

Tips für die energiesparende Fahrweise.

1. Motor in der Werkstatt optimal einstellen lassen
2. Motor nicht im Stand warmlaufen lassen (Winter), sondern nach dem Starten sofort losfahren
3. Mit richtigem Reifendruck fahren. Besser mit 0,2 Bar mehr Reifendruck fahren als vorgeschrieben. Reifendruck am kalten Reifen prüfen
4. Gut dosiert Gas geben. Mit dem »Bleifuß« fahren kann bis zu 50% mehr Kraftstoff kosten
5. Schaltfreudig sein und möglichst frühzeitig in einen höheren Gang schalten. Bei Motordrehzahlen zwischen 2000 und 2500 Umdrehungen in der Minute fahren Sie am sparsamsten
6. Weich anfahren und im Verkehrsstrom gleichmäßig mitfahren spart sehr viel Kraftstoff. Kein »Kavalierstart«; quietschende Reifen sind ein Zeichen schlechter Fahrweise und kosten viel Geld
7. Keine unnötigen Gegenstände im Auto mitführen. Je schwerer das Auto, um so größer der Kraftstoffverbrauch
8. Bei Stau, geschlossenen Bahnschranken, langen Ampelphasen: Motor ausschalten. Umweltampel beachten

Vorbereitung auf die Fahrprüfung

Wenn Sie bis hierher das Ausbildungsprogramm bewältigt haben, wird ab jetzt Ihr Fahrlehrer mit Ihnen Prüfungsfahrten durchführen. Diese Fahrten geben Ihnen die Möglichkeit, Ihr Fahrkönnen zu vervollständigen, die Angst vor der Prüfung zu verlieren und zu zeigen, daß Sie nach bestandener Prüfung allein und selbständig am Verkehrsgeschehen teilnehmen können.

Achten Sie bitte darauf, daß Ihr Fahrlehrer je nach Bedarf mehrere Prüfungsfahrten mit Ihnen durchführt und eine entsprechende Auswertung vornimmt.

Die Prüfung beginnt normalerweise am sogenannten Wechselplatz – sei es beim TÜV oder bei der Fahrschule. Der Fahrlehrer wird ab jetzt seine Anweisungen so geben, wie es während der Prüfung üblich ist.

Ab jetzt fahren Sie selbständig. Fahren Sie immer geradeaus, wenn es nicht durch Verkehrszeichen verboten ist (wie in der Abb. oben). Wird gesagt: die nächste Möglichkeit nach rechts oder links, dann ist das Abbiegen an der nächsten Kreuzung bestimmt verboten. Außer »rechts oder links abbiegen« und »anhalten« zum Einparken, Wenden, Rückwärtsfahren sagt der Prüfer Ihnen nichts. Es wird verlangt, daß Sie vollkommen selbständig fahren und dabei wissen und zeigen, wann Sie anhalten und schalten müssen, wo Sie sich einzuordnen haben, wie schnell Sie fahren dürfen, wann Sie die Handbremse, das Licht, den Scheibenwischer usw. brauchen.

Abweichend von der amtlichen Prüfungsfahrt, bei der ja mit dem Fahrschüler nicht gesprochen wird, sollten Sie bei den vorhergehenden Probefahrten sofort auf Ihre Fehler aufmerksam gemacht werden.

In der Praxis hat es sich bewährt, alle Fehler auf einem Formblatt in chronologischer Reihenfolge aufzuschreiben, damit sie nach der Fahrt noch einmal gründlich durchgesprochen werden können. Außerdem können Sie Ihren *»Fahrtest – Was war nicht richtig?«* dann mit nach Hause nehmen, um in Ruhe über alles nachzudenken (siehe nächste Seite).

Hier ein Beispiel für die erste »Prüfungsfahrt«:

FAHRTEST –
Was war nicht richtig?

1.	Umsehen, Anfahren	4
2.	Fußgänger, Zebrastreifen	8
3.	Blinken	3
4.	STOP-Schild-Haltelinie	3
5.	Gegenverkehr Rathaus	16
6.	Fahrbahnbenutzung	4
7.	Fahrstreifenwechsel	16
8.	Fußgänger – Abbiegen	4
9.	Fahrbahnben. Hauptpl.	8
10.		66
11.		
12.		
13.		

Die Fehler in Stichworten und chronologisch aufschreiben, damit hinterher die Prüfungsfahrt in ihrem Ablauf rekonstruiert werden kann.

Die hier aufgeführten Punkte entsprechen der früheren Bewertung. Bei 16 Punkten hatte der Schüler die Prüfung nicht bestanden.
Auch wenn heute bei den Prüfungen nicht mehr so gewertet wird – in der Fahrschulpraxis hat sich diese Methode bewährt, um den Schüler darüber aufzuklären, wie schwerwiegend seine Fehler sind.
Meist ist die erste »Prüfungsfahrt« ein Fiasko. Nichts, aber auch gar nichts will klappen, dabei hat man sich so angestrengt.
Das Problem ist meist das, daß sich der Schüler mit einem einmal gemachten Fehler zu lange beschäftigt und auf die

Und so sollte der fünfte Fahrtest etwa aussehen, damit Sie verhältnismäßig unbeschwert zur Prüfung gehen können:

FAHRTEST –
Was war nicht richtig?

1.	Blinken	3
2.	Einordnen Hauptplatz	3
3.	Ausweichen – Umsicht	4
4.		10
5.		
6.		
7.		
8.		
9.		
10.		
11.		
12.		
13.		

Die Fehler in Stichworten und chronologisch aufschreiben, damit hinterher die Prüfungsfahrt in ihrem Ablauf rekonstruiert werden kann.

neuen Situationen zu spät reagiert, so daß neue Fehler unausbleiblich sind.
Sie werden sehen, mit jeder »Prüfungsfahrt« fahren Sie besser. Sie fangen an, vorausschauend, vorausdenkend und damit vorsichtiger und rücksichtsvoller zu fahren. Sie erkennen nun rechtzeitig gefährlich werdende Situationen und fahren nicht mehr kopflos in die Gefahr hinein. Sie fahren sich frei.

Waren Sie vorher der Verzweiflung nahe, so macht das Autofahren wieder Spaß. Nun kann Ihnen zur Prüfung kaum noch etwas passieren.
Jetzt kann Sie der Fahrlehrer zur amt-

lichen Prüfung anmelden. Jede Stunde mehr bringt allerdings gerade jetzt größere Sicherheit und Übung, Sie gewinnen mehr Vertrauen in die eigene Fahrkunst und Ihre Chance wächst, auf Anhieb die praktische Prüfung zu bestehen. Sparen Sie nicht an diesen Stunden. Sie beugen der Prüfungsangst und dem Prüfungsstreß vor. Je besser Sie vorbereitet sind, um so weniger Probleme haben Sie bei der Prüfung.

Seit dem 1.11.1986 gibt es den Führerschein auf Probe, der zwei Jahre Gültigkeit hat. Ausgehend von der statistischen Erkenntnis, daß ca. 20% der Führerschein-Neulinge an Unfällen beteiligt sind, hat der Gesetzgeber diesen Führerschein eingeführt.

Die Fahrschulausbildung wird deshalb zukünftig noch intensiver, qualitativ besser und verantwortungsbewußter erfolgen müssen.

Der Fahrschüler wird durch die Fahrerlaubnis auf Probe ständig daran erinnert, daß vorsichtiges, höfliches, aufmerksames und verkehrsgerechtes Fahren zum täglichen Handwerkszeug eines jeden Fahrers gehört.

Der Prüfer und die amtliche Prüfungsfahrt

Im § 6 der Fahrschüler-Ausbildungsverordnung wird festgelegt, daß der Fahrschüler so viele Fahrstunden zu absolvieren hat, wie er zur Erlangung der notwendigen Befähigung, insbesondere auch der Fahrzeugbeherrschung in schwierigen Situationen, benötigt. Der Fahrlehrer darf die Ausbildung erst dann abschließen, wenn er überzeugt ist, daß der Fahrschüler die nötigen Kenntnisse und Fähigkeiten besitzt, um mit den Gefahren des Straßenverkehrs und den zu ihrer Abwehr erforderlichen Verhaltensweisen vertraut ist.

Der Prüfer hat sich in der Prüfung davon zu überzeugen, daß Sie die oben angeführten Anforderungen zum Führen eines Kraftfahrzeuges erfüllen. Betrachten Sie daher den Prüfer nicht als »Buhmann«. Gewiß, nicht alle Prüfer sind gleich. Oft verbirgt sich ein gutes Herz in einer rauhen Schale. Andererseits gibt es auch Prüfer, mit denen Sie zu Recht nicht zufrieden sind.

Vertrauen Sie aber Ihrem Fahrlehrer. Er wird sich auch bei der Prüfungsfahrt Ihrer annehmen und versuchen, ungerechte Kritik abzuwehren. Freilich gelingt dies nicht immer.

Im allgemeinen aber sind die Prüfer ausgesprochen korrekt. Der Prüfer freut sich – wie übrigens der Fahrlehrer auch –, wenn er gut ausgebildete Kandidaten hat, denen er nach einem positiven Prüfungsergebnis unbedenklich die Erlaubnis zum Führen eines Kraftfahrzeuges erteilen kann.

Während man bei der theoretischen Prüfung den Erfolg durch Fleiß herbeiführen kann, unterliegt die praktische Prüfung anderen Gesetzen. Hier werden Sie mit den anderen Verkehrsteilnehmern und deren nicht vorhersehbaren Reaktionen konfrontiert. Sie müssen das, was Sie bisher gelernt haben, nämlich sehen, reagieren, vorausschauend fahren, also wissen und ahnen, wie der andere sich verhält, nach eigenem Ermessen anwenden. Danach wird Ihre Prüfungsfahrt beurteilt.

Falsch ist es, wenn Sie glauben, dem Prüfer »Theater« vorspielen zu können (Angst, Tränenausbrüche, Mitleid erwekken usw.).

Zeigen Sie keine Scheu. Fragen Sie, wenn Sie etwas nicht verstanden haben. Etwas Lampenfieber und ein wenig Aufregung vor der Prüfung sind völlig normal und können sogar leistungssteigernd wirken.

Zeigen Sie, was Sie gelernt haben und was Sie können. Fahren Sie konzentriert bis zum Schluß der Prüfung. Auch der letzte Schritt, das Aussteigen aus dem Fahrzeug mit Umsicht, gehört dazu. Was Ihnen der Prüfer bei der Prüfungsfahrt *übelnehmen* kann, wird Ihnen Ihr Fahrlehrer vorher mehrmals in ruhiger, vielleicht bei wiederholter Nichtbeachtung auch in eindringlicher Weise schon gesagt haben. Achten Sie also auf jene Problemsituationen, die Ihnen bereits während der Testfahrten Schwierigkeiten bereitet haben.

Grobe Fehler bei der Prüfung

1. Anfahren ohne ausreichende Umsicht
2. Schaltfaulheit beziehungsweise falsche Gangwahl
3. Schlechte Fahrbahnbenutzung, Mißachtung des Rechtsfahrgebotes, Fahrstreifen nicht einhalten
4. Fahrgeschwindigkeit nicht dem Verkehrsfluß anpassen (zu langsam oder zu schnell; keinesfalls aber schneller als zulässige Höchstgeschwindigkeit fahren)
5. zu geringer Sicherheitsabstand nach vorn oder seitlich, besonders zu Zweiradfahrern
6. Riskantes Überholen oder gar nicht Überholen, wenn die Möglichkeit des verkehrsgerechten Überholens besteht
7. Gefährlicher Fahrstreifenwechsel ohne Blinker und ohne ausreichende Umsicht
8. Vorfahrtsverletzungen bei »rechts vor links« und bei »Vorfahrt gewähren« sowie als Linksabbieger mit Gegenverkehr
9. Verkehrszeichen nicht beachten. In verbotene Straßen einfahren
10. Bei »rot« beziehungsweise bei »dunkelgelb« (das heißt, wenn Sie schon seit längerer Zeit »gelb« hatten) in Kreuzungen und über ampelgeregelte Fußgängerüberwege fahren – dadurch Gefährdung anderer Verkehrsteilnehmer
11. Nicht anhalten an Zebrastreifen, wenn Fußgänger den Überweg benutzen wollen
12. In Engstellen nicht ausweichen und damit risikoreiche Verkehrssituationen schaffen
13. Bei den Übungen »Wenden – Rückwärtsfahren – Einparken« mangelnde Umsicht und Beschädigung eines Fahrzeuges
14. Gefährdung anderer Verkehrsteilnehmer, so daß der Fahrlehrer eingreifen muß

Wenn Sie die Prüfung im ersten Anlauf nicht bestehen, ist es kein Beinbruch. Auch viele andere Leute vor Ihnen haben die Fahrprüfung nicht gleich auf Anhieb geschafft. Nach 14 Tagen dürfen Sie die Prüfung wiederholen, wenn Sie in der Zwischenzeit weiteren Unterricht genommen haben (ca. 5 bis 6 Fahrstunden). Hüten Sie sich vor Beruhigungstabletten und Alkohol. Sie sind kein Mittel, die Fahrprüfung zu bestehen und Ihnen die Prüfungsangst zu nehmen.

Das »Alleinfahren« während der Testfahrten vor der Prüfung gibt Ihnen die nötige Sicherheit.

Bei der Prüfung und auch später sollten Sie nicht rückwärts blicken, das heißt, dauernd an einen einmal gemachten Fehler denken und dabei das vorausschauende Fahren vergessen.

Gehen Sie mit dem festen Vorsatz zur Prüfung, daß Sie das Fahren beherrschen und nichts schiefgehen kann.

Theorie

Was ist falsch, was ist richtig?

In der theoretischen Prüfung wird an Hand von Fragebogen ermittelt, ob der Fahrschüler die erforderlichen Kenntnisse der Gesetze und Verordnungen besitzt, die zur Teilnahme am Straßenverkehr notwendig sind.
Der Gesetzgeber hat hierzu über 900 Fragen und Antworten in einem Fragenkatalog erarbeitet, wovon der Prüfling 23 allgemeine Fragen und 7 spezielle Fragen für die einzelnen Führerscheinklassen beantworten muß.

Es gibt zwei Arten von Fragen:
1. Fragen mit vorgedruckten Antworten, die entweder eine oder zwei oder drei richtige Antworten enthalten.
2. Fragen ohne vorgedruckte Antwort, bei der nach Zahlen gefragt wird. Diese sind in die vorhandenen Kästchen einzutragen.

Entsprechend ihrer Bedeutung für die Verkehrssicherheit werden die Fragen mit 2, 3 oder 4 Punkten bewertet. Bei mehr als 8 Fehlpunkten ist die Prüfung nicht bestanden.

Vor der Theorieprüfung brauchen Sie keine Angst zu haben, wenn Sie:
1. den Fahrschulunterricht regelmäßig besuchen und lernen (seit dem 1.1.1987 ist dies Pflicht)
2. auf die Fragestellung achten
3. sich die richtigen Antworten einprägen
4. die falschen Antworten erkennen
5. die bei manchen Fragen erforderlichen Zahlenangaben lernen
6. sich bei der Prüfung Zeit nehmen zum Ausfüllen des Fragebogens und den Text mehrmals sorgfältig durchlesen

Um Ihnen das Lernen zu erleichtern, werden in diesem Teil des Buches schwierige Fragen, irreführende Formulierungen und halbrichtige Antworten aufgeführt.
Verkehrssituationen, die in den Bildern schwer zu erkennen sind, werden durch einen Hinweispfeil verdeutlicht.
Die Auswahl der Fragen beruht auf den langjährigen Erfahrungswerten in mehreren Fahrschulen. Die Fragen, die nicht richtig beantwortet werden, sind nämlich immer wieder fast dieselben.
Die falschen Antworten sind weitgehend identisch mit jenen, die vom TÜV zur Prüfung vorgelegt werden.

Grundstoff für alle Bewerber um eine Fahrerlaubnis

0.1 Die Gefahren des Straßenverkehrs und die zu ihrer Abwehr erforderlichen Verhaltensweisen

0.1.1 Verhalten an Kreuzungen und Einmündungen, an unübersichtlichen Stellen, auf freier Strecke, bei Dunkelheit und schlechten Sichtverhältnissen, bei der Wahl der Fahrgeschwindigkeit, bei der Anpassung an Fahrbahnbeschaffenheit und Witterungseinflüsse, gegenüber Fußgängern

0.1.1.2 Verhalten gegenüber Fußgängern

(4 P) **Womit rechnen Sie, wenn Sie sich mit Ihrem Fahrzeug Kindern nähern?**

Richtige Antwort
Mit völlig unüberlegtem Verhalten der Kinder

Falsche Antwort
Mit völlig überlegtem Verhalten der Kinder
Mit sehr gutem Reagieren der Kinder bei Gefahr

(4 P) **Der Junge mit dem Kinderfahrrad hat sich von seinem Freund verabschiedet. Womit müssen Sie rechnen?**

Richtige Antwort
Der Junge könnte im nächsten Augenblick losfahren, ohne auf Ihr Fahrzeug zu achten
Der Junge wird möglicherweise zwar noch nach links schauen, aber dennoch losfahren
Der Junge könnte losfahren, obwohl Sie vorher gehupt haben

(4 P) **Wie verhalten Sie sich in dieser Situation?**

Richtige Antwort
Die Geschwindigkeit sofort stark vermindern und bremsbereit bleiben, weil weitere Kinder folgen können

Falsche Antwort
Hupen und mit unverminderter Geschwindigkeit weiterfahren
Geschwindigkeit erhöhen, um so schnell wie möglich an den Kindern vorbeizufahren

(3 P) **Wie verhalten Sie sich, wenn Sie nach rechts abbiegen wollen?**

Richtige Antwort
Mit geringer Geschwindigkeit heranfahren und im Verkehrsspiegel beobachten, ob auf der engen Querstraße Fahrzeuge von links kommen
Vor dem Abbiegen das Kind über die Fahrbahn gehen lassen, notfalls bremsen und anhalten

Falsche Antwort
Abbiegen, das Kind und der Verkehr von links müssen warten
Sie haben Vorfahrt, da Sie von rechts kommen, das Kind muß warten

(4 P) **Wie verhalten Sie sich?**

Richtige Antwort
Abbremsen und notfalls anhalten

Falsche Antwort
Mehrmals hupen und weiterfahren
Fahrstreifen wechseln und weiterfahren
Weiterfahren, weil das Kind warten wird

0.1.1.3 *Fahrbahnbeschaffenheit und Witterungsverhältnisse*

(3 P) **Was kann eine plötzliche Änderung der Fahrbahnoberfläche bewirken?**

Richtige Antwort
Schleuder und Rutschgefahr
Unterschiedliche Reifengeräusche
Veränderte Fahrstabilität

(3 P) **Warum erfordert das Befahren dieses Straßenabschnitts vom Kraftfahrer erhöhte Aufmerksamkeit?**

Richtige Antwort

Die Fahrbahnoberfläche ist uneben und unterschiedlich griffig
Es könnte eine Straßenbahn entgegenkommen
Das Fahren auf den Schienen kann gefährlich sein

(4 P) **Womit muß der Pkw-Fahrer in dieser Situation rechnen?**

Richtige Antwort

Gegenverkehr kann die Kurve schneiden
Hinter der Kurve kann ein Fahrzeug liegengeblieben sein
Wild kann plötzlich auftauchen

(4 P) **Warum muß bei nasser Fahrbahn zum vorausfahrenden Kraftfahrzeug ein erheblich größerer Abstand eingehalten werden als bei trockener Fahrbahn?**

Richtige Antwort

Der Kontakt der Reifen mit der Fahrbahn verschlechtert sich
Durch Spritzwasser des Vorausfahrenden und anderer Fahrzeuge kann die Sicht beeinträchtigt werden
Der Bremsweg wird länger

(3 P) **Womit müssen Sie in dieser Situation rechnen?**

Richtige Antwort

Ihr Fahrzeug kann durch den starken Seitenwind nach links gedrückt werden
Vor Ihnen fahrende Fahrzeuge können ins Schleudern kommen

Falsche Antwort

Sie können ohne Risiko überholen
Durch den starken Seitenwind kann der Lkw nach rechts gedrückt werden

0.1.1.4 *Dunkelheit und schlechte Sicht*

(4 P) **Sie biegen von einer hell beleuchteten in eine unbeleuchtete Straße ein. Was müssen Sie dabei berücksichtigen?**

Richtige Antwort
Die Augen passen sich nur langsam den veränderten Lichtverhältnissen an
Hindernisse am Fahrbahnrand sind schlechter zu erkennen als vorher
Die Geschwindigkeit muß den veränderten Sichtverhältnissen angepaßt werden

(4 P) **Bei Dunkelheit und Regen kommen Ihnen auf einer Landstraße Fahrzeuge mit Abblendlicht entgegen. Was müssen Sie berücksichtigen?**

Richtige Antwort
Durch Spiegelung auf der nassen Fahrbahn können Sie geblendet werden
Bei nasser Windschutzscheibe können Sie geblendet werden

Falsche Antwort
Fernlicht einschalten, dadurch wird eine Gefährdung durch den Gegenverkehr verhindert
Sonnenblende herunterklappen, damit kann man eine Blendung vermeiden

0.1.1.5 *Geschwindigkeit*

(4 P) **Was kann zu einer gefährlichen Unterschätzung der eigenen Geschwindigkeit führen?**

Richtige Antwort
Längeres Fahren mit hoher Geschwindigkeit
Fahren auf einer breiten, gut ausgebauten Straße

Falsche Antwort
Fahren auf hellem Beton
Kurze Fahrzeit mit geringer Geschwindigkeit

(4 P) **Sie nähern sich mit zu hoher Geschwindigkeit einer Linkskurve. Warum müssen Sie bereits vor der Kurve die Geschwindigkeit vermindern?**

Richtige Antwort
Weil Sie sonst nach rechts aus der Kurve herausgetragen werden
Weil Sie ins Schleudern geraten können, wenn Sie erst in der Kurve bremsen

Falsche Antwort
Weil die Fliehkraft Sie nach links aus der Kurve drückt
Weil Sie sonst den Gegenverkehr gefährden können

(3 P) **Zu welchem Verhalten können Kraftfahrer auf dieser Straße verleitet werden?**

Richtige Antwort
Zu schnell zu fahren
Die Einmündung zu spät zu erkennen

Falsche Antwort
Zu verbotenem Halten
Zu langsamem Fahren, da niemand sie bedrängt

(4 P) **Sie fahren durch diese Straße. Wie müssen Sie sich verhalten?**

Richtige Antwort
Deutlich langsamer als 50 km/h fahren, weil jederzeit Kinder zwischen den geparkten Fahrzeugen hervorlaufen können
Deutlich langsamer als 50 km/h fahren, weil an einem der Fahrzeuge eine Tür zur Fahrbahnseite geöffnet werden könnte

Falsche Antwort
Deutlich schneller fahren, weil nicht mit Gegenverkehr gerechnet werden muß
Zügig fahren, es ist keine Gefahr zu erkennen

0.1.1.6 *Autobahn*

(3 P) **Welches Verhalten kann in dieser Situation richtig sein?**

Richtige Antwort
Den Fahrstreifen beibehalten und dem Lkw das Einscheren ermöglichen
Unter sorgfältiger Beachtung nachfolgender Fahrzeuge auf den linken Fahrstreifen wechseln

Falsche Antwort
Hupe und Lichthupe betätigen, um den Lkw-Fahrer am Fahrstreifenwechsel zu hindern
Zügig weiterfahren. Der Lkw-Fahrer wird Sie im Rückspiegel sehen und rechts bleiben

(3 P) **Wie müssen Sie sich bei diesem Stau auf der Autobahn verhalten?**

Richtige Antwort
Auf die rechte Seite Ihres Fahrstreifens fahren, um in der Mitte eine freie Gasse zu schaffen

Falsche Antwort
Zwischen den Fahrzeugkolonnen zügig weiterfahren
Auf den rechten Seitenstreifen wechseln und dort weiterfahren

0.1.1.7 *Überholen*

(4 P) **Welche Verhaltensfehler führen beim Überholen auf Autobahnen häufig zu schweren Unfällen?**

Richtige Antwort
Mangelhafte Beobachtung des rückwärtigen Verkehrsraums
Fahren mit zu geringem Abstand
Unterschätzung der Geschwindigkeit nachfolgender Fahrzeuge

(4 P) **Welche Gefahr besteht beim Überholen auch auf übersichtlicher und gerader Fahrbahn?**

Richtige Antwort
Die Geschwindigkeit eines entgegenkommenden Fahrzeugs wird zu niedrig eingeschätzt

Falsche Antwort
Die Geschwindigkeit eines entgegenkommenden Fahrzeugs wird zu hoch eingeschätzt
Zu geringer Seitenabstand beim Überholen

(4 P) **Wann kann das Überholen auch auf übersichtlicher und gerader Fahrbahn gefährlich werden?**

Richtige Antwort
Wenn die Entfernung eines entgegenkommenden Fahrzeugs zu groß eingeschätzt wird
Wenn der Überholweg zu kurz eingeschätzt wird
Wenn der zu Überholende schneller wird

(4 P) **Warum dürfen Sie hier nicht unbedenklich überholen?**

Richtige Antwort
Die Fahrbahn des Gegenverkehrs ist nicht weit genug zu übersehen
Es muß damit gerechnet werden, daß der Vorausfahrende überholen wird

Falsche Antwort
Weil die Straße sehr schmal ist
Die unterbrochene Linie verbietet das Überholen

(4 P) **Was müssen Sie beachten, wenn Sie den direkt vor Ihnen fahrenden Lkw überholen wollen?**

Richtige Antwort
Der Lkw kann selbst zum Überholen eines vorausfahrenden Fahrzeugs ansetzen
Es könnte Gegenverkehr auftauchen

Falsche Antwort
Die Straße ist äußerst unübersichtlich
Der Lkw fährt äußerst rechts, deshalb kann ohne Risiko überholt werden

0.1.1.8 *Kritische Verkehrssituationen*

(4 P) **Sie fahren auf einer gut ausgebauten Straße durch eine geschlossene Ortschaft. Worauf müssen Sie an Kreuzungen und Einmündungen besonders achten?**

Richtige Antwort
Kreuzende und einmündende Straßen können bevorrechtigt sein, obwohl sie schmal und weniger gut ausgebaut sind

Falsche Antwort
Auf Radarkontrollen
Fahrzeuge aus Seitenstraßen müssen immer warten
Die besser ausgebaute Straße hat stets Vorfahrt

(4 P) **Sie fahren auf einer Landstraße in einer Kolonne. Wie müssen Sie sich verhalten?**

Richtige Antwort
Ausreichenden Abstand zum Vordermann halten und den Nachfolgenden beobachten

Falsche Antwort
Dicht aufschließen, damit kein Überholer einscheren kann
Möglichst schnell die einzelnen Fahrzeuge überholen (Kolonnenspringen)
Den Vordermann mit der Lichthupe zum baldigen Überholen auffordern

(4 P) **Auf einer Straße mit starkem Verkehr haben Sie sich zum Linksabbiegen eingeordnet. An der Kreuzung erkennen Sie, daß Sie nach rechts hätten abbiegen wollen. Wie verhalten Sie sich?**

Richtige Antwort
Sie biegen nach links ab und nehmen einen Umweg in Kauf

Falsche Antwort
Auf eine Lücke im Verkehr warten und dann nach rechts abbiegen
Durch Zurückfahren in den richtigen Fahrstreifen einordnen
Hupen, rechts blinken und langsam nach rechts abbiegen

(3 P) **Wie verhalten Sie sich, wenn sich vor Ihnen die dargestellte Situation ergibt und Sie geradeaus weiterfahren wollen?**

Richtige Antwort
Abbremsen, um dem Vordermann den Wechsel des Fahrstreifens zu ermöglichen

Falsche Antwort
Den Vordermann links überholen und gleich wieder nach rechts einordnen
Hupen und dadurch den Vordermann am Fahrstreifenwechsel hindern

(3 P) **Worauf müssen Sie sich in dieser Situation einstellen?**

Richtige Antwort
Daß plötzlich Gegenverkehr auftaucht
Daß der Lkw-Fahrer plötzlich auf die Fahrbahn springt
Daß Verkehrszeichen durch den Lkw verdeckt sind

(3 P) **Womit müssen Sie in dieser Situation rechnen?**

Richtige Antwort
Mit plötzlich auf die Fahrbahn tretenden Personen
Mit Rutschgefahr durch den nassen und wechselnden Straßenbelag

Falsche Antwort
Mit Gegenverkehr
Mit Rückwärtsfahrenden
Mit Wildwechsel

(4 P) **Womit müssen Sie in dieser Situation rechnen?**

Richtige Antwort
Die Radfahrerin wird, ohne auf den fließenden Verkehr zu achten, auf die Fahrbahn überwechseln

Falsche Antwort
Die Radfahrerin wird sich verkehrsgerecht in den fließenden Verkehr einfädeln
Sicherheitshalber wird die Radfahrerin auf dem Gehweg weiterfahren
Die Radfahrerin wird am Ende des Radweges absteigen

(3 P) **Sie fahren auf einer neu angelegten Straße durch bewaldetes Gebiet. Womit müssen Sie rechnen?**

Richtige Antwort
Wild überquert unerwartet die Fahrbahn
Mit einem Hindernis durch einen Wildunfall

Falsche Antwort
Bei neugebauten Straßen ist mit Wild nicht zu rechnen
Mit Tieren auf der Fahrbahn

(3 P) **Vor Ihrem Fahrzeug flüchten mehrere Rehe über die Straße. Womit müssen Sie rechnen?**

Richtige Antwort
Dem Rudel können weitere Einzeltiere folgen
Das Rudel kann zurückkommen und erneut die Straße überqueren

Falsche Antwort
Daß die Tiere nicht zurückkommen
Einzeltiere überqueren keine Straße

(3 P) **Was müssen Sie nach einem Wildunfall (z. B. mit einem Reh) tun?**

Richtige Antwort
Anhalten, Warnblinkanlage einschalten und Unfallstelle absichern
Polizei oder das nächste Forstamt unterrichten

Falsche Antwort
Bei leichtem Schaden weiterfahren, nichts veranlassen
Das Wild an den Fahrbahnrand legen und weiterfahren

0.1.2 *Unfallfaktoren infolge vorübergehender oder ständiger Fahruntüchtigkeit*

0.1.2.2 *Ermüdung*

(3 P) **Wodurch kann bei langer Fahrt einer Ermüdung vorgebeugt werden?**

Richtige Antwort
Durch häufige und rechtzeitige Ruhepausen
Durch Frischluftzufuhr

Falsche Antwort
Durch reichliches Essen
Durch häufigen Kaffeegenuß

0.2 *Vorschriften über das Verhalten im Straßenverkehr*

0.2.2 *Straßenbenutzung*

(3 P) **Wozu darf auf einer Straße mit Fahrbahnbegrenzung (keine Autobahn, keine Kraftfahrstraße) der rechte, ausreichend breite und befestigte Seitenstreifen benutzt werden?**

Richtige Antwort
Zum Halten
Zum Parken

Falsche Antwort
Zum Überholen
Bei Stau darf rechts überholt werden

0.2.3 *Geschwindigkeit*

(4 P) **Sie fahren auf einer sehr schmalen Straße und haben 50 m Sichtweite. Innerhalb welcher Strecke müssen Sie anhalten können, damit entgegenkommende Fahrzeuge nicht gefährdet werden?**

Richtige Antwort
25 m

(4 P) **Sie fahren bei Nebel auf der Autobahn und haben 50 m Sicht. Wie schnell dürfen Sie höchstens fahren?**

Richtige Antwort
50 km/h

(4 P) **Sie fahren bei Nacht mit Abblendlicht auf einer gut ausgebauten Landstraße. Innerhalb welcher Strecke müssen Sie spätestens anhalten können?**

Richtige Antwort
Reichweite des Abblendlichts

Falsche Antwort
Doppelte Reichweite des Abblendlichts
Halbe Sichtweite

(3 P) **Für welche Kraftfahrzeuge wird die Autobahn-Richtgeschwindigkeit empfohlen?**

Richtige Antwort
Für Pkw und Motorräder
Für Lkw mit einem zulässigen Gesamtgewicht bis 2,8 t

Falsche Antwort
Für Lkw mit einem zulässigen Gesamtgewicht über 7,5 t
Für alle Kraftfahrzeuge

(3 P) **Auf welchen Straßen gilt die empfohlene Richtgeschwindigkeit von 130 km/h?**

Richtige Antwort
Auf Autobahnen
Auf Straßen außerhalb geschlossener Ortschaften mit baulich getrennten Fahrbahnen für jede Richtung
Auf Straßen außerhalb geschlossener Ortschaften mit mindestens zwei markierten Fahrstreifen für jede Richtung

(3 P) **Wie schnell darf ein Kraftfahrzeug mit Schneeketten höchstens fahren?**

Richtige Antwort
50 km/h

0.2.5 *Überholen*

(3 P) **Wann darf rechts schneller gefahren werden als links?**

Richtige Antwort
Wenn sich bei dichtem Verkehr auf den Fahrstreifen für eine Richtung Fahrzeugschlangen gebildet haben
Wenn ein Beschleunigungsstreifen, z. B. an einer Autobahneinfahrt, befahren wird

Falsche Antwort
Wenn ein Dauerlinksfahrer auf der Autobahn den Fahrstreifen nicht freigibt
Außerhalb geschlossener Ortschaften auf Straßen mit mehr als 2 Fahrstreifen in Fahrtrichtung

(3 P) **Als Fahrer eines langsamen Fahrzeugs sind Sie verpflichtet, mehreren unmittelbar folgenden schnelleren Fahrzeugen das Überholen zu ermöglichen. Wie kann dies geschehen?**

Richtige Antwort
Durch Ausweichen auf den Seitenstreifen
Durch Ausweichen auf einen Parkstreifen oder in eine Haltebucht

Falsche Antwort
Durch noch langsameres Fahren
Durch Fahren mit eingeschalteten rechten Blinkern

0.2.7 *Benutzung von Fahrstreifen durch Kraftfahrzeuge*

(3 P) **In welchen Fällen darf rechts schneller als links gefahren werden?**

Richtige Antwort
Wenn sich auf allen Fahrstreifen für eine Richtung Fahrzeugschlangen gebildet haben
Wenn Pfeile auf der Fahrbahn nebeneinander angebracht sind und in verschiedene Richtungen weisen
Wenn innerhalb geschlossener Ortschaften – ausgenommen auf Autobahnen – die Fahrbahn mehrere markierte Fahrstreifen für eine Richtung hat

0.2.8 *Vorfahrt*

0.2.8.2 *Vorfahrtsituationen*

(4 P) **Welches Verhalten ist richtig?**

Richtige Antwort
Der gelbe Pkw muß warten

Falsche Antwort
Ich muß warten

(4 P) **Welches Verhalten ist richtig?**

Richtige Antwort
Ich darf weiterfahren

Falsche Antwort
Ich muß warten, bis der Fußgänger mit der Handkarre vorbei ist

(4 P) **Welches Verhalten ist richtig?**

Richtige Antwort
Ich fahre vor dem Bus

Falsche Antwort
Ich muß warten
Der Fußgänger auf der Vorfahrtstraße darf zuerst über die Kreuzung

(4 P) **Welches Verhalten ist richtig?**

Richtige Antwort
Ich muß das Motorrad vor mir abbiegen lassen

(4 P) **Welches Verhalten ist richtig?**

Richtige Antwort
Ich darf als erster fahren

Falsche Antwort
Der rote Pkw von rechts hat Vorfahrt
Ich muß der Straßenbahn Vorfahrt geben

(4 P) **Welches Verhalten ist richtig?**

Richtige Antwort
Ich muß den roten Pkw vorbeilassen
Ich darf vor dem blauen Lkw abbiegen

Falsche Antwort
Ich darf als erster fahren

(4 P) **Welches Verhalten ist richtig?**

Richtige Antwort
Ich muß den gelben Lkw vorbeilassen
Ich darf vor dem grünen Pkw abbiegen

Falsche Antwort
Ich darf vor dem gelben Lkw, aber erst nach dem grünen Pkw abbiegen

0.2.9 *Abbiegen, Wenden und Rückwärtsfahren*

(4 P) **Wo ist das Wenden verboten?**

Richtige Antwort
Auf Autobahnen
Auf Kraftfahrstraßen

Falsche Antwort
Auf Bundesstraßen

(3 P) **Was kann bei mehrspurigem Abbiegen zu besonders gefährlichen Situationen führen?**

Richtige Antwort
Zu schnelles Fahren
Fahrstreifenwechsel während des Abbiegens

Falsche Antwort
Zu großer Seitenabstand

(4 P) **Sie wollen nach links abbiegen. Wen müssen Sie durchlassen?**

Richtige Antwort
Entgegenkommende Radfahrer
Entgegenkommende Kraftfahrzeuge
Entgegenkommende Fußgänger, die auf der Fahrbahn ein Fahrzeug mitführen

0.2.10 *Einfahren und Anfahren*

(3 P) **Sie wollen aus einem verkehrsberuhigten Bereich auf eine Straße nach rechts einfahren. Wie haben Sie sich zu verhalten?**

Richtige Antwort
Fußgänger auf dem Gehweg vorbeigehen lassen
Fahrzeugen Vorrang gewähren

Falsche Antwort
Hupen und einfahren, da die Fußgänger auf dem Gehweg warten müssen

(3 P) **Sie wollen aus einem verkehrsberuhigten Bereich auf eine Straße nach rechts einfahren. Gleichzeitig nähert sich ein Radfahrer von links. Wer muß warten?**

Richtige Antwort
Sie müssen warten

Falsche Antwort
Der Radfahrer muß warten, da er von links kommt

0.2.11 Besondere Verkehrslagen

(3 P) **Sie wollen geradeaus weiterfahren. Wie verhalten Sie sich?**

Richtige Antwort
Geschwindigkeit verringern, Abstand halten und gegebenenfalls anhalten
Bei einer ausreichenden Verkehrslücke auf den rechten Fahrstreifen wechseln

Falsche Antwort
Hupen und vorsichtig zwischen dem Kombi und dem roten Pkw hindurchfahren

0.2.12 Halten und Parken

(3 P) **Was ist hier zu beachten?**

Richtige Antwort
Links von der Fahrbahnbegrenzung darf nicht gehalten werden
Langsame Fahrzeuge und Radfahrer müssen möglichst auf dem Seitenstreifen fahren

Falsche Antwort
Der befestigte Seitenstreifen darf nur von Fußgängern und Radfahrern benutzt werden

(3 P) **Wo ist das Halten verboten?**

Richtige Antwort
Auf Bahnübergängen
An engen und an unübersichtlichen Straßenstellen

Falsche Antwort
Gegenüber allen Grundstücksausfahrten

(3 P) **Wo ist das Halten verboten?**

Richtige Antwort
Auf Autobahnen und Kraftfahrstraßen außerhalb der Parkplätze
Im Bereich von scharfen Kurven

(3 P) **Wo ist das Halten verboten?**

Richtige Antwort
Auf Beschleunigungs- und auf Verzögerungsstreifen
Zwischen Fahrstreifenbegrenzungen, wenn Pfeile auf der Fahrbahn markiert sind

Falsche Antwort
10 m vor und hinter Kreuzungen
Auf Kanalisationsdeckeln
In Einbahnstraßen, an Haltestellen

(3 P) **Wo ist das Halten verboten?**

Richtige Antwort
Auf der Fahrbahn, wenn rechts neben der Fahrbahnbegrenzung ein ausreichend breiter und befestigter Seitenstreifen vorhanden ist
Zwischen Leitlinien, wenn Pfeile auf der Fahrbahn markiert sind

Falsche Antwort
In Einbahnstraßen und an Omnibushaltestellen
Vor Ausfahrten

(3 P) **Wo ist das Halten verboten?**

Richtige Antwort
Auf Fußgängerüberwegen sowie bis zu 5 m davor

Falsche Antwort
Innerhalb von Geschwindigkeitsbegrenzungen

(2 P) **In welchen Fällen darf auf dem rechten Fahrstreifen der Fahrbahn nicht geparkt werden?**

Richtige Antwort
Wenn neben der Fahrbahnbegrenzung rechts ein geeigneter Seitenstreifen vorhanden ist
Wenn auf der Fahrbahn zwischen einem parkenden Fahrzeug und der Fahrstreifenbegrenzung nicht mindestens 3 m verbleiben
Wenn dort Schienen verlegt sind

(3 P) **Wo ist das Parken verboten?**

Richtige Antwort
Am Fahrbahnrand, wenn hierdruch die Benutzung gekennzeichneter Parkflächen verhindert wird
Auf Vorfahrtstraßen außerhalb geschlossener Ortschaften

Falsche Antwort
Kurz nach Fußgängerüberwegen

(3 P) **Wo ist das Parken verboten?**

Richtige Antwort
Auf schmalen Fahrbahnen gegenüber Grundstücksein- und -ausfahrten
An Taxenständen

Falsche Antwort
Innerhalb geschlossener Ortschaften auf Vorfahrtstraßen

(3 P) **Wo ist das Parken verboten?**

Richtige Antwort
Am Fahrbahnrand, wenn hierdurch die Benutzung gekennzeichneter Parkflächen verhindert wird
Vor Grundstücksein- und -ausfahrten

Falsche Antwort
In Sackgassen

(2 P) **Bis zu welchem zulässigen Gesamtgewicht dürfen Fahrzeuge auf besonders gekennzeichneten Gehwegen geparkt werden?**

Richtige Antwort
2,8 t

(3 P) **Welcher Mindestabstand muß vor einem Fußgängerüberweg beim Halten oder Parken eingehalten werden?**

Richtige Antwort
5 m

(2 P) **In welchem Bereich vor und hinter Kreuzungen und Einmündungen, gerechnet von den Schnittpunkten der Fahrbahnkanten an, ist das Parken verboten?**

Richtige Antwort
5 m

(2 P) **Wie weit muß ein parkendes Fahrzeug außerhalb geschlossener Ortschaften vom Andreaskreuz eines Bahnüberganges mindestens entfernt bleiben?**

Richtige Antwort
50 m

(2 P) **Sie wollen innerhalb einer geschlossenen Ortschaft vor einem Andreaskreuz parken. Welche Entfernung müssen Sie mindestens einhalten?**

Richtige Antwort
5 m

(2 P) **Bis zu welcher Entfernung darf jeweils vor und hinter einem Haltestellenschild nicht geparkt werden?**

Richtige Antwort
15 m

(3 P) **Vor welchen Zeichen dürfen Sie innerhalb einer Entfernung bis zu 10 m nicht halten, wenn diese Zeichen durch Ihr Fahrzeug verdeckt würden?**

Richtige Antwort
Andreaskreuz
Vorfahrt gewähren!
Halt! Vorfahrt gewähren!

(2 P) **In einer Straße ist das Parken auf Gehwegen durch Verkehrszeichen erlaubt. Welchen Gehweg dürfen Sie zum Parken benutzen?**

Richtige Antwort
In Straßen für beide Richtungen den in Fahrtrichtung rechten Gehweg
In einer Einbahnstraße den rechten oder den linken Gehweg

Falsche Antwort
In Straßen für beide Richtungen den in Fahrtrichtung linken Gehweg

(3 P) **Welchen Mindestabstand von Ampeln muß ein Fahrzeug beim Halten einhalten, wenn die Ampel durch das Fahrzeug verdeckt würde?**

Richtige Antwort
10 m

(2 P) **Wie lange dürfen Sie im Bereich einer Omnibushaltestelle höchstens halten, sofern kein Omnibus behindert wird?**

Richtige Antwort
3 Minuten

(2 P) **Wer parkt falsch?**

Richtige Antwort
Der helle Pkw

Falsche Antwort
Der dunklere Pkw

(2 P) **Sie wollen am rechten Fahrbahnrand parken. Wie breit muß dann der zwischen Ihrem Fahrzeug und der Fahrstreifenbegrenzung (durchgezogene Mittellinie) noch verbleibende Raum mindestens sein?**

Richtige Antwort
3 m

(2 P) **Wer darf neben anderen Fahrzeugen, die am rechten Fahrbahnrand parken, in zweiter Reihe halten?**

Richtige Antwort
Taxen, um Fahrgäste ein- oder aussteigen zu lassen, wenn die Verkehrslage dies zuläßt

Falsche Antwort
Fahrer von Pkws, wenn Kinder ein- oder aussteigen wollen
Keine Fahrzeuge, auch keine Taxis

0.2.13 *Einrichtungen zur Überwachung der Parkzeit*

(2 P) **In welchen Fällen darf an Parkuhren gehalten werden?**

Richtige Antwort
Zum Ein- oder Aussteigen (ohne Lauf der Uhr)
Zum Be- oder Entladen (ohne Lauf der Uhr)
Bei laufender Uhr

(2 P) **Wo müssen Sie zum Parken eine Parkscheibe benutzen?**

Richtige Antwort
An einer defekten Parkuhr
Wo es durch Verkehrszeichen angeordnet ist

Falsche Antwort
Im Halteverbot

0.2.16 *Warnzeichen*

(2 P) **In welchen Fällen ist die Benutzung der Lichthupe zum Anzeigen der Überholabsicht erlaubt?**

Richtige Antwort
Bei Tage außerhalb geschlossener Ortschaften
Bei Dunkelheit außerhalb geschlossener Ortschaften

Falsche Antwort
Nachts in geschlossenen Ortschaften

0.2.17 *Beleuchtung*

(3 P) **Wann darf man bei Dunkelheit nur mit Begrenzungslicht (Standlicht) fahren?**

Richtige Antwort
Überhaupt nicht

Falsche Antwort
Nur in hell beleuchteten Straßen
Innerhalb geschlossener Ortschaften
Wenn die Batterie schwach ist

(4 P) **Sie fahren bei Dunkelheit mit Fernlicht. Wann müssen Sie abblenden?**

Richtige Antwort
Wenn Sie auf eine Straße mit durchgehender, ausreichender Beleuchtung kommen
Wenn Sie vor einem Bahnübergang warten müssen

Falsche Antwort
Innerhalb geschlossener Ortschaften auf allen Straßen
Bei Fußgängern, die in Fahrtrichtung gehen
Im Gefälle

(3 P) **Die Sicht ist erheblich behindert. Wann dürfen Sie Nebelscheinwerfer einschalten?**

Richtige Antwort
Bei Regen
Bei Schneefall
Bei Nebel

(2 P) **Welche Fahrzeuge müssen bei Dämmerung oder Dunkelheit immer mit eigener Lichtquelle oder durch Parkwarntafel kenntlich gemacht werden, wenn sie innerhalb geschlossener Ortschaften auf der Fahrbahn abgestellt werden?**

Richtige Antwort
Lkw über 2,8 t zulässigem Gesamtgewicht
Anhänger
Wohnmobile über 2,8 t zulässigem Gesamtgewicht

0.2.18 *Autobahnen und Kraftfahrstraßen*

(3 P) **Wie muß man sich bei einem Stau auf Autobahnen und Kraftfahrstraßen mit zwei Fahrstreifen verhalten?**

Richtige Antwort
Rechtsfahrende Fahrzeuge müssen äußerst rechts, linksfahrende müssen äußerst links heranfahren, so daß eine freie Gasse entsteht

Falsche Antwort
Alle Fahrzeuge müssen nach rechts fahren und anhalten
Der linke Fahrstreifen muß sofort frei gemacht werden für Polizei und Krankenwagen

(3 P) **Welche Höchstgeschwindigkeit muß in den Fahrzeugpapieren eingetragen sein, damit Sie mit Ihrem Fahrzeug Autobahnen benutzen dürfen?**

Richtige Antwort
Mehr als 60 km/h

0.2.19 *Bahnübergänge*

(4 P) **Sie nähern sich einem Bahnübergang, dessen Schranken geöffnet sind. Wie verhalten Sie sich?**

Richtige Antwort
Mit mäßiger Geschwindigkeit heranfahren, Bahnstrecke beobachten und weiterfahren, wenn der Bahnübergang ohne anzuhalten überquert werden kann

Vor dem Andreaskreuz warten, wenn der Bahnübergang nicht zügig überquert werden kann

Falsche Antwort
Bei geöffneter Schranke darf der Bahnübergang mit unverminderter Geschwindigkeit überquert werden

(4 P) **An der Einfahrt in ein Industriegebiet steht das Andreaskreuz mit dem Zusatzschild »Industriegebiet, Schienenfahrzeuge haben Vorrang«. Was haben Sie in diesem Gebiet zu beachten?**

Richtige Antwort
An Bahnübergänge nur mit mäßiger Geschwindigkeit heranfahren
Schienenfahrzeuge haben an allen Bahnübergängen innerhalb dieses Industriegebietes Vorrang

Falsche Antwort
Vor allen Bahnübergängen sind Warnzeichen zu geben

0.2.20 *Öffentliche Verkehrsmittel und Schulbusse*

(4 P) **An einer Straßenbahnhaltestelle steigen Fahrgäste auf der Fahrbahn ein und aus. Wie verhalten Sie sich, wenn Sie vorbeifahren wollen?**

Richtige Antwort
Vorsichtig vorbeifahren, wenn Fahrgäste nicht gefährdet oder behindert werden; sonst warten

Falsche Antwort
Man muß warten, bis die Straßenbahn weiterfährt
Weiterfahren, da Sie Vorfahrt haben

0.2.22 *Ladung*

(2 P) **Wie weit darf eine Ladung über die Rückstrahler nach hinten höchstens hinausragen, ohne daß eine Kennzeichnung erforderlich wird?**

Richtige Antwort
1 m

(2 P) **Wie breit darf ein Fahrzeug einschließlich Ladung höchstens sein (ausgenommen Fahrzeuge mit land- oder forstwirtschaftlichen Erzeugnissen)?**

Richtige Antwort
2,5 m

(2 P) **Wie hoch darf ein Fahrzeug einschließlich Ladung höchstens sein (ausgenommen Fahrzeuge mit land- oder forstwirtschaftlichen Erzeugnissen)?**

Richtige Antwort
4 m

(4 P) **Was haben Sie zu beachten, wenn Sie mit Ihrem Kraftfahrzeug eine Ladung befördern wollen?**

Richtige Antwort
Die Ladung darf Sie bei der Führung des Kraftfahrzeugs nicht behindern
Die zulässigen Maße und Gewichte dürfen nicht überschritten werden

Falsche Antwort
Nach vorn dürfen Stangen und Leitern über den Fahrzeugumriß hinausragen

(3 P) **Wie hoch darf eine Leuchte, die eine nach hinten hinausragende Ladung kennzeichnet, höchstens über der Fahrbahn angebracht sein?**

Richtige Antwort
1,50 m

Falsche Antwort
1,00 m
2,50 m

(4 P) **Warum darf man ein Kraftfahrzeug nicht überladen?**

Richtige Antwort
Der Bremsweg kann länger werden
Das Lenkverhalten kann sich ändern
Die tragenden Fahrzeugteile können überbeansprucht werden

0.2.23 *Sonstige Pflichten des Fahrzeugführers*

(2 P) **In welchen Fällen müssen Sie die Verlegung des Fahrzeugstandortes in den Bezirk einer anderen Zulassungsstelle melden?**

Richtige Antwort
Bei vorübergehender Verlegung für mehr als 3 Monate
Bei endgültiger Verlegung

Falsche Antwort
Bei jeder Verlegung für mehr als einen Monat

(2 P) **Worauf müssen Sie hinsichtlich der amtlichen Kennzeichen achten?**

Richtige Antwort
Die Kennzeichen müssen an den vorgesehenen Stellen fest angebracht sein
Die Kennzeichen müssen immer gut lesbar sein
Das hintere Kennzeichen muß bei Dunkelheit beleuchtet sein

0.2.26 *Verhalten an Fußgängerüberwegen und gegenüber Fußgängern*

(4 P) **Wie verhalten Sie sich in dieser Situation?**

Richtige Antwort
Ich lasse den Fußgänger die Fahrbahn überqueren
Ich warte vor dem Zebrastreifen, bis der Lkw abgebogen ist

Falsche Antwort
Ich gebe Warnzeichen, damit der Fußgänger stehenbleibt, und fahre bis zum Lkw vor

0.2.34 *Unfall*

(3 P) **Sie sind an einem Verkehrsunfall beteiligt. Wozu sind Sie verpflichtet?**

Richtige Antwort
Bei geringfügigem Schaden unverzüglich zur Seite zu fahren
Den anderen Beteiligten anzugeben, daß Sie am Unfall beteiligt sind
Auf Verlangen Ihren Namen und Ihre Anschrift anzugeben sowie Führerschein und Fahrzeugschein vorzuweisen

0.2.37 *Wechsellichtzeichen und Dauerlichtzeichen*

(4 P) **Welches Verhalten ist richtig?**

Richtige Antwort
Der grüne Pkw muß warten
Ich darf unter Beachtung der Vorfahrt rechts abbiegen

Falsche Antwort
Nach rechts darf ich nur abbiegen, wenn die Ampel grün zeigt

(4 P) **Wo müssen Sie warten?**

Richtige Antwort
An der Haltlinie

Falsche Antwort
Neben der Ampel, in Höhe des Stopschildes
Spätestens an der Sichtlinie

(4 P) **Sie haben sich in den rechten Fahrstreifen eingeordnet, obwohl Sie nach links abbiegen möchten. Wie verhalten Sie sich?**

Richtige Antwort
Geradeaus fahren oder rechts abbiegen

Falsche Antwort
Wenn kein Fahrzeug neben mir steht, nach links abbiegen
Solange warten, bis der Linksabbieger grün erhält, und dann nach links abbiegen

(4 P) **Wie müssen Sie sich in dieser Situation verhalten?**

Richtige Antwort
Links abbiegen

Falsche Antwort
Erst den Gegenverkehr durchfahren lassen, dann abbiegen
Wenn der grüne Pfeil erloschen ist, dann darf ich abbiegen

0.2.38 *Blaues Blinklicht und gelbes Blinklicht*

(3 P) **Wie können Sie der Verpflichtung nachkommen, Fahrzeugen mit blauem Blinklicht und Einsatzhorn sofort freie Bahn zu schaffen?**

Richtige Antwort
Im allgemeinen äußerst rechts heranfahren

Falsche Antwort
Immer sofort anhalten
Auf den Bürgersteig oder auf den Fahrstreifen des Gegenverkehrs ausweichen

0.2.40 *Gefahrzeichen*

(3 P) **Worauf haben Sie sich einzustellen, wenn Sie an diesen Verkehrszeichen vorbeifahren?**

Richtige Antwort
Auf dieser Straße kann Wintersport betrieben werden
Die Fahrbahn ist auch bei Schneeglätte nicht gestreut

Falsche Antwort
Man kann ungestört weiterfahren, weil Wintersport verboten ist
Skifahrer haben Vorrang vor dem Straßenverkehr

(4 P) **Wie verhalten Sie sich bei diesem Verkehrszeichen?**

Richtige Antwort
Gegebenenfalls Geschwindigkeit vermindern
Bremsbereit sein
Den von rechts kommenden Fahrzeugen Vorfahrt gewähren

(3 P) **Was haben Sie bei diesem Verkehrszeichen zu beachten?**

Richtige Antwort
Der Bremsweg ist im Gefälle länger als in der Ebene
Bei längerer Betätigung der Bremse kann die Bremswirkung nachlassen
Je höher der eingelegte Gang oder die gewählte Fahrstufe, desto geringer ist die Bremswirkung des Motors

(2 P) **Womit rechnen Sie bei diesen Verkehrszeichen?**

Richtige Antwort
Mit einem Gefälle von 1000 m Länge

Falsche Antwort
Nach 1000 m kommt eine Steigung

(2 P) **Wie verhalten Sie sich bei diesem Verkehrszeichen?**

Richtige Antwort
Gasgeben und nötigenfalls herunterschalten, da eine Steigung folgt

Falsche Antwort
Langsam fahren und zurückschalten, es folgt ein Gefälle
Mit einem Gefälle von 12% müssen Sie rechnen

(3 P) **Wie verhalten Sie sich bei diesem Verkehrszeichen?**

Richtige Antwort
Dem Gegenverkehr Vorrang einräumen
Beim Fahren in zwei Fahrstreifen für eine Richtung das Reißverschlußverfahren anwenden

Falsche Antwort
Auf den linken Fahrstreifen fahren, um vor der Engstelle nicht anhalten zu müssen

0.2.41 *Vorschriftzeichen*

(4 P) **Was müssen Sie bei diesem Verkehrszeichen tun?**

Richtige Antwort
An der Haltlinie halten und erforderlichenfalls an der Sichtlinie erneut anhalten und Vorfahrt gewähren
Wenn keine Haltlinie vorhanden ist, an der Sichtlinie anhalten

Falsche Antwort
Nur anhalten, wenn sich Fahrzeuge in der Kreuzung befinden

(3 P) **Wie müssen Sie sich bei diesem Verkehrszeichen verhalten?**

Richtige Antwort
Sie müssen an Hindernissen links vorbeifahren

Falsche Antwort
Sie müssen links abbiegen
Sie dürfen nur links überholen

(2 P) **Worauf weist dieses Verkehrszeichen hin?**

Richtige Antwort
Auf einen Weg, der für andere Verkehrsteilnehmer als Reiter verboten ist
Auf einen Weg, den Reiter zu benutzen haben

Falsche Antwort
Sonderweg, für Reiter verboten

(2 P) **Welche Fahrzeuge dürfen eine so beschilderte Straße nicht befahren?**

Richtige Antwort
Lkw
Pkw

Falsche Antwort
Kraftfahrzeuge aller Art
Kleinkrafträder

(2 P) **Welche Fahrzeuge dürfen den so gekennzeichneten Sonderfahrstreifen benutzen?**

Richtige Antwort
Omnibusse des Linienverkehrs

Falsche Antwort
Alle Kraftomnibusse
Alle Taxen
Alle Fahrzeuge, einschließlich Pkw

(2 P) **Welches der beiden Verkehrszeichen bezieht sich auf das zulässige Gesamtgewicht und nicht auf das tatsächlich vorhandene Gewicht?**

Richtige Antwort
Nr. 2

(2 P) **Welches der beiden Verkehrszeichen bezieht sich auf das tatsächlich vorhandene Gewicht und nicht auf das zulässige Gesamtgewicht?**

Richtige Antwort
Nr. 1

(3 P) Wie verhalten Sie sich bei diesem Verkehrszeichen?

Richtige Antwort
Sie müssen mindestens 60 km/h schnell fahren, sofern Wetter- und Verkehrsverhältnisse es zulassen
Sie dürfen mit Fahrzeugen, die bauartbestimmt nicht schneller als 50 km/h fahren können, die Straße nicht benutzen

Falsche Antwort
Grüne Welle bei 60 km/h

(3 P) Worauf weisen diese Verkehrszeichen hin?

Richtige Antwort
Auf eine Überholverbotsstrecke von 3 km Länge

Falsche Antwort
Überholverbot beginnt nach 3 km Länge
Rechts überholen auf einer Strecke von 3 km erlaubt

(3 P) Welche Fahrzeuge dürfen Sie bei diesem Verkehrszeichen überholen?

Richtige Antwort
Motorrad ohne Beiwagen

Falsche Antwort
Lkw
Pkw
Omnibusse

(3 P) Welche Fahrzeuge dürfen hier nicht überholen?

Richtige Antwort
Lkw und Lastzüge mit einem zulässigen Gesamtgewicht über 2,8 t
Zugmaschinen

Falsche Antwort
Pkw
Taxen
Motorräder
Kleinbusse bis 8 Fahrgastplätzen

(2 P) Welche »Streckenverbote« werden mit diesem Verkehrszeichen aufgehoben?

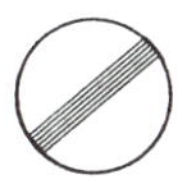

Richtige Antwort
Überholverbote
Geschwindigkeitsbeschränkungen

Falsche Antwort
Halteverbote

(3 P) Worauf weisen diese Verkehrszeichen hin?

Richtige Antwort
Auf ein Halteverbot, das auf der Fahrbahn und auch auf dem Seitenstreifen gilt

Falsche Antwort
Halteverbot gilt nur auf dem Fahrbahnrand
Vor schlechtem Fahrbahnrand wird gewarnt

(3 P) **Was ist bei dieser Linie in der Fahrbahnmitte zu beachten?**

Richtige Antwort
Fahrzeuge dürfen die Linie nicht überqueren oder über ihr fahren

Falsche Antwort
Die Linie darf zum Überholen überquert werden
Bei Nebel darf man die Linie als Leitlinie benutzen und auf ihr fahren

(2 P) **Für welche Fahrzeuge gilt dieses Verkehrszeichen?**

Richtige Antwort
Lkw mit einem zulässigen Gesamtgewicht über 2,8 t
Zugmaschinen

Falsche Antwort
Gilt nur für Lkws über 7,5 t zulässiges Gesamtgewicht

0.2.42 *Richtzeichen*

(3 P) **Worauf weist dieses Verkehrszeichen hin?**

Richtige Antwort
Auf eine Vorfahrtstraße
Auf ein Parkverbot außerhalb geschlossener Ortschaften

Falsche Antwort
Auf das Ende einer Vorfahrtstraße
Auf eine Europastraße

(3 P) **Was ist verboten, wenn Sie außerhalb einer geschlossenen Ortschaft an diesem Verkehrszeichen vorbeigefahren sind?**

Richtige Antwort
Parken auf der Fahrbahn

Falsche Antwort
Die Überholabsicht durch Hupen anzuzeigen
Halten auf der Fahrbahn

(4 P) **Was ist zu beachten, wenn Sie sich diesen Verkehrszeichen nähern?**

Richtige Antwort
Wenn Sie der Vorfahrtstraße folgen, müssen Sie links blinken
Wenn Sie der Vorfahrtsstraße folgen, müssen Sie auf Fußgänger Rücksicht nehmen, wenn nötig warten

Falsche Antwort
Nur Linksabbiegen erlaubt
Vorfahrt geradeaus, nach links abbiegen verboten

(3 P) **Welche Verkehrszeichen geben Vorfahrt?**

Richtige Antwort
Verkehrszeichen 1
Verkehrszeichen 2

Falsche Antwort
Reihenfolge beachten z. B. 3 – 1 – 2
Alle Verkehrszeichen

(3 P) **Welche Verkehrszeichen geben Vorfahrt?**

Richtige Antwort
Verkehrszeichen 1
Verkehrszeichen 2

Falsche Antwort
Verkehrszeichen 3 gibt Vorfahrt nur für die Einbahnstraße

(3 P) **Welches Verkehrszeichen gibt Vorfahrt?**

Richtige Antwort
Verkehrszeichen 1

Falsche Antwort
Reihenfolge beachten z. B. 2 – 1 – 3

(3 P) **Was müssen Sie beachten, wenn Sie an einem solchen Verkehrszeichen vorbeigefahren sind?**

Richtige Antwort
Die Absicht des Überholens darf nicht durch Schall- oder Leuchtzeichen angekündigt werden
Bei Pkw darf beim Parken die Parkleuchte eingeschaltet werden

Falsche Antwort
Auf Vorfahrtstraßen darf nicht geparkt werden
Verboten, die Warnblinkanlage einzuschalten, auch bei einer Panne
Man darf schneller als 50 km/h fahren

(3 P) **Was müssen Sie beachten, wenn Sie an einem solchen Verkehrszeichen vorbeigefahren sind?**

Richtige Antwort
Die zulässige Höchstgeschwindigkeit beträgt 50 km/h
Im Bereich bis 5 m vor und hinter Andreaskreuzen darf nicht geparkt werden

(2 P) **Was ist bei diesen Verkehrszeichen zu beachten?**

Richtige Antwort
Der Parkschein muß während des Parkens gut lesbar am oder im Fahrzeug angebracht sein

Falsche Antwort
Die Parkscheibe muß richtig eingestellt und gut sichtbar angebracht werden
Der gelöste Parkschein gilt für alle Parkplätze mit Parkscheinautomaten

(2 P) **Welches Kraftfahrzeug darf bei diesen Zeichen parken?**

Richtige Antwort
Ein Kraftfahrzeug, das von einem Schwerbehinderten mit außergewöhnlicher Gehbehinderung benutzt wird

Falsche Antwort
Alle Fahrzeuge, die von einem Behinderten benutzt werden
Nur von Krankenfahrstühlen

(3 P) **Von welchen Fahrzeugen darf diese Straße benutzt werden?**

Richtige Antwort
Von Kraftfahrzeugen mit einer durch die Bauart bestimmten Höchstgeschwindigkeit von mehr als 60 km/h

Falsche Antwort
Nur von Pkws
Nur von Mopeds
Nur von Fahrzeugen, die schneller als 100 km/h fahren

(3 P) **Welchen Hinweis gibt dieses Verkehrszeichen?**

Richtige Antwort
Einbahnstraße

Falsche Antwort
Nur geradeaus fahren erlaubt
Vorfahrtstraße

(3 P) **Was ist bei diesem Verkehrszeichen zu beachten?**

Richtige Antwort
Die Straßenbeleuchtung brennt nicht die ganze Nacht

Falsche Antwort
Die Straßenbeleuchtung brennt die ganze Nacht
Parken ist bei Nacht nicht erlaubt
Mit Abblendlicht darf nachts geparkt werden

Besonderer Prüfungsstoff für Bewerber um die Fahrerlaubnis der Klasse 3

3.1 *Die Gefahren des Straßenverkehrs und die zu ihrer Abwehr erforderlichen Verhaltensweisen*

(4 P) **Bei schneller Fahrt auf der Autobahn platzt ein Reifen an Ihrem Pkw. Wie verhalten Sie sich?**

Richtige Antwort
Gas wegnehmen, gegebenenfalls gegenlenken und vorsichtig abbremsen
Warnblinklicht einschalten, möglichst auf dem Seitenstreifen anhalten und Warndreieck aufstellen

Falsche Antwort
Sofort mit aller Kraft bremsen
Gas geben, damit sich das Fahrzeug stabilisiert

3.2 *Vorschriften über das Verhalten im Straßenverkehr*

3.2.3 *Geschwindigkeit*

(3 P) **Wie schnell darf ein Lkw mit einem zulässigen Gesamtgewicht von 3 t ohne Anhänger außerhalb geschlossener Ortschaften höchstens fahren?**

Richtige Antwort
80 km/h

(3 P) **Welche zulässige Höchstgeschwindigkeit gilt für Pkw mit Anhänger auf Autobahnen?**

Richtige Antwort
80 km/h

(3 P) **Auf einer Kraftfahrstraße ist das Zeichen »Richtgeschwindigkeit 90–130 km« aufgestellt. Wie schnell dürfen Sie mit Ihrem Pkw höchstens fahren, wenn Sie einen Anhänger mitführen?**

Richtige Antwort
80 km/h

(2 P) **Wie kann man nach der Tachometeranzeige den Weg in Metern ermitteln, den ein Pkw in einer Sekunde etwa zurücklegt?**

Richtige Antwort

$$\frac{\text{Geschwindigkeit in km/h}}{10} \times 3$$

Falsche Antwort

$$\frac{\text{Geschwindigkeit in km/h}}{15} \times 3$$

(2 P) **Nach welcher Faustformel kann man aufgrund der Tachometeranzeige den ungefähren Bremsweg in Metern (gültig bei trockener Fahrbahn in der Ebene) berechnen?**

Richtige Antwort

$$\frac{\text{Geschw. in km/h}}{10} \times \frac{\text{Geschw. in km/h}}{10}$$

Falsche Antwort

$$\frac{\text{Geschw. in km/h}}{15} \times \frac{\text{Geschw. in km/h}}{15}$$

(3 P) **Welche Geschwindigkeit darf der Führer eines Lkw mit einem zulässigen Gesamtgewicht bis 2,8 t, der einen Anhänger mitführt, außerhalb geschlossener Ortschaften nicht überschreiten?**

Richtige Antwort
80 km/h

(3 P) **Mit welchem Anhalteweg muß man – nach der Faustformel – bei einer Geschwindigkeit von 100 km/h auf trockener Fahrbahn in der Ebene rechnen?**

Richtige Antwort
130 m

(3 P) **Mit welchem Anhalteweg muß man – nach der Faustformel – bei einer Geschwindigkeit von 50 km/h auf trockener Fahrbahn in der Ebene rechnen?**

Richtige Antwort
40 m

(2 P) **Wie lang ist – nach der Faustformel – der Bremsweg bei einer Geschwindigkeit von 50 km/h auf trockener Fahrbahn in der Ebene?**

Richtige Antwort
25 m

(2 P) **Wie lang ist – nach der Faustformel – der Bremsweg bei einer Geschwindigkeit von 100 km/h auf trockener Fahrbahn in der Ebene?**

Richtige Antwort
100 m

(2 P) **Sie haben eine Reaktionszeit von 1 Sekunde. Wie lang ist – nach der Faustformel – der Weg, den Ihr Fahrzeug bei einer Geschwindigkeit von 50 km/h in dieser Zeit zurücklegt?**

Richtige Antwort
15 m

(2 P) **Sie haben eine Reaktionszeit von 1 Sekunde. Wie lang ist – nach der Faustformel – der Weg, den Ihr Fahrzeug bei einer Geschwindigkeit von 100 km/h in dieser Zeit zurücklegt?**

Richtige Antwort
30 m

(3 P) **Welche zulässige Höchstgeschwindigkeit gilt für Pkw außerhalb geschlossener Ortschaften auf Fahrbahnen mit einem Fahrstreifen für jede Richtung?**

Richtige Antwort
100 km/h

(3 P) **Welche zulässige Höchstgeschwindigkeit gilt für Lkw mit einem zulässigen Gesamtgewicht bis 2,8 t außerhalb geschlossener Ortschaften auf Fahrbahnen mit einem Fahrstreifen für jede Richtung?**

Richtige Antwort
100 km/h

(2 P) **Welche Richtgeschwindigkeit gilt für Pkw auf Autobahnen, wenn keine Verkehrszeichen zu beachten sind, die die Geschwindigkeit betreffen?**

Richtige Antwort
130 km/h

3.2.4 *Abstand*

(3 P) **Welche Lkw müssen unter bestimmten Bedingungen einen so großen Abstand vom vorausfahrenden Fahrzeug einhalten, daß ein überholendes Kraftfahrzeug einscheren kann?**

Richtige Antwort
Lkw über 2,8 t zulässiges Gesamtgewicht

(3 P) **Ab welcher Zuglänge muß ein Pkw mit Anhänger außerhalb geschlossener Ortschaften auf Straßen mit nur einem Fahrstreifen für jede Richtung einen so großen Abstand halten, daß ein überholendes Kraftfahrzeug einscheren kann?**

Richtige Antwort
Über 7 m Länge

3.2.7 *Benutzung von Fahrstreifen durch Kraftfahrzeuge*

(3 P) **Mit welchen Kraftfahrzeugen dürfen Sie innerhalb geschlossener Ortschaften auf Fahrbahnen mit mehreren markierten Fahrstreifen für eine Richtung (keine Autobahn) den Fahrstreifen frei wählen?**

Richtige Antwort
Mit einem Motorrad
Mit einem Pkw

Falsche Antwort
Krafträder
Alle Fahrzeuge

3.2.15 *Liegenbleiben und Abschleppen von Fahrzeugen*

(3 P) **Ihr Fahrzeug ist auf einer Landstraße liegengeblieben. Was haben Sie beim Abschleppen zu beachten?**

Richtige Antwort
Während des Abschleppens an beiden Fahrzeugen Warnblinklicht einschalten
Nicht in die Autobahn einfahren

Falsche Antwort
Das ziehende Fahrzeug muß mit Abblendlicht fahren
Der Abstand zwischen den Fahrzeugen muß 7 Meter betragen

3.3 Vorschriften über den Betrieb der Fahrzeuge

3.3.2 Zulassung zum Straßenverkehr und Fahrzeugpapiere

(2 P) **In welchen Fällen müssen Sie Veränderungen an Ihrem Pkw der Zulassungsstelle melden?**

Richtige Antwort
Bei Anbau einer Anhängekupplung
Bei Einbau eines Motors mit anderer Leistung

Falsche Antwort
ei Einbau eines Motors mit gleicher Leistung

(2 P) **In welchen Fällen müssen Sie Veränderungen an Ihrem Pkw der Zulassungsstelle melden?**

Richtige Antwort
Bei Anbau einer Auspuffanlage, für die keine Allgemeine Betriebserlaubnis besteht

Falsche Antwort
Bei Anbau einer Auspuffanlage, für die eine Allgemeine Betriebserlaubnis besteht

(2 P) **In welchen Fällen müssen Sie Veränderungen an Ihrem Pkw der Zulassungsstelle melden?**

Richtige Antwort
Bei Einbau eines Lenkrades, für das keine Allgemeine Betriebserlaubnis besteht
Bei Anbau eines Front- oder Heckspoilers, für den keine Allgemeine Betriebserlaubnis besteht

Falsche Antwort
Bei Anbau eines Heckspoilers, für den eine Allgemeine Betriebserlaubnis besteht
Bei Anbau eines Nebelscheinwerfers

(2 P) **Welche Anhänger hinter Pkw müssen auf öffentlichen Straßen ein eigenes amtliches Kennzeichen führen?**

Richtige Antwort
Wohnanhänger
Lastanhänger

Falsche Antwort
Anhänger zum Transport von Sportgeräten
Alle Anhänger über 1 t zulässiges Gesamtgewicht

3.3.3 Anhängerbetrieb

(4 P) **Sie befahren mit Ihrem Pkw und einem Anhänger ohne eigene Bremse ein längeres, starkes Gefälle. Was müssen Sie tun?**

Richtige Antwort
Die Geschwindigkeit verringern, niedrigen Gang einlegen und bremsbereit sein
Das Schieben des Anhängers beim Bremsen berücksichtigen

Falsche Antwort
Auf kurzen Bremsweg einstellen
Möglichst mit einem hohen Gang fahren

(2 P) **Wie hoch darf die Anhängelast höchstens sein, wenn Sie einen Anhänger ohne eigene Bremse hinter einem Pkw mitführen wollen?**

Richtige Antwort
750 kg

(3 P) **Worauf müssen Sie beim Ankuppeln eines Einachsanhängers achten?**

Richtige Antwort
Die Kupplungsklaue muß den Kugelkopf sicher umschließen und die Sicherung muß einrasten
Die elektrische Verbindung muß hergestellt werden

Falsche Antwort
Die Anhängerdeichsel muß mit einem roten Lappen gekennzeichnet sein
Die Anhängerstützlast muß dem zulässigen Gesamtgewicht des Anhängers entsprechen

3.4 *Fahrtechnik und Fahrphysik*

3.4.1 *Fahrtechnik*

(3 P) **Sie wollen einen Pkw mit Bremskraftverstärker abschleppen, der wegen Motorschadens liegengeblieben ist. Was ist zu beachten?**

Richtige Antwort
Mit einem Seil darf nur mit besonders geringer Geschwindigkeit abgeschleppt werden, weil trotz erhöhten Pedaldrucks nur eine geringe Bremswirkung erreicht werden kann
Nach Möglichkeit sollte eine Abschleppstange verwendet werden

Falsche Antwort
Nur eine Werkstatt darf diesen Pkw abschleppen

(3 P) **Sie wollen einen Pkw mit Servolenkung abschleppen, der wegen eines Motorschadens liegengeblieben ist. Was ist zu beachten?**

Richtige Antwort
Das Lenken erfordert wesentlich höheren Kraftaufwand; deshalb darf nur mit besonderer Vorsicht abgeschleppt werden

Falsche Antwort
Nur mit einem Spezialfahrzeug darf abgeschleppt werden
Durch den stillstehenden Motor wird das Lenken erleichtert

(3 P) **Ihr Pkw ist mit M+S-Reifen ausgerüstet. Für diese Reifen ist am Armaturenbrett ein Aufkleber »Mit M+S 160« angebracht. Was bedeutet das?**

Richtige Antwort
Sie dürfen höchstens 160 km/h fahren

Falsche Antwort
Sie müssen immer 160 km/h fahren
Sie dürfen diese Reifen nur montieren, wenn Ihr Fahrzeug schneller als 160 km/h fährt

(3 P) **Was geschieht, wenn Sie mit wesentlich zu niedrigem Reifenluftdruck fahren?**

Richtige Antwort
Durch übermäßige Erhitzung können Reifenschäden entstehen
Die Fahrstabilität nimmt ab

Falsche Antwort
Die Fahrstabilität nimmt zu
Die Lebensdauer der Reifen wird länger

3.4.2 *Fahrphysik*

(3 P) **Beim Fahren merken Sie, daß Ihr Pkw stets nach einer Seite zieht. Welche Ursachen sind möglich?**

Richtige Antwort
Stark unterschiedlicher Reifenluftdruck vorn
Falsche Radeinstellung (Spur, Sturz)

Falsche Antwort
Die Fahrbahn ist schräg
Das Fahrzeug ist einseitig beladen

Fragenkatalog »Energiesparende Fahrweise«

Welche Fahrweise ist besonders sparsam und umweltbewußt?

Richtige Antwort
Rechtzeitiges Schalten in den nächsthöheren Gang
Rechtzeitiges Zurückschalten vor Steigungen

Falsche Antwort
Fahren im hohen Drehzahlbereich

Wodurch können Sie Kraftstoff sparen, wenn Sie ein Kraftfahrzeug mit automatischem Getriebe fahren?

Richtige Antwort
Nach Möglichkeit auf den »Kick down« verzichten

Falsche Antwort
Durch Wahl einer kleineren Fahrstufe

Wie kann sich überhöhter Kraftstoffverbrauch infolge falscher Einstellung des Motors äußerlich bemerkbar machen?

Richtige Antwort
Durch schwarzen Auspuffqualm

Falsche Antwort
Durch hellen Auspuffqualm
Durch roten Auspuffqualm

Was muß am Motor regelmäßig gewartet werden, um unnötig hohem Kraftstoffverbrauch und Schadstoffausstoß vorzubeugen?

Richtige Antwort
Luftfilter
Vergaser oder Einspritzanlage
Zündung

Wie wirkt sich eine wesentliche Unterschreitung des empfohlenen Reifendrucks aus?

Richtige Antwort
Kraftstoffverbrauch und Schadstoffausstoß steigen an

Falsche Antwort
Der Verbrauch des Kraftstoffs sinkt
Die Fahreigenschaften verbessern sich

Register

NÜTZLICHE RATGEBER

EINE AUSWAHL

Stand: Frühjahr 1990

Essen und Trinken

Meine feine Bürgerliche Küche
(**4411**-4) Von E. Falout, 160 S., 119 Farbfotos, Pappband. ●●●

Essen in Hessen
Spezialitäten zwischen Schwalm und Odenwald. (**0837**-X) Von R. Witt, 120 S., 10 s/w-Zeichnungen, Pappband. ●●

Kochen für 1 Person
Rationell wirtschaften, abwechslungsreich und schmackhaft zubereiten. (**0586**-5) Von M. Nicolin, 104 S., 8 Farbtafeln, 23 Zeichnungen, kart. ●

Schnell und individuell
Die raffinierte Single-Küche
(**4266**-3) Von F. Faist, 160 S., 151 Farbfotos, Pappband. ●●●

Für Kenner und Genießer **Lamm**
(**1090**-7) Von H. Imhof, 64 S., 50 Farbfotos, Pappband. ●

Frischer Fang aus Fluß und Meer **Fisch**
(**0964**-X) Von L. Grieser, 64 S., 69 Farbfotos, Pappband. ●

Edler Kern in harter Schale **Meeresfrüchte**
(**0886**-4) Von L. Grieser, 48 S., 52 Farbfotos, Pappband. ●

Gaumenfreuden Tag für Tag
Pfannengerichte
(**1007**-9) Von S. Fabke, 64 S., 54 Farbfotos, Pappband. ●

Von Tatar und falschen Hasen **Hackfleisch**
(**0866**-X) Von A. und G. Eckert, 64 S., 42 Farbfotos, Pappband. ●

Aus eigener Küche **Gute Wurst**
(**0948**-8) Von J. Bessel, G. Quaas, 80 S., 8 Farbtafeln, kart. ●

Aus lauter Lust und Liebe **Knoblauch**
(**0867**-8) Von L. Reinirkens, 64 S., 45 Farbfotos, Pappband. ●

Kochen und würzen mit **Knoblauch**
(**0725**-6) Von A. und G. Eckert, 96 S., 8 Farbtafeln, kart. ●

Kochen und würzen mit **Paprika**
(**0792**-2) Von A. und G. Eckert, 88 S., 8 Farbtafeln, kart. ●

Bintje, Irmgard und Sieglinde
Kartoffeln
(**1032**-X) Von S. Fabke, 64 S., 43 Farb- und 1 s/w-Foto, Pappband. ●

Nudelgerichte
– lecker, locker, leicht zu kochen. (**0466**-4) Von C. Stephan, 80 S., 8 Farbtafeln, kart. ●

Pasta in Höchstform **Nudeln**
(**0884**-8) Von M. Kirsch, 64 S., 62 Farbfotos, Pappband. ●

Kräftig klar und cremig zart **Feine Suppen**
(**1031**-1) Von H. Imhof, 64 S., 48 Farbfotos, Pappband. ●

Herzhaftes für Leib und Seele **Eintöpfe**
(**0820**-1) Von P. Klein, 48 S., 30 Farbfotos, Pappband. ●

Spezialitäten unter knuspriger Decke
Aufläufe
(**0882**-1) Von C. Adam, 48 S., 33 Farbfotos, Pappband. ●

In Hülle und Fülle **Pasteten und Terrinen**
(**0883**-X) Von M. Kirsch, 48 S., 62 Farbfotos, Pappband. ●

Die Krönung der feinen Küche **Saucen**
(**0817**-1) Von G. Cavestri, 48 S., 40 Farbfotos, Pappband. ●

Schlank und köstlich **Spargel**
(**1005**-2) Von M. Kirsch, 64 S., 44 Farbfotos, Pappband. ●

Von Aubergine bis Zucchini **Gemüse**
(**1061**-3) Von H. Cohrs, 64 S., 39 Farbfotos, Pappband. ●

Statt Breakfast und Lunch **Brunch**
(**1033**-8) Von C. Adam, 64 S., 49 Farbfotos, Pappband. ●

Kochen in höchster Vollendung
Aus vier Elementen ist alles zusammengefügt (Theophrast). (**4291**-4) Von M. Wissing, M. Kirsch, 160 S., 230 Farbfotos, Leinen geprägt mit Schutzumschlag, im Schuber, **DM 98,–**, S 784.–, Fr 94,10

Mit Lust und Liebe
Kochen mit den Meistern
(**4445**-3) 176 S., 132 Farbfotos, 50 Graffiti, Pappband. ●●●●

Zaubern mit der schnellen Welle
Die neue Mikrowellenküche
(**4289**-2) Von F. Faist, 208 S., 188 Farbfotos, Pappband. ●●●

Ganz und gar mit Mikrowellen
(**4094**-6) Von T. Peters, 208 S., 24 Farbfotos, 12 Zeichnungen, kart. ●●●

Schnell auf den Tisch gezaubert
Kochen mit Mikrowellen
(**0818**-X) Von A. Danner, 64 S., 52 Farbfotos, Pappband. ●

Das neue Mikrowellen-Kochbuch
(**0434**-6) Von H. Neu, 80 S., 4 Farbtafeln, 16 s/w Zeichnungen, kart. ●

Knusprig braten und backen im
Mikrowellen-Kombigerät
(**0996**-X) Von T. Peters, 128 S., 108 Farbfotos, kartoniert. ●●

Leicht und vitaminreich
Vegetarische Mikrowellenküche
(**0995**-X) Von F. Faist, 118 S., 103 Farbfotos, kartoniert. ●●

Schnell und individuell
Mikrowellenküche für Singles
(**0997**-6) Von A. Görgens, 118 S., 103 Farbfotos, kartoniert. ●●

Vom ersten Versuch zum Menü
Mikrowellenküche leicht gemacht
(**0994**-1) Von T. Peters, 112 S., 100 Farbfotos, kartoniert. ●●

Zart gedünstet, schonend gegart
Fischgerichte aus der Mikrowellenküche
(**1092**-3) Von A. Ilies, 96 S., 105 Farbfotos, kartoniert. ●●

Köstliches ganz schnell gezaubert
Aufläufe aus der Mikrowellenküche
(**1093**-1) Von K. Kruse-Schorling, 96 S., 100 Farbfotos, kartoniert. ●●

Natürlich Kochen im
Mikrowellen-Römertopf
(**0947**-X) Von F. Faist, 96 S., 8 Farbt., kart. ●

Köstliches aus dem Tontopf
(**0442**-7) Von A. u. G. Eckert, 80 S., 8 Farbtafeln, kart. ●

Das neue Fritieren
geruchlos, schmackhaft und gesund. (**0365**-X) Von P. Kühne, 88 S., 8 Farbtafeln, kart. ●

Goldbraun und knusprig
Fritierte Leckerbissen
(**0868**-6) Von F. Faist, 64 S., 47 Farbfotos, Pappband. ●

Schnell und gut gekocht
Die tollsten Rezepte für den Schnellkochtopf. (**0265**-3) Von J. Ley, 96 S., 8 Farbtafeln, kart. ●

Italienische Vorspeisen **Antipasti**
(**1006**-0) Von S. Reiter-Westphal, 64 S., 47 Farbfotos, Pappband. ●

Pizza, Pasta und die feine italienische Küche
(**4270**-1) Von R. Rudatis, 120 S., 255 Farbfotos, Pappband. ●●

Schlemmerreise durch die
Italienische Küche
(**4172**-1) Von V. Pifferi. 160 S., 109 Farbfotos, Pappband. ●●●

Schlemmen wie bei Mamma Maria
Pizzas
(**0815**-5) Von F. Faist, 64 S., 62 Farbfotos, Pappband. ●

Spaghetti, Tagliatelle + Co.
Pasta all'italiana
(**1004**-4) Von I. Seyric, 64 S., 57 Farbfotos, Pappband. ●

Pikantes und Süßes mit französischem Charme **Bistro-Küche**
(**4428**-3) Von V. Müller, 160 S., 130 Farbfotos, Pappband. ●●●

Schlemmerreise durch die
Französische Küche
(**4296**-5) Von H. Imhof, 160 S., 147 Farbfotos, 3 s/w-Fotos, Pappband. ●●●

Schlemmerreise durch die
Chinesische Küche
(**4184**-5) Von K. H. Jen, 160 S., 117 Farbfotos, Pappband. ●●●

Verheißungsvoll fernöstlich
Spezialitäten aus dem Wok
(**0933**-X) Von H. K. Jen, 64 S., 56 Farbfotos, Pappband. ●

Mit Lust und Liebe **Chinesisch Kochen**
(**4441**-0) Von Ho Fu-Lung, Uli Franz, 176 S., 189 Farbfotos, 29 Zeichnungen, Pappband. ●●●●

Chinesisch kochen
mit dem Wok- und Mongolentopf. (**0557**-1) Von C. Korn, 64 S., 8 Farbt., kart. ●

Die hier vorgestellten Bücher, Videokassetten und Software sind in folgende Preisgruppen unterteilt:

● Preisgruppe bis DM 10,–/S 79,–/SFr.10
●● Preisgruppe über DM 10,– bis DM 20,– S 80,– bis S 160,– SFr. 10,– bis SFr. 20,–
●●● Preisgruppe über DM 20,– bis DM 30,– S 161,– bis S 240,– SFr. 20,– bis SFr. 29,–
●●●● Preisgruppe über DM 30,– bis DM 50,– S 241,– bis S 400,– SFr. 29,– bis SFr. 48,–
●●●●● Preisgruppe über DM 50,–/S 401,–/SFr.48,–
*(unverbindliche Preisempfehlung)

Die Preise entsprechen dem Status beim Druck dieses Verzeichnisses (s. Seite 1) – Änderungen, im besonderen der Preise, vorbehalten –

Falken-Verlag GmbH · Postfach 1120 FALKEN D-6272 Niedernhausen/Ts. · Tel.: 06127/7020

Mehr Freude und Erfolg beim **Grillen**
(**4141**-1) Von A. Berliner, 160 S., 147 Farbfotos, 10 farbige Zeichnungen, Pappband. ●●●

Köstliches von Rost und Spieß **Grillen**
(**0931**-3) Von A. Kalcher-Dähn, H. K. Kalcher, 64 S., 43 Farbfotos, Pappband. ●

Bocuse à la carte
Französisch kochen mit dem Meister.
(**4237**-X) Von P. Bocuse, 88 S., 218 Farbfotos, Pappband. ●

Französische Küche
(**0685**-2) Von M. Gutta, 96 S., 16 Farbt., kart. ●

Fondues · Raclettes · Flambiertes
(**4081**-4) Von R. Peiler und M.-L. Schult, 136 S., 15 Farbtafeln, 28 Zeichnungen, kart. ●●

Fondues
und fritierte Leckerbissen. (**0471**-0) Von S. Stein, 96 S., 8 Farbtafeln, kart. ●

Rezepte rund um Raclette und Doppeldecker
(**0420**-6) Von J. W. Hochscheid, 72 S., 8 Farbtafeln, kart. ●

Schlemmen in geselliger Runde
Fleischfondues
(**0966**-6) Von M. Spötter, 64 S., 62 Farbfotos, Pappband. ●

Fondues und Raclettes
(**4253**-1) Von F. Faist, 160 S., 125 Farbfotos, Pappband. ●●●

Neue, raffinierte Rezepte mit dem Raclette-Grill
(**0558**-X) Von L. Helger, 72 S., 8 Farbt., kart. ●

Schmelzendes Käsevergnügen **Raclette**
(**0881**-3) Von F. Faist, 48 S., 33 Farbfotos, Pappband. ●

Kulinarischer Feuerzauber **Flambieren**
(**4294**-9) Von R. Wesseler, 120 S., 100 Farbfotos, Pappband. ●●●

Das köstliche knackige Schlemmervergnügen **Salate**
(**4165**-9) Von V. Müller, 160 S., 80 Farbfotos, Pappband. ●●●

Köstliche Salate zum Verwöhnen
(**0222**-X) Von C. Schönherr, 96 S., 8 Farbtafeln, 30 Zeichnungen, kart. ●

Frisch und leicht als Hauptgericht
Schlemmersalate
(**0934**-8) Von C. Adam, 64 S., 49 Farbfotos, Pappband. ●

Köstlich frisch auf den Tisch
Rohkostsalate
(**0865**-1) Von C. Adam, 48 S., 26 Farbfotos, Pappband. ●

Raffiniert und gesund würzen
Kräuterküche
(**0869**-4) Von A. Görgens, 48 S.,43 Farbfotos, Pappband. ●

Miekes Kräuter- und Gewürzkochbuch
(**0323**-4) Von I. Persy, K. Mieke, 88 S., 4 Farbtafeln, kartoniert. ●

Joghurt, Quark, Käse und Butter
Schmackhaftes aus Milch hausgemacht.
(**0739**-6) Von M. Bustorf-Hirsch, 32 S., 59 Farbabb., Pappband. ●

Gesund und vielseitig **Alles mit Joghurt**
täglich selbstgemacht, mit vielen Rezepten.
(**0382**-6) Von G. Volz, 64 S., 8 Farbt., kart. ●

Locker, flockig, leicht...
Müsli & Co
(**0965**-8) Von C. Adam, 64 S., 42 Farbfotos, Pappband. ●

Bärenstark und kerngesund
Vollwertkost für Kinder
(**0968**-2) Von S. Reiter, 64 S., 44 Farbfotos, Pappband. ●

Gesunde Ernährung für mein Kind
(**0776**-6) Von M. Bustorf-Hirsch, 112 S., 8 Farbtafeln, 5 s/w-Zeichnungen, kart. ●

Das Getreidemühlenkochbuch
(**1017**-6) Von M. Burstorf-Hirsch, 112 S., 8 Farbtafeln, kartoniert. ●

Meine Vollkornküche
Herzhaftes von echtem Schrot und Korn
(**0858**-9) Von S. Walz, 96 S., 8 Farbt., kart. ●

Die abwechslungsreiche Vollwertküche
Vitaminreich und naturbelassen kochen und backen. (**4229**-9) Von M. Bustorf-Hirsch, K. Siegel, 280 S., 31 Farbtafeln, 78 Zeichnungen, Pappband. ●●●●

Die verlockende Alternative
Süße Vollwertküche
(**0936**-4) Von A. Roßmeier, 64 S., 50 Farbfotos, Pappband. ●

Die gesunde Art, sich zu verwöhnen
Vollwertküche für Singles
(**0937**-2) Von A. Görgens, 64 S., 43 Farbfotos, Pappband. ●

Dinkel, Hirse, Roggenkorn...
Kerniges aus der Getreideküche
(**0932**-1) Von S. Frank, 64 S., 49 Farbfotos, Pappband. ●

Die feine Vollwertküche
(**4286**-8) Von M. Bustorf-Hirsch, 160 S., 83 Farbfotos, Pappband. ●●●

Mit Lust und Liebe...
Vollwertküche für Genießer
(**4412**-4) Von Prof. Dr. C. Leitzmann, H. Million, 256 S., 329 Farbfotos, Pappband. ●●●●

Naturküche à la carte
(**4406**-2) Von M. Wissing, M. Kirsch, 160 S., 179 Farbfotos, Pappband. ●●●●

Biologische Ernährung
für eine natürliche und gesunde Lebensweise. (**4125**-X) Von G. Leibold, 136 S., 15 Farbtafeln, 47 Zeichnungen, kart. ●●

Die feine Vegetarische Küche
(**4235**-3) Von F. Faist, 160 S., 191 Farbfotos, Pappband. ●●●

Schmackhafte Vollwertkost ohne tierisches Eiweiß
(**0993**-3) Von M. Bustorf-Hirsch, 96 S., 54 Farbfotos, kartoniert. ●●

Cholesterinarm kochen und genießen
(**4442**-9) Von R. Unsorg, 168 S., 132 Farbfotos, kartoniert. ●●●

Die aktuelle **Cholesterintabelle**
(**1088**-5) Von Dr. H. Oberritter, 84 S., 12 zweifarbige Grafiken, kartoniert. ●

Würzig kochen ohne Salz
(**0922**-4) Von S. Roediger-Streubel, 160 S., 16 Farbtafeln, kart. ●●

Alternativ essen
Die gesunde Sojaküche.
(**0553**-9) Von U. Kolster, 112 S., 8 Farbt., kart. ●

Kochen mit Tofu
Die gesunde Alternative.
(**0894**-5) Von U. Kolster, 80 S., 8 Farbtafeln, kart. ●

Gesund kochen mit Keimen und Sprossen
(**0794**-9) Von M. Bustorf-Hirsch, 96 S., 4 Farbtafeln, 13 s/w-Zeichnungen, kart. ●

Keime und Sprossen in der Naturküche
(**4299**-X) Von M. Bustorf-Hirsch, 96 S., 144 Farbfotos, Pappband. ●●

Backen mit Lust und Liebe
(**4284**-1) Von M. Schumacher, R. Krake, 242 S., 348 Farbfotos, 18 farb. Vignetten, 3 vierseitige Ausklapptafeln, Pappband. ●●●●

Tortenträume und Kuchenfantasien
Gebackene Köstlichkeiten originell dekoriert und verziert.
(**0823**-6) Von F. Faist, 80 S., 150 Farbfotos, kart. ●●

Waffeln
Hörnchen, Pfannkuchen und Crêpes.
(**0522**-9) Von C. Stephan, 64 S., 8 Farbtafeln, kart. ●

Mehr Freude und Erfolg beim
Brotbacken
(**4148**-9) Von A. und G. Eckert, 160 S., 177 Farbfotos, Pappband. ●●●

Selbst Brotbacken
Über 50 erprobte Rezepte.
(**0370**-6) Von A. und G. Eckert, 80 S., 4 Zeichnungen, 4 Farbtafeln, kart. ●

Meine Vollkornbackstube
Brot · Kuchen · Aufläufe. (**0616**-0) Von R. Raffelt, 96 S., 4 Farbtafeln, 12 Zeichnungen, kart. ●

Mit Körnern, Zimt und Mandelkern
Vollkorngebäck
(**0816**-3) Von M. Bustorf-Hirsch, 48 S., 39 Farbfotos, Pappband. ●

Knusprig, kernig, urgesund **Vollkornbrot**
(**0938**-0) Von S. Reiter, 64 S., 46 Farbfotos, Pappband. ●

Weihnachtsbäckerei
Köstliche Plätzchen, Stollen, Honigkuchen und Festtagstorten.
(**0682**-9) Von M. Sauerborn, 32 S., 34 Farbfotos, Pappband. ●

Meine Weihnachtsbackstube
(**5163**-8) Von M. Sauerborn, 32 S., 23 Farbfotos, mit Vorlagebogen in Originalgröße, kart. ●

Süße Verführungen **Desserts**
(**0885**-6) Von M. Bacher, 64 S., 75 Farbfotos, Pappband. ●

Süße Geheimnisse eiskalt gelüftet
Eis und Sorbets
(**0870**-8) Von H. W. Liebheit, 48 S., 38 Farbfotos, Pappband. ●

Raffiniertes mit
Eis
Drinks/Desserts/Eissorten
(**1029**-X) Von. F. Hoffmann, 64 S., 74 Farbfotos, Pappband. ●

Zart schmelzende Versuchungen
Schokolade
(**0819**-8) Von J. Schroer, 48 S., 53 Farbfotos, Pappband. ●

Mitbringsel aus meiner Küche
selbst gemacht und liebevoll verpackt.
(**0668**-3) Von C. Schönherr, 32 S., 30 Farbfotos, Pappband. ●

Marmeladen, Gelees und Konfitüren
Köstlich wie zu Omas Zeiten – einfach selbstgemacht. (**0720**-5) Von M. Gutta, 32 S., 23 Farbfotos, 1 Zeichnung, Pappband. ●

Einkochen, Einlegen, Einfrieren
(**4055**-5) Von B. Müller, 152 S., 27 s/w.-Abb., 16 Farbtafeln, kart. ●●

Haltbarmachen in der Öko-Küche
Gesunde Konservierungsmethoden für Obst, Gemüse, Kräuter und Pilze. (**0923**-2) Von M. Bustorf-Hirsch, 120 S., 92 Farbabb., kart. ●●

Komm, koch und back mit mir
Kunterbuntes Kochvergnügen für Kinder.
(**4285**-X) Von S. und H. Theilig, illustriert von B. v. Hayek, 112 S., 45 Farbabb., Pappband. ●●

Kinder lernen spielend backen
(**5110**-7) Von M. Gutta, 64 S., 50 Farbfotos, Pappband. ● ●

Kinder lernen spielend kochen
Lieblingsgerichte mit viel Spaß selbst zubereitet
(**5096**-8) Von M. Gutta, 64 S., 45 Farbfotos, Pappband. ●●

Mit Lust und Liebe **Kalte Platten & Buffets**
Anrichten und Garnieren
(**4427**-5) Von P. Grotz, 176 S., 228 Farbfotos, Pappband. ●●●●

Garnieren und Verzieren
(**4236**-1) Von R. Biller, 160 S., 329 Farbfotos, 57 Zeichnungen, Pappband. ●●●

Köstlichkeiten für Gäste und Feste
Kalte Platten
(**4200**-0) Von I. Pfliegner, 160 S., 130 Farbfotos, Pappband. ●●●

Wenn Gäste kommen...
Kalte Küche
(**1060**-5) Von A. Ilies, 64 S., 49 Farbfotos, Pappband. ●

Fein und raffiniert
Canapés und kleine Köstlichkeiten
(**0963**-1) Von H. Imhof, 64 S., 53 Farbfotos, Pappband. ●

Festlich kochen und backen
für Advent und Weihnachten
(**4443**-7) Von A. Guter, 96 S., 66 Farbfotos, 1 s/w-Foto, Pappband. ●●

Der perfekt gedeckte Tisch
(**1028**-1) Von H. Tapper, 80 S., 161 Farbfotos, 13 Zeichnungen, kartoniert. ●●

Der schön gedeckte Tisch
Vom einfachen Gedeck bis zur Festtafel stimmungsvoll und perfekt arrangiert.
(**4246**-1) Von H. Tapper, 112 S., 206 Farbfotos, 21 s/w-Abbildungen, Pappband. ●●●

Servietten falten
80 Ideen für schön gedeckte Tische
(**1042**-7) Von M. Müller, O. Mikolasek, 80 S., 289 Farbfotos, 50 Zeichnungen, kartoniert. ●●

Phantasievolle Tischdekorationen selber machen
(**0984**-4) Von Y. Thalheim, H. Nadolny, 80 S., 174 Farbfotos, 21 Zeichnungen, kart. ●●

Tischkarten dekorativ gestalten
aus allerlei Material für viele Anlässe
(**0946**-1) Von H. York, 32 S., 108 Farbfotos, Pappband. ●

Servietten dekorativ falten
Geschmackvolle Anregungen aus Stoff und Papier. (**0804**-X) Von H. Tapper, 32 S., 134 Farbfotos, Pappband. ●

Tee für Genießer
Sorten · Riten · Rezepte. (**0356**-0) Von M. Nicolin, 64 S., 4 Farbtafeln, kart. ●

Weinlexikon
Wissenswertes über die Weine der Welt.
(**4149**-7) Von U. Keller, 228 S., 6 Farbtafeln, 395 s/w-Fotos, Pappband. ●●●

Weine und Säfte, Liköre und Sekt
selbstgemacht. (**0702**-7) Von P. Arauner, 232 S., 76 Abb., kart. ●●

Fruchtig, spritzig, eisgekühlt
Mixen ohne Alkohol
(**0935**-6) Von S. Späth, 64 S., 44 Farbfotos, Pappband. ●

Cocktails
(**4267**-1) Von W. R. Hoffmann, W. Hubert, U. Lottring, 160 S., 164 Farbfotos, 1 s/w-Foto, Pappband. ●●●

Cocktails und Mixereien
für häusliche Feste und Feiern. (**0075**-8) Von J. Walker, 96 S., 4 Farbtafeln, kart. ●

Neue Cocktails und Drinks
mit und ohne Alkohol. (**0517**-2) Von S. Späth, 128 S., 4 Farbtafeln, kart. ●

Die besten Punsche, Grogs und Bowlen
(**0575**-X) Von F. Dingden, 64 S., 4 Farbt., kart. ●

SLIM
Der neue, individuelle Schlankheitsplan
(**4277**-9) Von Prof. Dr. E. Menden, W. Aign 120 S., 440 Farbfotos, Pappband. ●●●

Schlank werden nach Dr. Hay **Trennkost**
Die bewährten Vollwert-Rezepte von Ursula Summ. (**4298**-1) Von U. Summ, 96 S., 54 Farbfotos, 1 Zeichnung, kart. ●●

Eßlust statt Diätfrust
Die Pfundskur
(**1102**-4) Von Prof. Dr. V. Pudel, 144 S., 8 s/w-Zeichnungen, 4 Vignetten, kartoniert. ●

Vitamine und Ballaststoffe
So ermittle ich meinen täglichen Bedarf
(**0746**-9) Von Prof. Dr. M. Wagner, I. Bongartz, 96 S., 6 Farbfotos, zahlreiche farb. Tabellen, kart. ●

Kalorien – Joule
Eiweiß · Fett · Kohlenhydrate tabellarisch nach gebräuchlichen Mengen. (**0374**-9) Von M. Bormio, 88 S., kart. ●

Hobby und Freizeit

Falken-Handbuch
Zeichnen und Malen
(**4167**-5) Von B. Bagnall, 336 S., 1154 Farbabb., Pappband. ●●●●●

Das große farbige PLAKA-Buch
Malen und Basteln
(**4402**-X) Von H.-J. Giesecke, 192 S., 224 Farbfotos, 20 Farb- und 4 s/w-Zeichnungen, Pappband. ●●●

Einmal grad und einmal krumm
Zeichenstunden für Kinder. (**0599**-7) Von H. Witzig, 144 S., 363 Abb. kart. ●

Punkt, Punkt, Komma, Strich
Zeichenstunden für Kinder
(**0564**-4) Von H. Witzig, 144 S., über 250 Zeichnungen, kart. ●

Figürliches Zeichnen
leicht gemacht
(**1010**-9) Von H. Witzig, 112 S., 462 Figuren, kartoniert. ●

Spielend zeichnen lernen mit den Montagsmalern
(**0974**-7) Von G. Lages, Sigi-Harreis, 112 S., 326 s/w-Zeichnungen, kartoniert. ●●

Kalligraphie
Die Kunst des schönen Schreibens
(**4263**-9) Von C. Hartmann, 120 S., 44 Farbvorlagen, 29 s/w-Vorlagen, 2 s/w-Zeichnungen, 38 Farbfotos, Pappband. ●●●●

Gestalten mit Schrift
Kalligraphie
(**1044**-3) Von I. Schade, 80 S., 2 Farb- und 1 s/w Foto, 143 Farbzeichnungen, kartoniert. ●●

Aquarellmalerei
als Kunst und Hobby (**4147**-0) Von H. Haack, B. Wersche, 136 S., 62 Farbfotos, 119 Zeichnungen, Pappband. ●●●●

Aquarellmalerei leicht gelernt
Materialien · Techniken · Motive.
(**0787**-6) Von T. Hinz, R. Braun, B. Zeidler, 32 S., 38 Farbfotos, 1 Zeichn., Pappband. ●

Hobby Aquarellmalen
Landschaft und Stilleben. (**0876**-7) Von I. Schade, A. Brück, 80 S., 111 Farbabb., kart. ●●

Hobby Ölmalerei
Landschaft und Stilleben. (**0875**-9) Von H. Kämper, I. Becker, 80 S., 93 Farbabb., kart. ●●

Hobby Bauernmalerei
(**0436**-2) Von S. Ramos und J. Roszak, 80 S., 116 Farbf. und 28 Motivvorlagen, kart. ●●

Bauernmalerei
Kreatives Hobby nach alter Volkskunst
(**5039**-9) Von S. Ramos, 64 S., 85 Farbfotos, Pappband. ●●

Seidenmalerei in Vollendung
(**4414**-3) Hrsg. von R. Smend, 160 S., 227 Farbfotos, 36 s/w-Fotos, geprägter Leineneinband mit Schutzumschlag, im Schuber, **DM 98,–**, S 784,–, Fr 90,20

Seidenmalerei als Kunst und Hobby
(**4264**-7) Von S. Hahn, 136 S., Farbabb., 1 s/w-Foto, Pappband. ●●●●

Hobby Seidenmalerei
(**0611**-X) Von R. Henge, 88 S., 106 Farbfotos, 28 Zeichnungen, kart. ●●

Neue zauberhafte Seidenmalerei
Motive und Anregungen aus der Natur.
(**0924**-0) Von R. Henge, 80 S., 148 Farbfotos, 27 s/w-Zeichnungen, kart. ●●

Kunstvolle Seidenmalerei
Mit zauberhaften Ideen zum Nachgestalten
(**0783**-3) Von I. Demharter, 32 S., 56 Farbfotos, Pappband. ●

Zauberhafte Seidenmalerei
Materialien · Techniken · Gestaltungsvorschläge. (**0664**-0) Von E. Dorn, 32 S., 62 Farbfotos, Pappband. ●

Aquarellieren auf Seide
Materialien · Techniken · Motive
(**0917**-8) Von I. Demharter, 32 S., 41 Farbfotos, Pappband. ●

Seidenmalerei Landschaften
(**5153**-0) Von D. Kosik, 32 S., 50 Farbfotos, 12 Zeichnungen, mit Vorlagebogen in Originalgröße, kart. ●

Seidenmalerei Kissen
(**5151**-4) Von I. Demharter, 32 S., 42 Farbfotos, 2 Zeichnungen, mit Vorlagebogen in Originalgröße, kart. ●

Seidenmalerei Blusen und T-Shirts
(**5184**-0) Von A. Keller, 32 S., 28 Farbfotos, 12 Zeichnungen, mit Vorlagebogen in Originalgröße, kartoniert. ●

Seidenmalerei Tücher und Schals
(**5152**-2) Von R. Henge, 32 S., 36 Farbfotos, 1 Zeichnung, mit Vorlagebogen in Originalgröße, kart. ●

Seidenmalerei Taschen und Gürtel
(**5194**-8) Von S. Tichy-Gibley, 32 S., 30 Farbfotos, 8 Farbzeichnungen, mit Vorlagebogen in Originalgröße, kartoniert. ●

Seidenmalerei Lampenschirme
(**5154**-9) Von I. Walter-Ammon, 32 S., 47 Farbfotos, 1 Zeichnung, mit Vorlagebogen in Originalgröße, kart. ●

Seidenmalerei Blüten, Blätter, Ranken
(**5165**-4) Von D. Kosik, 32 S., 35 Farbfotos, 4 Zeichnungen, mit Vorlagebogen in Originalgröße, kart. ●

Seidenmalerei Schmuckkarten und Miniaturbilder
(**5166**-2) Von I. Walter-Ammon, 32 S., 37 Farbfotos, 2 Zeichnungen, mit Vorlagebogen in Originalgröße, kart. ●

Seidenmalerei Bilder in Konturentechnik
(**5182**-4) Von I. Demharter, 32 S., 28 Farbfotos, 2 Zeichnungen, mit Vorlagebogen in Originalgröße, kartoniert. ●

Falken-Handbuch **Häkeln**
ABC der Häkeltechniken und Häkelmuster in ausführlichen Schritt-für-Schritt-Bildfolgen.
(**4194**-2) Von H. Fuchs, M. Natter, 288 S., 1073 Farbabb., Pappband. ●●●●

Das moderne Standardwerk von der Expertin
Perfekt Stricken
Mit Sonderteil Häkeln. (**4250**-2) Von H. Jaacks, 256 S., 703 Farbfotos, 169 Farb- und 121 s/w-Zeichnungen, Pappband. ●●●

Falken-Handbuch **Stricken**
ABC der Stricktechniken und Strickmuster in ausführlichen Schritt-für-Schritt-Bildfolgen. (**4137**-3) Von M. Natter, 312 S., 106 Farb- und 922 s/w-Fotos, 318 Zeichnungen, Pappband. ●●●●

Hobby Patchwork und Quilten
(**0768**-X) Von B. Staub-Wachsmuth, 80 S., 108 Farbabb., 43 Zeichnungen, kart. ●●

Hobby Applikationen
Materialien · Techniken · Modelle
(**0899**-6) Von H. Probst-Reinhardt, 80 S., 92 Farbfotos, 31 Zeichnungen, kart. ●●

Hobby Spitzencollagen
Bezaubernde Motive aus edlem Material
(**0847**-3) Von H. Westphal, 80 S., 186 Farbfotos, kart. ●●

Falken-Handbuch **Nähen**
Abc der Nähtechniken und kreative Modellschneiderei in ausführlichen Schritt-für-Schritt-Bildfolgen. (**4272**-8) Von A. Bree, 320 S., 1142 Abbildungen, Schnittmusterbogen für alle Modelle, Pappband. ●●●●

Marionetten
selbst bauen und führen
(**1043**-5) Von D. Köhnen, 80 S., 162 Farbfotos, mit Schnittmusterbogen, kartoniert. ●●

Zauberhafte alte Puppen
Sammeln · Restaurieren · Nachbilden
(**4255**-8) Von C.A. Stanton, J. Jacobs, 120 S., 157 Farbfotos, 24 Zeichnungen, Pappband. ●●●●

Selbstgestrickte Puppen
Materialien und Arbeitsanleitungen
(**0638**-1) Von B. Wehrle, 32 S., 21 Farbfotos, 24 Zeichnungen, Pappband. ●

Puppen zum Liebhaben
(**5199**-9) Von B. Wehrle, 32 S., 27 Farbfotos, 9 s/w-Zeichnungen, mit Vorlagebogen in Originalgröße, kartoniert. ●

Kuscheltiere stricken und häkeln
Arbeitsanleitungen und Modelle. (**0734**-5) Von B. Wehrle, 32 S., 60 Farbfotos, 28 Zeichnungen, Pappband. ●

Phantasiepuppen stricken und häkeln
Märchenhafte Modelle mit Arbeitsanleitungen. (**0813**-9) Von B. Wehrle, 32 S., 26 Farbfotos, 46 Zeichnungen, Pappband. ●

Teddybären
Sechs beliebte Modelle
(**5159**-X) Von Y. Thalheim, H. Nadolny, 32 S., 46 Farbfotos, 9 Zeichnungen, mit Vorlagebogen in Originalgröße, kart. ●

Heißgeliebte Teddybären
Selbermachen · Sammeln · Restaurieren. (**0900**-3) Von H. Nadolny, Y. Thalheim, 80 S., 119 Farbfotos, 23 s/w-Zeichnungen, 14 S. Schnittmusterbogen, kart. ●●

Hobby Salzteig
(**0662**-4) Von I. Kiskalt, 80 S., 150 Farbfotos, 5 Zeichnungen, Schablonen, kart. ●●

Neue zauberhafte Salzteig-Ideen
(**0719**-1) Von I. Kiskalt, 80 S., 324 Farbfotos, 12 Zeichnungen, Schablonen, kart. ●●

Kreatives Gestalten mit Salzteig
Originelle Motive für Fortgeschrittene
(**0769**-8) Hrsg. I. Kiskalt, 80 S., 168 Farbfotos, kart. ●●

Originell und dekorativ
Salzteig mit Naturmaterialien
(**0833**-3) Von A. und H. Wegener, 80 S., 166 Farbfotos, kart. ●●

Salzteig kinderleicht
(**0973**-9) Von I. Kiskalt, 80 S., 224 Farbfotos, 8 Zeichnungen, kart. ●●

Töpfern
als Kunst und Hobby. (**4073**-3) Von J. Fricke, 132 S., 37 Farbfotos, 222 s/w-Fotos, Pappband. ●●●●

Kreatives Gestalten mit Ton
Töpfern ohne Scheibe – Aufbaukeramik
(**0896**-1) Von A. Riedinger, 80 S., 207 Farbfotos, 16 Zeichnungen, 7 Vignetten, kart. ●●

Kreatives Gestalten mit Ton
Töpfern auf der Scheibe
(**0971**-2) Von A. Riedlinger, 80 S., 28 Farb- und 3 s/w-Zeichng., 178 Farbfotos, kartoniert. ●●

Edles Porzellan
(**4437**-2) Von M. Lutze, Prof. E. Lessing, 160 S., 175 Farbfotos, Leineneinband, mit Schutzumschlag, im Schuber. ●●●●●

Hobby Glaskunst in Tiffany-Technik
(**0781**-7) Von N. Köppel, 80 S., 194 Farbfotos, 6 s/w-Abb., kart., ●●

Tiffany-Lampen selbermachen
Arbeitsanleitung · Materialien · Modelle
(**0684**-5) Von I. Spliethoff, 32 S., 60 Farbfotos, 19 Zeichnungen, Pappband. ●

Fensterbilder in Tiffany-Technik
(**5168**-9) Von P. Matz, 32 S., 43 Farbfotos, mit Vorlagebogen in Originalgröße, kart. ●

Tiffany-Schmuck selbermachen
Materialien · Arbeitsanleitungen · Modelle
(**0871**-6) Von B. Poludniak, H. G. Scheib, 32 S., 55 Farbfotos, Pappband. ●

Tiffany-Technik
und andere kunstvolle Arbeiten in Glas
(**0972**-0) Von. D. Köhnen, 80 S., 176 Farbfotos, 5 s/w-Zeichnungen, kart. ●●

Tiffany-Gürtelschnallen
(**5160**-3) Von G.G. Scheib, R. Grella, 32 S., 52 Farbfotos, 1 Zeichnung, mit Vorlagebogen in Originalgröße, kart. ●

Schmuck, Accessoires und Dekoratives
aus Fimo modelliert. (**0873**-2) Von A. Aurich, 32. S., 54 Farbfotos, Pappband. ●

Modeschmuck mit Federn und Straß
(**5167**-0) Von J. Niemeier, 32 S., 41 Farbfotos, mit Vorlagebogen in Originalgröße, kart. ●

Modeschmuck selbst modellieren
(**5196**-4) Von K. Eichler, 32 S., 51 Farbfotos, mit Vorlagebogen in Originalgröße, kartoniert. ●

Modeschmuck in vielen Variationen
(**5180**-8) Von A. Hahn, 32 S., 39 Farbfotos, 3 Zeichnungen, mit Vorlagebogen in Originalgröße, kartoniert. ●

Exklusiver Modeschmuck
aus dem eigenen Atelier
(**0925**-9) Von J. Niemeier, J. Klein, 80 S., 141 Farbfotos, 25 Zeichnungen, kart. ●●

Masken
phantasievoll dekorieren
(**5155**-7) Von Chr. Familler, 32 S., 48 Farbfotos, mit Vorlagebogen in Originalgröße, kart. ●

Bastelspaß mit der Laubsäge
Mit Schnittmusterbogen für viele Modelle in Originalgröße. (**0741**-8) Von L. Giesche, M. Bausch, 32 S., 61 Farbfotos, 7 Zeichnungen, Schnittmusterbogen, Pappband. ●

Strohschmuck selbstgebastelt
Sterne, Figuren und andere Dekorationen
(**0740**-X) Von E. Rombach, 32 S., 60 Farbfotos, 17 Zeichnungen, Pappband. ●

Hobby Drachen
bauen und steigen lassen. (**0767**-1) Von W. Schimmelpfennig, 80 S., 1 dreiseitige Ausklapptafel, 55 Farbfotos, 139 Zeichnungen kart. ●●

Lenkdrachen
bauen und fliegen
(**1011**-7) Von W. Schimmelpfennig, 64 S., 51 Farbfotos und 126 Zeichnungen, kartoniert. ●●

Drachen
Einfache Modelle für Kinder
(**5156**-5) Von W. Schimmelpfennig, 32 S., 11 Farbfotos, 31 Zeichnungen, mit Vorlagebogen in Originalgröße, kart. ●

Das große farbige
Bastelbuch für Kinder
(**4254**-X) Von U. Barff, I. Burkhardt, J. Maier. 224 S., 157 Farbfotos, 430 Farb- und 60 s/w-Zeichnungen, mit Schnittmusterbogen, Pappband. ●●●

Hobby Origami
Papierfalten für groß und klein
(**0756**-6) Von Z. Aytüre-Scheele, 80 S., 820 Farbfotos, kart. ●●

Neue zauberhafte Origami-Ideen
Papierfalten für groß und klein
(**0805**-8) Von Z. Aytüre-Scheele, 80 S., 720 Farbfotos, kart. ●●

Zauberwelt Origami
Tierfiguren aus Papier
(**1045**-1) Von Z. Aytüre-Scheele, 80 S., 660 Farbfotos, kartoniert. ●●

Origami –
Die Kunst des Papierfaltens. (**0280**-7) Von R. Harbin, 112 S., 633 Zeichnungen, 9 Fotos, kart. ●

Heut basteln wir mit Pappe und Papier
(**4413**-5) Von U. Barff, J. Maier, 224 S., 117 Farbfotos, 480 Farbzeichnungen, 25 s/w-Abbildungen, mit Schnittmusterbogen, Pappband. ●●●

Das große farbige Bastel- und Werkbuch
(**4439**-9) Von D. Rex, 256 S., 999 Farbfotos, 33 Farbzeichnungen, Pappband. ●●●●

Schritt für Schritt zum Scherenschnitt
Materialien · Techniken · Gestaltungsvorschläge. (**0732**-9) Von H. Klingmüller, 32 S., 38 Farbfotos, 34 Vorlagen, Pappband. ●

Fensterbilder in Scherenschnitt
(**5169**-7) Von A. Hahn, 32 S., 52 Farbfotos, 3 s/w-Fotos, mit Vorlagebogen in Originalgröße, kart. ●

Fensterbilder aus Papier
(**5158**-1) Von E. Rüscher, 32 S., 39 Farbfotos, 5 Zeichnungen, mit Vorlagebogen in Originalgröße, kart. ●

Fensterbilder
Meine Lieblingstiere
(**5197**-2) Von Y. Thalheim, H. Nadolny, 32 S., 38 Farbfotos, mit Vorlagebogen in Originalgröße, kartoniert. ●

Die schönsten Fensterbilder
(**1066**-4) Von C. Kimmerle, 64 S., 100 Farbfotos, kartoniert. ●●

Perfekte Fensterbilder
(**4470**-4) Von S. Haenitsch-Weiß, A. Weiß, 8 vierfarbige Bogen 280-g-Karton mit Stanzung + 16 S. zweifarbige Ein/Anleitung. ●●

Märchenhafte Fensterbilder
(**5185**-9) Von J. Maier, 32 S., 37 Farbfotos, mit Vorlagebogen in Originalgröße, kartoniert. ●

Fensterbilder Blumen und Tiere
(**5186**-7) Von M. Twachtmann, 32 S., 41 Farbfotos, 3 Zeichnungen, mit Vorlagebogen in Originalgröße, kartoniert. ●

Papierflieger
(**5157**-3) Von T. Gött, 32 S., 73 Farbfotos, 19 Zeichnungen, mit Vorlagebogen in Originalgröße, kart. ●

Mobiles aus Papier
(**5183**-2) Von J. Maier, 32 S., 17 Farbfots, 35 Farbzeichnungen, mit Vorlagebogen in Originalgröße, kartoniert. ●

Schachteln basteln und dekorieren
(**5170**-0) Von Chr. Adjano, 32 S., 55 Farbfotos, mit Vorlagebogen in Originalgröße, kart. ●

Die große Schachtelparade
(**4438**-0) Von Present Team, 16 vierfarbige Bogen 250-g-Karton mit Schachtelstanzung mit 4 S. Einleitung. ●●●

Deco Art
Die Kunst, Geschenke zu verpacken
(**0949**-6) Von B. Niermann, 80 S., 78 Farbfotos, 191 Zeichnungen, kart. ●●

Geschenkeverpacken für Kinderfeste
(**5195**-6) Von C. Netolitzky, 32 S., 43 Farbfotos, mit Vorlagebogen in Originalgröße, kartoniert. ●

Bunte Dekorationen für den Kindergeburtstag
Mit Spielanleitung zum Fest der Tiere
(**4471**-2) Von S. Haenitsch-Weiß, A. Weiß, 8 vierfarbige Bogen 280-g-Karton mit Stanzung + 16 S., zweifarbige Ein/Anleitung. ●●

Originelles Ambiente für Gäste
Festdekorationen
(**1049**-4) Von B. Niermann, 80 S., 125 Farbfotos, 59 Farbzeichng., kartoniert. ●●

Dekorieren und Arrangieren mit
Seidenblumen
(**5200**-6) Von M. L. Spang, 32 S., 37 Farbfotos, 14 Farbzeichnungen, mit Vorlagebogen in Originalgröße, kartoniert. ●

Tischkarten dekorativ gestalten
aus allerlei Material für viele Anlässe
(**0946**-1) Von H. York, 32 S., 108 Farbfotos, Pappband. ●

Glückwunschkarten
(**5179**-4) Von A. Kolb, B. Michel, 32 S., 54 Farbfotos, mit Vorlagebogen in Originalgröße, kartoniert. ●

Altes Brauchtum neu entdeckt
Schmuck-Eier
Kunstvoll gestalten und verzieren. (**0919**-4) Von I. Kiskalt, 32 S., 45 Farbfotos, 3 s/w-Zeichnungen, Pappband. ●

Dekorationen für Ostern
(**5198**-0) Von Y. Thalheim, H. Nadolny, 32 S., 48 Farbfotos, mit Vorlagebogen in Originalgröße, kartoniert. ●

Basteln für Ostern
(**5164**-6) Von Chr. Adjano, 32 S., 47 Farbfotos, mit Vorlagebogen in Originalgröße, kart. ●

Weihnachtsgeschenke schön verpacken
Schachteln · Dekorationen · Geschenkpapiere
(**4469**-0) Von Present Team, 10 vierfarbige Bogen 250-g-Karton mit Stanzung, 4 Bogen Geschenkpapier + 4 S. Einleitung. ●●●

Alle Jahre wieder…
Advent und Weihnachten
Basteln, Backen, Schmücken, Singen, Vorlesen, Feiern
(**4260**-4) Von H. und Y. Nadolny, 256 S., 105 Farbfotos, 130 Zeichn., Pappband. ●●●

Basteln und dekorieren für
Advent und Weihnachten
(**4446**-1) Von G. Teusen, C. Netolitzky, 176 S., 285 Farbfotos, mit Bastelvorlagebogen, Pappband. ●●●

Basteln für Weihnachten
(**5162**-X) Von Chr. Adjano, 32 S., 44 Farbfotos, mit Vorlagebogen in Originalgröße, kart. ●

Fensterdekorationen für die Weihnachtszeit
(**5181**-6) Von Y. Thalheim, H. Nadolny, 32 S., 33 Farbfotos, mit Vorlagebogen in Originalgröße, kartoniert. ●

Adventskalender
(**5178**-6) Von Y. Thalheim, H. Nadolny, 32 S., 35 Farbfotos, mit Vorlagebogen in Originalgröße, kartoniert. ●

Weihnachtsbasteleien
Advents- und Weihnachtsschmuck für groß und klein
(**0667**-5) Von M. Kühnle und S. Beck, 32 S., 56 Farbfotos, 6 Zeichnungen, Pappband. ●

Feuerzeichen behaglicher Wohnkultur
Kachelöfen, Kamine und Kaminöfen
(**4288**-4) Hrsg. von C. Berninghaus. Von R. Heinen, G. Kosicek, H.P. Sabborrosch, 168 S., 291 Farbfotos, 2 s/w-Fotos, 8 Zeichnungen, Pappband. ●●●●

Falken Handbuch
Heimwerken
Reparieren und Selbermachen im Haus und Wohnung – über 1100 Farbfotos. Praktische Tips vom Profi: Selbermachen, Reparieren, Renovieren, Kostensparen. (**4117**-9) Von Th. Pochert, 440 S., 1103 Farbfotos, 100 ein- und zweifarbige Abb., Pappband. ●●●●

Restaurieren von Möbeln
Stilkunde, Materialien, Techniken, Arbeitsanleitungen in Bildfolgen.
(**4120**-9) Von E. Schnaus-Lorey, 152 S., 37 Farbfotos, 75 s/w-Fotos, 352 Zeichnungen, Pappband. ●●●●

Möbel aufarbeiten, reparieren und pflegen
(**0386**-2) Von E. Schnaus-Lorey, 96 S., 28 Fotos, 101 Zeichnungen, kart. ●

FALKEN-Heimwerker-Praxis
Kleinmöbel aus Holz
(**0905**-4) Von O. Maier, 128 S., 210 Farbfotos, 80 Zeichnungen, kart. ●●

FALKEN-Heimwerker-Praxis
Anstreichen und Lackieren
(**0771**-X) Von P. Müller, 120 S., 196 Farbfotos, 2 s/w-Fotos, 3 Zeichnungen, kart. ●●

FALKEN-Heimwerker-Praxis
Elektroarbeiten
(**0975**-5) Von K.H. Schubert, 120 S., 193 Farbfotos, 40 Zeichnungen, kart. ●●

Falken-Heimwerker-Praxis
Mofa- und Moped-Reparaturen
(**1008**-7) Von T. Kohlmey, 128 S., 280 Farbabbildg. und Zeichng., kartoniert. ●●

FALKEN-Heimwerker-Praxis
Fahrrad-Reparaturen
(**0796**-5) Von R. van der Plas, 112 S., 140 Farbfotos, 113 farbige Zeichnungen, kart. ●●

Ikebana
Einführung in die japanische Kunst des Blumensteckens. (**0548**-2) Von G. Vocke, 152 S., 47 Farbfotos, kart. ●●

Blütenbilder aus Blumen und Blättern
Phantasievolle Naturcollagen
(**0872**-4) Von G. Schamp, 32 S., 57 Farbfotos, 1 Zeichnung, Pappband. ●

Hobby Gewürzsträuße
und zauberhafte Gebinde nach Salzburger Art. (**0726**-4) Von A. Ott, 80 S., 101 Farbfotos, 51 farbige Zeichnungen, kart. ●●

Hobby Trockenblumen
Gewürzsträuße, Gestecke, Kränze, Buketts. (**0643**-8) Von R. Strobel-Schulze, 88 S., 170 Farbfotos, kart. ●●

Neue zauberhafte Trockenblumen-Ideen
(**0821**-X) Von R. Strobel-Schulze, 80 S., 163 Farbfotos, kart. ●●

Phantasievolles Schminken
Verzauberte Gesichter für Maskeraden, Laienspiele und Kinderfeste
(**0907**-0) Hrsg.: H. u. Y. Nadolny, 64 S., 227 Farbfotos, kartoniert. ●●

Schminken für Kinder
(**5177**-8) Von Y. Thalheim, H. Nadolny, 32 S., 68 Farbfotos, mit Vorlagebogen in Originalgröße, kartoniert. ●

Mit vollem Genuß **Pfeife rauchen**
Alles über Tabaksorten, Pfeifen und Zubehör
(**4227**-2) Von H. Behrens, H. Frickert, 168 S., 127 Farbfotos, 18 Zeichn., Pappband. ●●●●

Pfeiferauchen leicht gemacht
Die richtige Art, Tabak zu genießen
(**1026**-5) Von O. Pollner, 112 S., 125 Farbfotos, 5 zweifarbige-Abb., kart. ●●

Münzen
Ein Brevier für Sammler. (**0353**-6) Von E. Dehnke, 128 S., 4 Farbtafeln, 17 s/w-Abb., kart. ●●

Die Fazination der Philatelie
Briefmarken sammeln
(**4273**-6) Von D. Stein, 212 S., 124 s/w-Fotos, 24 Farbtafeln, Pappband. ●●●

Briefmarken sammeln
(**0481**-8) Von D. Stein. 120 S., 4 Farbtafeln, 98 s/w-Abb., kart. ●

Freizeit mit dem Mikroskop
(**0291**-2) Von M. Deckart, 132 S., 8 Farbtafeln, 64 s/w-Abb., 2 Zeichnungen, kart. ●●

Astronomie im Bild
Unser Sternenhimmel rund ums Jahr
(**0849**-X) Von Dr. E. Übelacker, 88 S., 48 Farbfotos, 1 s/w-Foto, 68 Farbzeichn., kart. ●●

Astronomie als Hobby
Sternbilder und Planeten erkennen und benennen. (**0572**-5) Von D. Block, 176 S., 16 Farbtafeln, 49 s/w-Fotos, 93 Zeichnungen, kart. ●●

Moderne Fotopraxis
(**4401**-1) Von G. Koshofer, Prof. H. Wedewardt, 224 S., 363 Farbfotos, 106 s/w-Fotos, 5 Farb- und 24 s/w-Zeichnungen, Pappband. ●●●

Mach dir ein Bild
Praxistips für Foto, Film und Video
(**4410**-0) Von G. Staab, 208 S., 202 Farbfotos, 175 s/w-Fotos, 1 Zeichnung, Pappband. ●●●

So macht man bessere Fotos
Das meistverkaufte Fotobuch der Welt
(**0614**-4) Von M. L. Taylor, 192 S., 457 Farbfotos, 8 s/w-Fotos, 7 Zeichnungen, kart. ●●

Aktfotografie
Interpretationen zu einem unerschöpflichen Thema. Gestaltung · Technik · Spezialeffekte. (**0737**-X) Von H. Wedewardt, 88 S., 144 Farb- und 6 s/w-Fotos, 6 Zeichnungen, kart. ●●

Videografieren
Filmen mit Video 8. Technik – Bildgestaltung – Schnitt – Vertonung. (**0843**-0) Von M. Wild, K. Möller, 120 S., 101 Farbfotos, 22 s/w-Fotos, 52 Zeichnungen, kart. ●●

Videografieren perfekt
Profitricks für Aufnahmetechnik und Nachbearbeitung
(**0969**-0) Von W. Schild, 120 S., 144 Farbabb., 5 s/w-Zeichnungen, kart. ●●●

Schmalfilmen
Ausrüstung · Aufnahmepraxis · Schnitt · Ton. (**0342**-0) Von U. Ney, 108 S., 4 Farbtafeln, 25 s/w-Fotos, kart. ●

Anlagenbau in Modultechnik
für Modelleisenbahnen und Dioramen. (**0845**-7) Von J. Thal, 104 S., 68 Farbfotos, 28 Zeichnungen, kart. ●●●

Kleine Welt auf Rädern
Das faszinierende Spiel mit **Modelleisenbahnen** (**4175**-6) Von F. Eisen, 256 S., 72 Farb- und 180 s/w-Fotos, 25 Zeichnungen, Pappband. ●●●

Elektronik als Hobby
Von der Grundlagenschaltung zum integrierten Schaltkreis
Mit 8 wichtigen Universalplatinen
(**4293**-0) Von W. Priesterath, 264 S., 80 s/w-Fotos, 128 Zeichn., Pappband. ●●●

Die Super-Sportwagen der Welt
(**4423**-2) Von H.G. Isenberg, 194 S., 184 Farbfotos, 4 farbige Ausklapptafeln, 32 s/w-Fotos, Pappband. ●●●●

Die Super Oldtimer der Welt
(**4465**-8) Von H. G. Isenberg, 194 S., 161 Farb- und 36 s/w-Fotos, 4 Ausklapptafeln, Pappband. ●●●●

Die Super-Trucks der Welt
(**4257**-4) Von H. G. Isenberg, 194 S., 205 Farbfotos, 87 s/w-Fotos, 7 Farbzeichnungen, 4 farb. Ausklapptafeln, Pappband. ●●●●

Die Super-Motorräder der Welt
(**4193**-4) Von H. G. Isenberg, 192 S., 170 Farb- und 100 s/w-Fotos, 8 Zeichnungen, Pappband. ●●●●

Die Super-Eisenbahnen der Welt
(**4287**-6) Von W. Kosak, H. G. Isenberg, 224 S., 269 Farbfotos, 79 s/w-Fotos, 8 Vignetten, 5 farb. Ausklapptafeln, Pappband. ●●●●

Sport und Fitneß

Neue Lehrmethoden der Judo-Praxis
(**0424**-9) Von P. Herrmann, 223 S., 475 Abb., kart. ●●

Judo
Grundlagen - Methodik. (**0305**-6) Von M. Ohgo, 208 S., 1025 Fotos, kart. ●●

Fußwürfe
für Judo, Karate und Selbstverteidigung. (**0439**-7) Von H. Nishioka, übers. von H.J. Heese, 96 S., 260 Abb., kart. ●●

Modernes Karate
Das große Standardwerk mit 2279 Abbildungen. (**4280**-9) Von T. Okazaki, Dr. med. M. V. Stricevic, übers. von M. Pabst, 376 S., 2279 s/w-Abb., Pappband. ●●●●●

Nakayamas Karate perfekt 1
Einführung. (**0487**-7) Von M. Nakayama, 136 S., 605 s/w-Fotos, kart. ●●

Nakayamas Karate perfekt 2
Grundtechniken. (**0512**-1) Von M. Nakayama, 136 S., 354 s/w-Fotos, 53 Zeichn., kart. ●●

Nakayamas Karate perfekt 3
Kumite 1: Kampfübungen. (**0538**-5) Von M. Nakayama, 128 S., 424 s/w-Fotos, kart. ●●

Nakayamas Karate perfekt 4
Kumite 2: Kampfübungen. (**0547**-4) Von M. Nakayama, 128 S., 394 s/w-Fotos, kart. ●●

Nakayamas Karate perfekt 5
Kata 1: Heian, Tekki. (**0571**-7) Von M. Nakayama, 144 S., 1229 s/w-Fotos, kart. ●●

Nakayamas Karate perfekt 6
Kata 2: Bassai-Dai, Kanku-Dai, (**0600**-4) Von M. Nakayama, 144 S., 1300 s/w-Fotos, 107 Zeichnungen, kart. ●●

Nakayamas Karate perfekt 7
Kata 3: Jitte, Hangetsu, Empi. (**0618**-7) Von M. Nakayama, 144 S., 1988 s/w-Fotos, 105 Zeichnungen, kart. ●●

Nakayamas Karate perfekt 8
Gankaku, Jion. (**0650**-0) Von M. Nakayama, 144 S., 1174 s/w-Fotos, 99 Zeichnungen, kart. ●●

Karate für alle
Karate-Selbstverteidigung in Bildern. (**0314**-5) Von A. Pflüger, 104 S., 323 s/w-Fotos, kart. ●●

Fit mit **Karate**
(**2308**-1) Von A. Pflüger, 96 S., 134 Farbfotos, 4 s/w-Zeichnungen, kart. ●●

25 Shotokan-Katas
Auf einen Blick: Karate-Katas für Prüfungen und Wettkämpfe. (**0859**-7) Von A. Pflüger, 88 S., 185 s/w-Abb., 24 ganzseitige Tafeln mit über 1.600 Einzelschritten, kart. ●●

Kontakt-Karate
Ausrüstung · Technik · Training. (**0396**-X) Von A. Pflüger, 112 S., 238 s/w-Fotos, kart. ●●

Bo-Karate
Habo-Jitsu – die Techniken des Stockkampfes. (**0447**-8) Von G. Stiebler, 176 S., 424 s/w-Fotos, 38 Zeichnungen, kart. ●●

Karate 1
Einführung · Grundtechniken. (**0227**-0) Von A. Pflüger, 144 S., 195 s/w-Fotos, 120 Zeichnungen, kart. ●

Karate 2
Kombinationstechniken · Katas. (**0239**-4) Von A. Pflüger, 176 S., 452 s/w-Fotos und Zeichnungen,kart. ●

Karate Kata 1
Heian 1–5, Tekki 1, Bassai Dai. (**0683**-7) Von W.-D. Wichmann, 164 S., 703 s/w-Fotos, kart. ●●

Karate Kata 2
Jion, Empi, Kanku-Dai, Hangetsu. (**0723**-X) Von W.-D. Wichmann, 140 S., 661 s/w-Fotos, 4 Zeichnungen, kart. ●●

Der König des Kung-Fu
Bruce Lee
Sein Leben und Kampf. (**0392**-7) Von L. Lee, 136 S., 104 s/w-Fotos, kart. ●●

Bruce Lees Kampfstil 1
Grundtechniken. (**0473**-7) Von B. Lee, M. Uyehara, 109 S., 220 Abb., kart. ●

Bruce Lees Kampfstil 2
Selbstverteidigungs-Techniken. (**0486**-9) Von B. Lee, M. Uyehara, 128 S., 310 Abb., kart. ●

Bruce Lees Kampfstil 3
Trainingslehre. (**0503**-2) Von B. Lee, M. Uyehara, 112 S., 246 Abb., kart. ●

Bruce Lees Kampfstil 4
Kampftechniken (**0523**-7) Von B. Lee, M. Uyehara, 104 S., 211 Abb., kart. ●

Kung-Fu 1
Legende · Philosophie · Grundtechniken (**0891**-0) Von Chr. Yim, 152 S., 401 s/w-Fotos, 2 s/w-Zeichnungen, kart. ●●

Kung-Fu und Tai-Chi
Grundlagen und Bewegungsabläufe. (**0367**-6) Von B. Tegner, 182 S., 370 s/w-Fotos, kart. ●●

Kung-Fu
Grundlagen · Bewegungsabläufe · Körperschule. (**0376**-5) Von M. Pabst, 160 S., 330 Abb., kart. ●●

Bruce Lees Jeet Kune Do
(**0440**-0) Von B. Lee, 192 S., mit 105 eigenhändigen Zeichnungen von B. Lee, kart. ●●

Shaolin-Kempo – Kung-Fu
Chinesisches Karate im Drachenstil. (**0395**-1) Von R. Czerni, K. Konrad, 246 S., 723 Abb., kart. ●●

Kickboxen
Fitneßtraining und Wettkampfsport. (**0795**-7) Von G. Lemmens, 96 S., 208 s/w-Fotos, 23 Zeichnungen, kart. ●●

Ninja 1
Die Lehre der Schattenkämpfer. (**0758**-2) Von S.K. Hayes, übers. von J. Schmit, 144 S., 137 s/w-Fotos, kart. ●●

Ninja 2
Die Wege zum Shoshin (**0763**-9) Von S.K. Hayes, übers. von J. Schmit, 160 S., 309 s/w-Fotos, 2 Zeichnungen, kart. ●●

Ninja 3
Der Pfad des Togakure-Kämpfers. (**0764**-7) Von S.K. Hayes, übers. von J. Schmit, 144 S., 197 s/w-Fotos, 2 Zeichnungen, kart. ●●

Ninja 4
Das Vermächtnis der Schattenkämpfer (**0807**-4) Von S.K. Hayes, übers. von J. Schmit, 196 S., 466 s/w-Fotos, kart. ●●

Taekwondo perfekt 1
Die Formenschule bis zum Blaugurt (**0890**-2) Von K. Gil, Kim Chul-Hwan, 176 S., 439 s/w-Fotos, 107 Zeichnungen, kart. ●●

Taekwondo perfekt 2
Die Formenschule vom Blau- bis zum Schwarzgurt (**0976**-3) Von K. Gil, K. Chul-Hwan, 192 S., 461 s/w-Fotos, 112 Zeichnungen, kart. ●●

Taekwondo perfekt 3
(**1068**-0) Von K. Gil, K. Chul-Hwan, 200 S., 429 s/w-Fotos, kartoniert. ●●

Illustriertes Handbuch des Taekwondo
Koreanische Kampfkunst und Selbstverteidigung. (**4053**-9) Von K. Gil, 248 S., 1026 Abb., Pappband. ●●●

Taekwon-Do
Koreanischer Kampfsport. (**0347**-1) Von K. Gil, 152 S., 408 Abb., kart. ●●

Ju-Jutsu als Wettkampf
(**0826**-0) Von G. Kulot, 168 S., 418 s/w-Fotos, 2 Zeichnungen, kart. ●●

Ju-Jutsu 1
Grundtechniken - Moderne Selbstverteidigung. (**0276**-9) Von W. Heim, F.J. Gresch, 164 S., 450 s/w-Fotos, 8 Zeichn., kart. ●

Ju-Jutsu 2
für Fortgeschrittene und Meister. (**0378**-1) Von W. Heim, F. J. Gresch, 160 S., 798 s/w-Fotos, kart. ●●

Ju-Jutsu 3
Spezial-, Gegen- und Weiterführungs-Techniken · Stockkampfkunst. (**0485**-0) Von W. Heim, F.J. Gresch, 200 S., über 600 s/w-Fotos, kart. ●●

Aikido
Lehren und Techniken des harmonischen Weges. (**0537**-7) Von R. Brand, 280 S., 697 Abb., kart. ●●

Hap Ki Do
Koreanische Selbstverteidigung nach dem Lehrsystem des Großmeisters. (**0379**-X) Von Kim Sou Bong, 112 S., 152 Abb., kart. ●●

Dynamische Tritte
Grundlagen für den Zweikampf. (**0438**-9) Von C. Lee, 96 S., 398 s/w-Fotos, 10 Zeichnungen, kart. ●●

Selbstverteidigung
Abwehrtechniken für Sie und Ihn (**0853**-8) Von E. Deser, 96 S., 259 s/w-Fotos, kart. ●

Die Faszination athletischer Körper
Bodybuilding
mit Weltmeister Ralf Möller. (**4281**-7) Von R. Möller, 128 S., 169 Farbfotos, 14 s/w-Fotos, 1 Farbzeichn., Pappband. ●●●●

Bodyshaping · Bodybuilding
Mit Anja Albrecht zur Idealfigur. (**4405**-4) Von A. Albrecht, 128 S., 164 Farbfotos, 4 s/w-Fotos, 1 Farb- und 1 s/w-Zeichnung, Pappband. ●●●●

Ladyfitneß
Das neue Körperbewußtsein der Frau Bodyshaping · Körperpflege · Ernährung · Entspannung
(**4433**-X) Von Prof. Dr. S. Starischka, B. Grabis, D. von Gramm, G.W. Kienitz, ca. 128 S., ca. 113 Farbfotos, Pappband. ●●●

Bodybuilding für Frauen
Wege zu Ihrer Idealfigur (**0661**-6) Von H. Schulz, 112 S., 84 s/w-Fotos, 4 Zeichnungen, kart. ●

Fit mit **Bodybuilding**
(**2314**-6) Von L. Spitz, 112 S., 203 Farbabbildungen, 10 Tabellen. ●●

Bodybuilding Anleitung zum Muskel- und Konditionstraining für sie und ihn. (**0604**-7) Von R. Smolana, 160 S., 171 s/w-Fotos, kart. ●

Hanteltraining zu Hause
(**0800**-7) Von W. Kieser, 80 S., 71 s/w-Fotos, 4 Zeichnungen, kart. ●

Leistungsfähiger durch Krafttraining
Eine Anleitung für Fitness-Sportler, Trainer und Athleten (**0617**-9) Von W. Kieser, 96 S., 20 s/w-Fotos, 62 Zeichnungen, kart. ●

Fit und gesund
Fitneßtraining und Bodybuilding zu Hause. Trainingsprogramme für Ihr Wohlbefinden. (**0782**-5) Von Prof. Dr. S. Starischka, 80 S., 100 Farbfotos, 3 Zeichnungen, kart. ●●

Optimale Ernährung
für Krafttraining und Budybuilding. (**0912**-7) Von B. Dahmen, 88 S., 8 Farbtafeln, 8 Zeichnungen, kart. ●

Fit mit **Bio-Training**
für Kraft, Ausdauer und Schnelligkeit (**2310**-3) Von L. Spitz, 112 S., 197 Farbfotos, 11 Farb- und 4 s/w-Zeichnungen, kart. ●●

Top-Form im Sport
Ernährungs-Training
Das Erfolgsprogramm für den Ausdauersportler. (**0945**-3) Von M. Inzinger, Dipl.-Oec. troph. G. Wagner, 160 S., 31 Farbzeichnungen, 16 Grafiken, kart. ●●

Gesund und fit durch **Konditionstraining und Wirbelsäulengymnastik**
(**0844**-9) Von R. Milser u. K. Grafe, 104 S., 99 Farbfotos, 12 Farbzeichnungen, 5 s/w-Zeichnungen, kart. ●●

Fit mit **Tai Chi**
als sanfte Körpererfahrung (**2305**-7) Von B. u. K. Moegling, 112 S., 121 Farbfotos, 6 Farb- u. 4 s/w-Zeichnungen, kart. ●●

Isometrisches Training
Übungen für Muskelkraft und Entspannung. (**0529**-6) Von L. M. Kirsch, 140 S., 162 s/w-Fotos, kart. ●●

Stretching
Mit Dehnungsgymnastik zu Entspannung. Geschmeidigkeit und Wohlbefinden. (**0717**-5) Von H. Schulz, 80 S., 90 s/w-Fotos, kart. ●

Fit mit **Stretching**
(**2304**-9) Von B. Kurz, 96 S., 255 Farbfotos, kart. ●●

Gesund und fit durch Gymnastik
(**0366**-8) Von H. Pilss-Samek, 88 S., 130 Abb., kart. ●

Fit und frisch
Gymnastik für die ganze Familie (**6501**-9) Von G. Sieber, 104 S., 306 Farbfotos, 5 Farbzeichnungen, kart., mit Audiokassette, Laufzeit 30 Min., ●●●

Fit mit Frank Elstner
Das neue Aktiv-Programm (**4430**-5) Hrsg. von Frank Elstner, fachl. Mitarbeiter Prof. Dr. S. Starischka u. a., 184 S., 215 Farbfotos, 72 Zeichnungen, 8 farbige Grafiken. ●●●●

Fit mit **Laufen**
(**2315**-4) Von W. Sonntag, 96 S., 60 Farbfotos, 8 Farbzeichnungen, kart. ●●

Spaß am Laufen
Jogging für die Gesundheit. (**0470**-2) Von W. Sonntag. 140 S., 41 s/w-Fotos, 1 Zeichnung, kart. ●

Fit mit **Sportschießen**
(**2312**-X) Von H. Gabelmann, ca. 112 S., ca. 100 Farbabbildungen, kart. ●●

Fechten
Florett · Degen · Säbel. (**0449**-4) Von E. Beck, 88 S., 185 Fotos, 10 Zeichnungen, kart. ●●

Fit mit **Sportabzeichen**
(**2307**-3) Von G. Hennige, 104 S., 107 Farbfotos, kart. ●●

Volleyball
Technik · Taktik · Regeln. (**0351**-X) Von H. Huhle, 104 S., 330 Abb., kart. ●

Fit mit **Volleyball**
(**2302**-2) Von Dr. A. Scherer, 104 S., 27 Farb- und 1 s/w-Foto, 12 Farb- und 29 s/w-Zeichnungen, kart. ●●

Fit mit **Fußball**
(**2309**-X) Von H. Obermann, P. Walz, 112 S., 47 Farbfotos, 18 Farb- und 25 s/w-Zeichnungen, kart. ●●

Handball
Technik · Taktik · Regeln. (**0426**-5) Von F. und P. Hattig, 128 S., 91 s/w-Fotos, 121 Zeichnungen, kart. ●●

Die neue Tennis-Praxis
Der individuelle Weg zu erfolgreichem Spiel. (**4097**-0) Von R. Schönborn, 240 S., 202 Farbzeichnungen, 31 s/w-Abb., Pappband. ●●●●

Tennis
Technik · Taktik · Regeln. (**0375**-7) Von W. u. S. Taferner, 112 S., 81 Abb., kart. ●

Tischtennis-Technik
Der individuelle Weg zu erfolgreichem Spiel. (**0775**-2) Von M. Perger, 144 S., 296 Abb. kart. ●●

Badminton
Technik · Taktik · Training. (**0699**-3) Von K. Fuchs, L. Sologub, 168 S., 51 Abb., kart., ●●

Squash
Ausrüstung · Technik · Regeln. (**0539**-3) Von D. von Horn, H.-D. Stünitz, 96 S., 55 s/w-Fotos, 25 Zeichnungen, kart. ●

Fit mit **Squash**
(**2311**-1) Von P. Langhammer, R. Michna, 96 S., 86 Farbfotos, 13 Farbzeichnungen, kart. ●●

Eishockey
Lauf- und Stocktechnik, Körperspiel, Taktik, Ausrüstung und Regeln. (**0414**-1) Von J. Čapla, 264 S., 548 s/w-Fotos, 163 Zeichnungen, kart. ●●

Golf
Ausrüstung und Technik. (**0343**-9) Von J.C. Jessop, übersetzt von H. Biemer, mit einem Vorwort von H. Krings, Präsident des Deutschen Golf-Verbandes, 96 S., 57 Abb., Anhang Golfregeln des DGV, kart. ●●

Pool-Billard
(**0484**-2) Herausgegeben vom Deutschen Pool-Billard-Bund. Von M. Bach, K.-W. Kühn, 104 S., 64 Abb., kart. ●

Tanzstunde
Das Welttanzprogramm leicht gelernt (**4409**-2) Von G. Hädrich, 164 S., 489 s/w-Fotos, 63 Zeichnungen, Pappband. ●●●

Wir lernen tanzen
Standard- und lateinamerikanische Tänze (**0200**-9) Von E. Fern, 152 S., 119 s/w-Fotos, 47 Zeichnungen, kart. ●

Fit mit **Tanzen**
(**2303**-0) Von K. Richter, H. Kleinow, 96 S., 102 Farbfotos, kart. ●●

Dancing
Moderne Discotänze: mit Mambo und Salsa (**0977**-1) Von B. und F. Weber, 96 S., 207 s/w-Fotos, kart. ●●

Jive
(**5174**-3) Von Peter Wolff, 32 S., 66 Farbfotos, 7 Zeichng., mit Tanzteppich, kartoniert. ●

Cha-Cha-Cha
(**5177**-9) Von Peter Wolff, 32 S., 51 Farbfotos, 10 Zeichnungen, mit Tanzteppich, kartoniert. ●

Foxtrott
(**5172**-7) Von Peter Wolff, 32 S., 55 Farbfotos, 10 Zeichnungen, mit Tanzteppich, kartoniert. ●

Langsamer Walzer
(**5173**-5) Von Wolff, 32 S., 50 Farbfotos, 10 Zeichnungen, mit Tanzteppich, kartoniert. ●

Dirty Dancing
Step by Step leicht gelernt (**0992**-5) Von D. Glück, G. Teusen, 80 S., 140 Farbfotos, kart. ●●

Anmutig und fit durch **Bauchtanz**
(**0911**-9) Von Marta, 120 S., 229 Farbfotos, 6 s/w-Zeichnungen, kart. ●●

Sporttauchen
Theorie und Praxis des Gerätetauchens (**0647**-0) Von S. Müßig, 144 S., 8 Farbtafeln, 35 s/w-Fotos, 89 Zeichnungen, kart. ●●

Angelfischerei von Aal bis Zander
Fische · Geräte · Technik. (**0324**-2) Von H. Oppel, 72 S., 16 Farbt., 49 s/w-Abb., kart. ●●

Angeln
Kleine Fibel für den Sportfischer. (**0198**-3) Von E. Bondick, 80 S., 4 Farbt., 116 Abb., kart. ●

Falken-Handbuch **Angeln**
in Binnengewässern und im Meer. (**4090**-3) Von H. Oppel, 344 S., 24 Farbtafeln, 66 s/w-Fotos, 151 Zeichn., gebunden. ●●●●

Funboard-Surfen
Material · Technik · Regatten · Internationale Reviere. (**4297**-3) Von J. Evans, 144 S., 106 Farbfotos, 9 Farbzeichnungen, 68 zweifarbige und 5 s/w-Zeichnungen, kart. ●●●

Fit mit **Surfen**
(**2317**-3) Von H. Mönster, K.-H. Eden, B. Bohr, 104 S., 110 Farbfotos, 23 s/w-Zeichnungen, kartoniert. ●●

TELESKI
Skigymnastik perfekt (**1037**-0) Von M. Vorderwülbecke, G. Kern, 120 S., 220 Farbfotos, 16 farbige Grafiken, 19 Farbzeichnungen, kartoniert. ●●

Fibel für Kegelfreunde
Sport- und Freizeitkegeln · Bowling (**0191**-6) Von G. Bocsai, 72 S., 62 Abb., kart. ●

Fit mit **Kegeln**
(**2301**-4) Von G. Gromann, 96 S., 51 Farbfotos, 50 Farb- und 4 s/w-Zeichnungen, kart. ●●

Beliebte und neue Kegelspiele
(**0271**-8) Von H. Regulski, 92 S., 62 Abb., kart. ●

111 spannende Kegelspiele
(**2031**-7) Von H. Regulski, 80 S., 53 Zeichnungen, kart. ●

Schach

Einführung in das Schachspiel
(**0104**-5) Von W. Wollenschläger und K. Colditz, 112 S., 116 Diagramme, kart. ●

Falken-Handbuch
Schach
(**4051**-2) Von T. Schuster, 360 S., über 340 Diagramme, gebunden. ●●●●

Spielend Schach lernen
(**2002**-3) Von T. Schuster, 96 S., kart. ●

Kinder- und Jugendschach
Offizielles Lehrbuch des Deutschen Schachbundes zur Erringung der Bauern-, Turm- und Königsdiplome. (**0561**-X) Von B.J. Withuis, H. Pfleger, 144 S., 220 Zeichnungen und Diagramme, kart. ●●

Zug um Zug
Schach für jedermann 1
Offizielles Lehrbuch des Deutschen Schachbundes zur Erringung des Bauerndiploms. (**0648**-9) Von H. Pfleger, E. Kurz, 80 S., 24 s/w- Fotos, 8 Zeichn., 60 Diagramme, kart. ●

FALKEN-Software
Zug um Zug
Schach für jedermann 1
(**7015**-2) Wendediskette für C 64/C 128 PC, mit Begleitheft. ●●●*
(**7005**-1) Wendediskette für Atari ST 520/1040 mit Begleitheft. ●●●●●*

Zug um Zug
Schach für jedermann 2
Offizielles Lehrbuch des Deutschen Schachbundes zur Erringung des Turmdiploms. (**0659**-4) Von H. Pfleger, E. Kurz, 128 S., 7 s/w-Fotos, 13 Zeichnungen, 78 Diagramme, kart. ●

Zug um Zug
Schach für jedermann 3
Offizielles Lehrbuch des Deutschen Schachbundes zur Erringung des Königdiploms. (**0728**-0) Von H. Pfleger, G. Treppner, 128 S., 4 s/w-Fotos, 84 Diagramme, 10 Zeichnungen, kart. ●

Schach für Fortgeschrittene
Taktik und Probleme des Schachspiels
(**0219**-X) Von R. Teschner, 88 S., 85 Diagramme, kart. ●

Neue Schacheröffnungen
(**0478**-8) Von T. Schuster 104 S., 100 Diagramme, kart. ●

Lehr-, Übungs- und Testbuch der Schachkombinationen
(**0649**-7) Von K. Colditz, 184 S., 227 Diagramme, kart. ●●

Erfolgreiche Schachlehre
Eröffnungs- und Mittelspielstrategie
(**0991**-7) Von D. Bronstein, 254 S., 201 Diagramme, Pappband. ●

Faszinierendes Schach
(**0989**-5) Von I. Linder, 285 S., 295 Diagramme, Pappband. ●●

Die hohe Schule der
Schachkombinationen
(**0920**-8) Von W. Golz, P. Keres, 272 S., 322 Diagramme, Pappband. ●●

Schwerfiguren greifen ein
(**0979**-8) Von J. Damski, 184 S., 244 Diagramme, Pappband. ●●

Sizilianisch siegen
durch die Kunst der Verteidigung
(**0990**-2) Von M. Taimanow, 160 S., 124 Diagramme, Pappband. ●●

Schnelle Schachsiege
Das meisterliche Gambitspiel
(**1038**-9) Von S. Samarian, 28 S., 125 Diagramme, kartoniert. ●●

Offizielles Lehrbuch des Deutschen Schachbundes
Das systematische Schachtraining
Trainingsmethoden, Strategien und Kombinationen. (**0857**-0) Von Sergiu Samarian, 152 S., 159 Diagramme, 1 Zeichn., kart. ●●

Taktische Schachendspiele
(**0752**-3) Von J. Nunn, 208 S., 152 Diagramme, kart. ●●

Schachstrategie
Ein Intensivkurs mit Übungen und ausführlichen Lösungen. (**0584**-9) Von A. Koblenz, dt. Bearb. von K. Colditz, 212 S., 240 Diagramme, kart. ●●

Schachtraining mit den Großmeistern
(**0670**-5) Von H. Bouwmeester, 128 S., 90 Diagramme, kart. ●●

Die besten Partien deutscher Schachgroßmeister
(**4121**-7) Von H. Pfleger, 192 S., 29 s/w-Fotos, 89 Diagramme, Pappband. ●●●

So denkt ein Schachmeister
Strategische und taktische Analysen.
(**0915**-1) Von H. Pfleger, G. Treppner, 120 S., 75 Diagramme, kart. ●●

Schach als Kampf
Meine Spiele und mein Weg. (**0729**-9) Von G. Kasparow, 144 S., 95 Diagramme, 9 s/w-Fotos, kart. ●●

Kasparows Schacheröffnungen
(**1021**-4) Von O. Borik, 136 S., 16 s/w-Fotos, kartoniert. ●●

Helmut Pflegers
Schachkabinett
Amüsante Aufgaben – überraschende Lösungen. (**0877**-5) Von H. Pfleger, 160 S., 118 Diagramme, kart. ●●

Schach mit dem Computer
(**0747**-7) Von D. Frickenschmidt, 140 S., 112 Diagramme, 29 s/w-Fotos, 5 Zeichnungen, kart. ●●

FALKEN-Software
Das komplette Schachprogramm
Spielen, Trainieren, Problemlösen mit dem Computer. (**7006**-3) Von J. Egger, Diskette für C 64, C 128 PC, mit Begleitheft.
●●●●●*

Mensch und Gesundheit

Total verknallt ... und keine Ahnung?
Alles über Liebe, Sex und Zärtlichkeit
(**1024**-9) Von H. Bruckner, R. Rathgeber, 104 S., 38 Abbildungen, kartoniert. ●●

Sinnliche Liebe
Sex und Partnerschaft
(**4436**-4) Von Dr. A. Stanway, 160 S., 60 vierfarbige Illustrationen, Pappband. ●●●●

Streicheleinheiten für Körper und Seele
Partner Massage
(**4444**-5) Von Chr. Unseld-Baumanns, 136 S., 145 Farbfotos, Pappband. ●●●●

Der moderne Ratgeber
Wir werden Eltern
Schwangerschaft · Geburt · Erziehung des Kleinkindes. (**4269**-8) Von B. Nees-Delaval, 376 S., 335 2-farbige Abb., Pappband.
●●●●

Wenn Sie ein Kind bekommen
(**4003**-2) Von U. Klamroth, Dr. med. H. Oster, 240 S., 86 s/w-Fotos, 30 Zeichn., kart. ●●●

Wenn der Mensch zum Vater wird
Ein heiter-besinnlicher Ratgeber
(**4259**-0) Von D. Zimmer, 160 S., 20 Zeichnungen, Pappband. ●●

Vorbereitung auf die Geburt und
Schwangerschaftsgymnastik
Atmung, Rückbildungsgymnastik.
(**0251**-3) Von s. Buchholz, 112, S., 98 s/w-Fotos, kart. ●

Yoga für Schwangere
Der Weg zur sanften Geburt
(**0777**-9) Von V. Bolesta-Hahn, 112 S., 76 zweifarbige Abb., kart. ●●

Die Kunst des Stillens
nach neuesten Erkenntnissen (**0701**-9) Von Prof. Dr. med. E. Schmidt, S. Brunn, 112 S., 20 Fotos und Zeichnungen, kart. ●

Das Babybuch
Pflege · Ernährung · Entwicklung
(**0531**-8) Von A. Burkert, 96 S., 76 zweifrg. Zeichn., 22 s/w-Zeichn., kart. ●●

Babyfitness
Massage, Spiele, Gymnastik und Schwimmen für Kinder im 1. Lebensjahr
(**1034**-6) Von G. Zeiß, 112 S., 179 zweifarbige Illustrationen, kartoniert. ●●

Wenn Kinder krank werden
Medizinischer Ratgeber für Eltern
(**4240**-X) Von Dr. med. I.J. Chasnoff, B. Nees-Delaval, 232 S., 163 Zeichn., Pbd.. ●●●

FALKEN-Software
Ego-Tests
Sich und andere besser erkennen und verstehen. (**7012**-8) Diskette für IBM PC kompatible (MS DOS) mit Begleitheft.
●●●●●*

Bildatlas des menschlichen Körpers
(**4177**-2) Von G. Pogliani, V. Vannini, 112 S., 402 Farbabb. 28 s/w-Fotos, Pappband. ●●●

Das moderne Hausbuch der Naturheilkunde
Neueste Erkenntnisse der Ganzheitsmedizin von Akupressur bis Zelltherapie
(**4403**-8) Von G. Leibold, 448 S., 263 Farbzeichn., 15 s/w-Fotos, Pappband. ●●●●●

Pillenpreise unverblümt
Rezeptfreie Medikamente:
Medizinische Grundlagen · Wirkungen · Risiken · Preisübersicht
(**4426**-7) Von Dr. rer.nat. K. Mayer, 248 S., franz. Broschur. ●●●

Ratgeber Aids
Entstehung, Ansteckung, Krankheitsbilder, Heilungschancen, Schutzmaßnahmen
(**0803**-1) Von B. Baartman, Vorwort von Dr. med. H. Jäger, 112 S., 8 Farbtafeln, 4 Grafiken, kart. ●●

Nahrungsmittelallergien
So ernähren Sie sich richtig!
(**0913**-5) Von Priv-Doz.Dr.med.Dr.med.habil. J. von Mayenburg, Prof. Dr. med. Dr. phil. S. Borelli, E. Polster, 136 S., kart. ●●

Diabetes
Krankheitsbild, Therapie, Kontrollen, Schwangerschaft, Sport, Urlaub, Alltagsprobleme, Neueste Erkenntnisse der Diabetesforschung. (**0895**-3) Von Dr. med. H.J. Krönke, 120 S., 4 Farbtafeln, 14 s/w-Fotos, 13 s/w-Zeichnungen, kart. ●

Rheuma und Gicht
Krankheitsbilder, Behandlung, Therapieverfahren, Selbstbehandlung. Richtige Lebensführung und Ernährung. (**0712**-4) Von Dr. J. Höder, J. Bandick, 104 S., kart. ●

Asthma
Pseudokrupp, Bronchitis und Lungenemphysem. (**0778**-7) Von Prof. Dr. med. W. Schmidt, 120 S., 56 Zeichnungen, kart. ●

Krampfadern
Ursachen, Vorbeugung, Selbstbehandlung, Therapieverfahren. (**0727**-2) Von Dr. med. K. Steffens, 112 S., 38 Abb., kart. ●

Gallenleiden
Krankheitsbilder, Behandlung, Therapieverfahren, Selbstbehandlung. Richtige Lebensführung und Ernährung. (**0673**-X) Von Dr. med. K. Steffens, 104 S., 34 Zeichnungen, kart. ●

Arteriosklerose
Risikofaktoren/Vorbeugung/Therapie
Richtige Ernährung bei erhöhtem Cholesterinspiegel
(**1020**-6) Von Prof. Dr. med. G. Assmann, Dr. troph. U. Wahrburg, 192 S., 84 farb. Abb., 4 s/w-Zeichnungen, kartoniert.

Naturkosmetik
Die Grundlagen gesunder und natürlicher Hautpflege
(**1080**-X) Von N. E. Haas, 120 S., 63 Farbabb., kartoniert. ●●

Gesundheit durch altbewährte Kräuterrezepte und Hausmittel aus der
Natur-Apotheke
(**4156**-X) Von G. Leibold, 236 S., 8 Farbtafeln, 100 Zeichnungen, kart. ●●

Heiltees und Kräuter für die Gesundheit
(**4123**-3) Von G. Leibold, 136 S., 15 Farbtafeln, 16 Zeichnungen, kart. ●●

Fastenkuren
Wege zur gesunden Lebensführung. Rezepte und Tips für die Nachfastenzeit. Kurzfasten · Saftfastenkuren · Fastenschalttage · Heilfasten. (**4248**-5) Von Ha. A. Mehler, H. Keppler, 144 S., 16 s/w-Fotos, 9 Zeichn., Pbd. ●●●

Die sanfte Art des Heilens
Homöopathie
Praktische Anwendung und Arzneimittellehre
(**4418**-X) Von J. H. P. Kreuter, 216 S., 49 Zeichnungen, Pappband. ●●●

Massagetechniken und Heilanzeigen
Reflexzonentherapie
(**4404**-6) Von G. Leibold, 128 S., 53 Farbzeichungen, Pappband. ●●●

Wetterfühligkeit
Vorbeugen und behandeln
Der Einfluß von Wetter und Klima auf Körper und Psyche
(**0998**-4) Von Dipl.-Met. H. Trenkle, fachl. Beratung Prof. Dr. V. Faust, 120 S., 8 Farbtafeln, 31 zweifarbige Abbildungen und Tabellen, kartoniert. ●●

Heilatmen
Ein Weg zu Lebenskraft und innerer Harmonie
(**1047**-8) Von K. Schutt, 112 S., 57 zweifarbige Abb., kartoniert. ●●●

Bewährte Naturheilverfahren bei
Asthma und Bronchitis
(**1083**-4) Von G. Leibold, 112 S., kartoniert. ●

Kneippkuren zu Hause
(**0779**-5) Von G. Leibold, 112 S., 25 Zeichnungen, kartoniert. ●

Entspannung und Schmerzlinderung durch
Massage
(**0750**-7) Von B. Rumpler, K. Schutt, 112 S., 116 zweifarbige Zeichnungen, kart. ●

Besser sehen durch Augentraining
Ein Gesundheitsprogramm zur Verbesserung des Sehvermögens.
(**0914**-3) Von K. Schutt, B. Rumpler, 96 S., 32 s/w-Zeichnungen, kart. ●

Bewährte Naturheilverfahren bei
Herz-Kreislauf-Erkrankungen
(**1084**-2) Von Dr. med. O. Wolff, G. Leibold, 104 S., kartoniert. ●

Krebsangst und Krebs behandeln
Mit einem Vorwort von Prof. Dr. med. Friedrich Douwes. (**0839**-2) Von G. Leibold, 104 S., kart. ●

Bewährte Naturheilverfahren bei
Krebs
(**1082**-6) Hrsg. H.-R. Heiligtag, 88 S., kartoniert. ●

Hypnose und Autosuggestion
Methoden - Heilwirkungen - praktische Beispiele. (**0483**-4) Von G. Leibold, 120 S., 9 Illustrationen, kart. ●

Bewährte Naturheilverfahren bei
Migräne und Schlafstörungen
(**1081**-8) Von G. Leibold, Dr. med. H. Chr. Scheiner, 112 S. kartoniert. ●

Gesunder Schlaf
Schlafstörungen ohne Medikamente erfolgreich behandeln
(**1036**-2) Von D. H. Alke, 88 S., 22 s/w-Abb., mit Audiokassette, kartoniert. ●●●

Akupressur zur Eigenbehandlung
(**0417**-6) Von G. Leibold, 112 S., 78 Abb., kart. ●

Enzyme
Vitalstoffe für die Gesundheit
(**0677**-2) Von G. Leibold, 96 S., kart. ●

Fußsohlenmassage
Heilanzeigen · Technik · Selbsthilfe
(**0714**-0) Von G. Leibold, 96 S., 38 Zeichnungen, kart. ●

Rheuma behandeln und lindern
Mit einem Vorwort von Dr. med. Max-Otto-Bruker. (**0836**-8) Von G. Leibold, 96 S., kart. ●

Heilfasten
Entschlacken · Regenerieren · Abnehmen
(**0713**-2) Von G. Leibold, 96 S., kart. ●

Besser leben durch Fasten
(**0841**-4) Von G. Leibold, 96 S., kart. ●

Die echte Schroth-Kur
(**0797**-3) Von Dr. med. R. Schroth, 88 S., 2 s/w-Fotos, kart. ●

Allergien behandeln und lindern
Mit einem Vorwort von Prof. Dr. med. Axel Stemmann.
(**0840**-6) Von G. Leibold, 96 S., 4 Zeichnungen, kart. ●

Entspannung
(**0834**-) Von Dr. med. Chr. Schenk, 88 S., 29 Zeichnungen, kart. ●

Erfolg und Lebensfreude durch
Autogenes Training und Psychokybernetik
(**1035**-4) Von D. H. Alke, 80 S., 2 s/w-Zeichnungen, mit Audiokassette, kartoniert. ●●●

Autogenes-Training
Anwendung · Heilwirkungen · Methoden
(**0541**-5) Von R. Faller, 112 S., 3 Zeichn., kart. ●

Chinesische Naturheilverfahren
Selbstbehandlung mit bewährten Methoden der physikalischen Therapie. Atemtherapie · Heilgymnastik · Selbstmassage · Vorbeugen · Behandeln · Entspannen.
(**4247**-7) Von F.T. Lie, 160 S., 292 zweifarbige Zeichnungen, Pappband. ●●●

Chinesisches Schattenboxen
Tai-Ji-Quan
für geistige und körperliche Harmonie
(**0850**-3) Von F. T. Lie, 120 S., 221 s/w-Fotos, 9 s/w-Zeichnungen, Beilage: 1 s/w-Poster mit zahlreichen Abbildungen, kart. ●●

Fit mit **Tai Chi**
als sanfte Körpererfahrung
(**2305**-7) Von B. und K. Moegling, 112 S., 121 Farbfotos, 6 Farbzeichnungen, kart. ●●

Yoga
Weg zur Harmonie
(**4417**-8) Von A. Harf, W. von Rohr, 176 S., 171 Farbfotos, 12 s/w-Zeichnungen, Pbd. ●●●●

Bauch, Taille und Hüfte gezielt formen durch
Aktiv-Yoga
(**0709**-4) Von K. Zebroff, 112 S., 102 Farbfotos, kart. ●●

Yoga für Jeden
(**0341**-2) Von K. Zebroff. 156 S., 135 Abb., Spiralbindung. ●●●

Yoga gegen Haltungsschäden und Rückenschmerzen
(**0394**-3) Von A. Raab, 104 S., 215 Abb., kart. ●

Chinesische Punktmassage
Akupressur
(**4419**-4) Von F.T. Lie, 192 S., 332 zweifarbige Abb., Pappband. ●●●

Shiatsu-Massage
Hormonisierung der Energieströme im Körper.
(**0615**-2) Von G. Leibold, 196 S., 180 Abb., kart. ●●●

Diät bei Darmkrankheiten
Durchfall - Divertikulose, Reizdarm und Darmträgheit - einheimische Sprue (Zöllakie) - Disaccharidasemangel - Dünndarmresektion - Dumping Syndrom. Rezeptteil von B. Zöllner. (**3211**-0) Von Prof. Dr. med. G. Strohmeyer, 88 S., 4 Farbtafeln, kart. ●●

Ballaststoffreiche Kost bei Funktionsstörungen des Darms
Rezeptteil von B. Zöllner.
(**3212**-9) Von Prof. Dr. med. H. Kasper, 96 S., 34 Farbfotos, 1 s/w-Foto, kart. ●●

Diät bei Krankheiten des Magens und Zwölffingerdarms
Rezeptteil von B. Zöllner, (**3201**-3) Von Prof. Dr. med. H. Kaess, 96 S., 35 Farbfotos, 1 s/w-Zeichnung, kart. ●●

Diät bei Krankheiten der Gallenblase, Leber und Bauchspeicheldrüse
Rezeptteil von B. Zöllner.
(**3207**-2) Von Prof. Dr. med. H. Kasper, 88 S., 35 Farbfotos, 1 s/w-Zeichnung, kart. ●●

Diät bei Übergewicht
Rezeptteil von B. Zöllner.
(**3209**-9) Von Prof. Dr. med. Ch. Keller, 104 S., 42 Farbfotos, 3 s/w-Zeichnungen, kart. ●●

Diät bei Gicht und Harnsäuresteinen
Rezeptteil von B. Zöllner.
(**3205**-6) Von Prof. Dr. med. N. Zöllner, ca. 100 S., ca. 40 Farbtafeln, kart. ●●

Diät bei Herzkrankheiten und Bluthochdruck
Rezeptteil von B. Zöllner. (**3202**-1) Von Prof. Dr. med. H. Rottka, 92 S., 4 Farbtafeln, kart. ●●

Richtige Ernährung wenn man älter wird
Rezeptteil von B. Zöllner. (**3204**-8) Von Prof. Dr. med. H.-J. Pusch. 96 S., 36 Farbfotos und 3 s/w-Zeichnungen, kart. ●●

Diät bei Erkrankungen der Nieren, Harnwege und bei Dialysebehandlung
Rezeptteil von B. Zöllner. (**3203**-X) Von Prof. Dr. med. Dr. h. c. H. J. Sarre und Prof Dr. med. R. Kluthe, 96 S., 33 Farbfotos, 1 s/w-Zeichnung, kart. ●●

Diät bei Zuckerkrankheit
Rezeptteil von B. Zöllner. (**3206**-4) Von Prof. Dr. med. P. Dieterle, 112 S., 42 Farbfotos, 4 vierfarbige Vignetten, 1 s/w-Zeichnung, kart. ●●

Die aktuelle Colesterin-Tabelle
(**1088**-5) Hersg. von Dr. H. Oberritter, 84 S., 1 zweifarbige Grafiken, kartoniert. ●

Kochen für Diabetiker
Gesund und schmackhaft für die ganze Familie. (**4132**-2) Von M. Toeller, W. Schumacher, A. C. Groote, 224 S., 109 Farbfotos, 94 Zeichnungen, Pappband. ●●●

Neue Rezepte für **Diabetiker-Diät**
Vollwertig - abwechslungsreich - kalorienarm. (**0418**-4) Von M. Oehlrich, 96 S., 8 Farbtafeln, kart. ●

Diät bei Störungen des Fettstoffwechsels und zur Vorbeugung der Arteriosklerose
Rezeptteil von B. Zöllner. (**3208**-0) Von Prof. Dr. med. G. Wolfram. ca. 100 S., ca. 40 Farbfotos, kartoniert. ●●

Garten und Tiere

Garten heute
Der moderne Ratgeber · Über 1000 Farbbilder. (**4283**-3) Von H. Jantra, 384 S., über 1000 Farbabb., Pappband. ●●●●

Blütenpracht in Haus und Garten
Der große praktische Ratgeber mit über 1000 farbigen Abb.
(**4145**-4) Von M. Haberer, u.a. 352 S., 1012 Farbfotos, Pbd. ●●●●

1000 ganz bewährte Garten-Tips
(**4453**-4) Von H. Jantra, 320 S., 288 zweifarbige und 62 s/w-Zeichnungen, Pappband. ●●●

Blütenpracht aus winterharten Blumenzwiebeln
(**0772**-8) Von H. Lass, 112 S., 120 Farbfotos und Zeichungen, kart. ●●

Erfolgstips für den Obstgarten
Gesunde Früchte durch richtige Sortenwahl und Pflege.
(**0827**-9) Von F. Mühl, 184 S., 16 Farbtafeln, 33 Zeichnungen, kart. ●●

Erfolgstips für den Gemüsegarten
Mit naturgemäßem Anbau zu höherem Ertrag. (**0674**-8) Von F. Mühl, 80 S., 30 s/w-Fotos, 4 Zeichnungen, kart. ●

Mischkultur im Nutzgarten
Mit Jahreskalender und Anbauplänen
(**0651**-9) Von H. Oppel, 112 S., 8 Farbtafeln, 23 s/w-Fotos, 29 Zeichnungen, kart. ●

Der richtige Schnitt von Obst- und Ziergehölzen, Rosen und Hecken
(**0619**-5) Von E. Zettl, 88 S., 8 Farbtafeln, 39 Zeichnungen, 21 s/w-Fotos, kart. ●

Gesunde Zierpflanzen im Garten
Krankheiten erkennen und behandeln
Mit neuem Diagnose-System
(**4429**-1) Von Prof. Dr. G. Stelzer, 208 S., 456 Farbfotos, 5 s/w- und 5 Farbzeichnungen, Pappband. ●●●●

Erfolgstips für den Ziergarten
Schmuckpflanzen und Rasen richtig pflegen
(**0930**-5) Von F. Mühl, 156 S., 12 Farbtafeln, 26 s/w-Zeichnungen, kart. ●●

Erfolgreich gärtnern mit
Frühbeet und Folie
(**0828**-7) Von Dr. Gustav Schoser, 88 S., 8 Farbtafeln, 46 s/w-Fotos, kart. ●

Das Bio-Gartenjahr
Arbeitsplan für naturgemäßes Gärtnern
(**4169**-1) Von N. Jorek, 128 S., 8 Farbtafeln, 70 s/w-Abb., kart. ●●

Erfolgreich gärtnern
durch naturgemäßen Anbau
(**4252**-3) Von I. Gabriel, 416 S., 176 Farbfotos, 212 Farbzeichnungen, Pappband. ●●●

Leben im Naturgarten
Der Biogärtner und seine gesunde Umwelt
(**4124**-1) Von N. Jorek, 128 S., 68 s/w-Fotos, kart. ●●

Aktion Garten ohne Gift
Gesunde Umwelt durch natürlichen Pflanzenschutz
Ein Praxis-Handbuch von E. Hoplitschek u. B.M. Tegethoff. (**4425**-9) 176 S., 250 Farbfotos, 36 Farb- und 29 s/w-Zeichn., Pbd. ●●●●

So wird mein Garten zum Biogarten
Alles über die Umstellung auf naturgemäßen Anbau.
(**0706**-X) Von I. Gabriel, 128 S., 73 Farbfotos, 54 Farbzeichnungen, kart. ●●

Neuanlage eines Biogartens
Planung, Bodenvorbereitung, Gestaltung
(**0721**-3) Von I. Gabriel, 128 S., 73 Farbfotos, 39 Zeichnungen, kart. ●●

Gesunde Pflanzen im Biogarten
Biologische Maßnahmen bei Schädlingsbefall und Pflanzenkrankheiten.
(**0707**-8) Von I. Gabriel, 128 S., 126 Farbfotos, kart. ●●

Obst und Beeren im Biogarten
Gesunde und schmackhafte Früchte durch natürlichen Anbau. (**0780**-9) Von I. Gabriel, 128 S., 109 Farbabb., kart. ●●

Gemüse im Biogarten
Gesunde Ernte durch natürlichen Anbau
(**0830**-9) Von I. Gabriel, 128 S., 26 Farbfotos, 86 Farbzeichnungen, kart. ●●

Kräuter und Heilpflanzen im Biogarten
Gesunde Ernte durch natürlichen Anbau
(**0929**-1) Von I. Gabriel, 112 S., 63 Farbfotos, 19 Farbzeichnungen, kart. ●●

Der biologische Zier- und Wohngarten
Planen, Vorbereiten, Bepflanzen und Pflegen
(**0748**-5) Von I. Gabriel, 128 S., 72 Farbfotos, 46 Farbzeichnungen, kart. ●●

Kosmische Einflüsse auf unsere Gartenpflanzen
Sterne beeinflussen Wachstum und Gesundheit der Pflanzen. (**0708**-6) Von I. Gabriel, 112 S., 100 Farbabb., kart. ●●

Natürlich gärtnern unter Glas und Folie
Anbauen und ernten rund ums Jahr.
(**0722**-1) Von I. Gabriel, 128 S., 107 Farbabb., kart. ●●

Speisepilze aus eigener Zucht
Anbau · Pflege · Zubereitung
(**0909**-7) Von U. Groos, 72 S., 8 Farbtafeln, 16 s/w-Zeichnungen, kart. ●

Dekorative **Kübelpflanzen**
Auswahl und Pflege
(**1074**-5) Von H. Jantra, 112 S., ca. 180 Farbfotos, 35 Farbzeichnungen, kartoniert. ●●

Blütenpracht auf Balkon und Terrasse
(**0928**-3) Von M. Haberer, 88 S., 139 Farbfotos, kart. ●●

Gemüse, Kräuter, Obst aus dem Balkongarten
- Erfolgreich ernten auf kleinstem Raum
(**0694**-2) Von S. Stein, 32 S., 34 Farbfotos, 6 Zeichnungen, Spiralbindung, kart. ●

Grabgestaltung
Bepflanzung und Pflege zu jeder Jahreszeit
(**5120**-4) Von N. Uhl, 64 S., 77 Farbfotos, 2 Zeichnungen, Pappband. ●●

Kleingärten
Planen · Anlegen · Pflegen
(**1015**-X) Von H. Jantra, 88 S., 123 Farbfotos, 1 s/w-Foto, 14 Farbzeichnungen, kart. ●●

Reihenhausgärten
Planen · Anlegen · Pflegen
(**1016**-8) Von H. Jantra, 104 S., 134 Farbfotos, 45 Farbzeichnungen, kart. ●●

Steingärten Wirkungsvoll gestalten und sachgerecht pflegen
(**4452**-6) Von A. Throll-Keller, 128 S., 203 Farbfotos, 56 Farbzeichnungen, Pappband. ●●●●

Gartenteiche, Tümpel und Weiher
naturnah anlegen und pflegen
(**1073**-7) Von Dr. F. Liedl, H. Goos, 80 S., ca. 60 Farbfotos, ca. 40 Farbzeichnungen, kartoniert. ●●

Wasser im Garten
Von der Vogeltränke zum Naturteich - Natürliche Lebensräume selbst gestalten.
(**4230**-2) Von H. Hendel, P. Keßeler, 240 S., 315 Farbabb., 11 s/w-Fotos, Pappband. ●●●●●

Mein kleiner Gartenteich
planen – anlegen – pflegen
(**0851**-1) Von I. Polascheck, 144 S., 108 Farbabb., 6 s/w-Zeichnungen, kart. ●●

Häuser in lebendigem Grün
Fassaden und Dächer mit Pflanzen gestalten
(**0846**-5) Von U. Mehl, K. Werk, 88 S., 116 Farbfotos, 4 Farb-und 17 s/w-Zeichn., kart. ●●

Wintergärten
Das Erlebnis, mit der Natur zu wohnen
Planen, Bauen und Gestalten.
(**4256**-6) Von LOG ID, 136 S., 130 Farbfotos, 107 Zeichnungen, Pappband. ●●●●

Rund ums Jahr erfolgreich gärtnern
Gewächshäuser
planen · bauen · einrichten · nutzen
(**4408**-9) Von Dr. G. Schoser, J. Wolff, 232 S., 368 Farbabb., 5 s/w-Fotos, Pappband. ●●●●●

Ziergräser
Über 100 Arten erfolgreich kultivieren
(**0829**-5) Von H. Jantra, 104 S., 73 Farbfotos, 6 Farbzeichnungen, kart. ●●

Das moderne Handbuch **Zimmerpflanzen**
(**4416**-X) Von H. Jantra, 304 S., 766 Farbfotos, 64 Farb-und 19 s/w-Zeichn., Pappband. ●●●●

365 Erfolgstips für schöne Zimmerpflanzen
(**0893**-7) Von H. Jantra, 144 S., 215 Farbfotos, kart. ●●

Prof. Stelzers grüne Sprechstunde
Gesunde Zimmerpflanzen
Krankheiten erkennen und behandeln ·
Mit neuem Diagnosesystem.
(**4274**-4) Von Prof. Dr. G. Stelzer, 192 S., 410 Farbfotos, 10 s/w-Zeichnungen, Pappband. ●●●●

Hydrokultur
Pflanzen ohne Erde - mühelos gepflegt
(**0944**-5) Von H.-A. Rotter, 144 S., 167 Farbfotos, 13 Farbzeichnungen, kart. ●●

Zimmerpflanzen in Hydrokultur
Leitfaden für problemlose Blumenpflege.
(**0660**-8) Von H.-A. Rotter, 32 S., 76 Farbfotos, 8 farbige Zeichn., Pappband. ●

Zimmerbäume, Palmen und andere Blattpflanzen
Standort, Pflege, Vermehrung, Schädlinge
(**5111**-5) Von G. Schoser, 96 S., 98 Farbfotos, 7 Zeichnungen, Pappband. ●●

Bonsai Japanische Miniaturbäume und Miniaturlandschaften. Anzucht, Gestaltung und Pflege.
(**4091**-1) Von B. Lesniewicz, 160 S., 106 Farbfotos, 46 s/w-Fotos, 115 Zeichnungen, gebunden. ●●●●●

Keime, Sprossen, Küchenkräuter
am Fenster ziehen - rund ums Jahr
(**0658**-6) Von F. und H. Jantzen, 32 S., 55 Farbfotos, Pappband. ●

Falken-Handbuch **Orchideen**
Lebensraum, Kultur, Anzucht und Pflege.
(**4231**-0) Von G. Schoser, 144 S., 121 Farbfotos, 28 Farbzeichnungen, Pappband. ●●●

Fibel für Kakteenfreunde
(**0199**-1) Von H. Herold, 102 S., 23 Farbfotos, 37 s/w-Abb., kart. ●

Kakteen und andere Sukkulenten
300 Arten mit über 500 Farbfotos.
(**4116**-0) Von G. Andersohn, 316 S., 520 Farbfotos, 193 Zeichnungen, Pappband. ●●●●

Grzimek Juniors **BUNTE TIERWELT**
(**4295**-7) Von Chr. Grzimek, 208 S., 308 Farbfotos, Pappband. ●●●

Falken-Handbuch **Hunde**
(**4118**-7) Von H. Bielfeld, 176 S., 222 Farb- und 73 s/w-Abb., Pappband. ●●●●

Das neue Hundebuch
Rassen · Aufzucht · Pflege
(**0009**-X) Von W. Busack, überarbeitet von Dr. med. vet. A. H. Hacker und H. Bielfeld, 112 S., 8 Farbt., 27 s/w-Fotos, 6 Zeichn., kart. ●

Hundeausbildung
Verhalten - Gehorsam - Ausbildung
(**0346**-3) Von Prof. Dr. R. Menzel, 88 S., 19 Fotos, kart. ●

Grundausbildung für Gebrauchshunde
Schäferhund, Boxer, Rottweiler, Dobermann, Riesenschnauzer, Airedaleterrier, Hovawart und Bouvier.
(**0801**-5) Von M. Schmidt und W. Koch, 104 S., 8 Farbtafeln, 51 s/w-Fotos, 5 s/w-Zeichnungen, kart. ●

Der Hund in der Familie
(**1014**-1) Von J. Werner, 128 S., 106 Farbfotos, kartoniert. ●●

Der Deutsche Schäferhund
Aufzucht, Pflege und Ausbildung.
(**0073**-1) Von A. Hacker, 104 S., 56 Abb., kart. ●

Alles über junge Hunde
(**0863**-5) Von Dr. med. vet. E.M. Bartenschlager, 64 S., 49 Farbfotos, 6 Zeichnungen, kart. ●

Richtige Hundeernährung
(**0811**-2) Von Dr. med. vet. E.M. Bartenschlager, 80 S., 51 Farbfotos, 4 Farbzeichn., kart. ●

Hundekrankheiten
(**1077**-X) Von Dr. med. vet. R. Spangenberg, 96 S., 44 Farb- und 1 s/w-Foto, 22 Farbzeichnungen, kartoniert. ●●

Falken-Handbuch **Katzen**
(**4158**-6) Von B. Gerber, 176 S., 294 Farb- und 88 s/w-Fotos, Pappband. ●●●●

Das neue Katzenbuch
Rassen · Aufzucht · Pflege.
(**0427**-3) Von B. Eilert-Overbeck, 120 S., 14 Farbfotos, 26 s/w-Fotos, kart. ●

Junge Katzen
(**0862**-7) Von Dr. med. vet. E.M. Bartenschlager, 72 S., 40 Farbf., 4 Farbzeichn., kart. ●

Falken-Handbuch **Pferde**
(**4186**-1) Von H. Werner, 176 S., 196 Farb- und 50 s/w-Fotos, 100 Zeichn., Pappband. ●●●●

Reiten im Bild
(**0415**-X) Von H. Werner, 128 S., 142 Farbfotos, 107 Farbzeichng., kartoniert. ●●

Der Hobby-Imker
(**0978**-X) Von Dr. R.F.A. Moritz, 144 S., 106 zweifarbige Zeichnungen, kart. ●●

Geflügelhaltung als Hobby
(**0749**-3) Von M. Baumeister, H. Meyer, 184 S., 8 Farbtafeln, 47 s/w-Fotos, 15 zweif. Zeichnungen, kart. ●●

Sittiche und kleine Papageien
(**0864**-3) Von Dr. med. vet. E.M. Bartenschlager, 88 S., 84 Farbfotos, 9 Zeichnungen, kart. ●

Alles über **Kanarienvögel**
(**0901**-1) Von H. Schnoor, 64 S., 58 Farbfotos und Zeichnungen, kartoniert. ●

Die Tiersprechstunde
Artgerechte Vogelfütterung im Winter
(**0908**-9) Von Dr. W. Keil, 64 S., 51 Farbfotos und Zeichnungen, kartoniert. ●

Papageien und Sittiche
Arten · Pflege · Sprechunterricht
(**0591**-1) Von H. Bielfeld, 112 S., 8 Farbtafeln, kart. ●

Süßwasser-Aquarium
(**4191**-8) Von H. J. Mayland, 288 S., 564 Farbfotos, 75 Zeichnungen, Pappband. ●●●●

Das Süßwasser-Aquarium
Einrichtung · Pflege · Fische · Pflanzen
(**0153**-3) Von H. J. Mayland, 152 S., 16 Farbtafeln, 43 s/w-Zeichnungen, kart. ●●

Die Tiersprechstunde
Gesunde Fische im Süßwasseraquarium
(**1013**-3) Von H. J. Mayland, 96 S., 73 Farbfotos, 10 Zeichng., kartoniert. ●

Tiere im Wassergarten
(**0808**-2) Von Dr. med. vet. E.M. Bartenschlager, 96 S., 84 Farbf., 7 Zeichn., kart. ●

Die Tiersprechstunde
Alles über Zwerg- und Goldhamster
(**1012**-5) Von M. Mettler, 96 S., 96 Farbfotos, kartoniert. ●

Alles über Meerschweinchen
(**0809**-0) Von Dr. med. vet. E.M. Bartenschlager, 72 S., 43 Farbf., 11 Farbzeichn., kart. ●

Alle über Igel in Natur und Haus
(**0810**-4) Von Dr. med. vet. E.M. Bartenschlager, 68 S., 51 Farbfotos, kart. ●

Falken-Handbuch **Umweltschutz**
Das Öko-Testbuch zur Eigeninitiative.
(**4160**-8) Von M. Häfner, 352 S., 411 Farbf., 152 Farbzeichnungen, Pappband. ●●●●

Rat und Wissen

Traumreisen
Unterwegs auf den schönsten Straßen der Welt
(**4468**-2) Von T. Pehle, 192 S., 312 Farbfotos, 12 Übersichtskarten, Pappband. ●●●●

Vom Morgenland ins Reich der Abendgöttin
Lebensbilder aus dem Nahen und Fernen Osten
(**4449**-6) Von J. Schneider, H. Schoen, 160 S., 266 Farbfotos, 1 farbige Karte, Pappband. ●●●●

Keinen Mann um jeden Preis
Das neue Selbstverständnis der Frau in der Partnerbeziehung
(**4440**-2) Von Shere Hite, Kate Colleran, 208 S., Pappband. ●●●

Haushaltstips praktisch und umweltfreundlich
(**1046**-X) Von K. Winkell, 96 S., 36 Zeichnungen, kartoniert. ●

Umgangsformen heute
Die Empfehlungen des Fachausschusses für Umgangsformen (**4015**-6) 252 S., 108 s/w-Fotos, 17 Zeichnungen, Pappband. ●●●

Benehmen bei Tisch
(**0988**-7) Von I. Cording, 80 S., 90 Farbfotos, 5 s/w-Zeichnungen, kart. ●●

Der gute Ton
in Gesellschaft und Beruf
(**0063**-4) Von I. Wolter, 80 S., 42 s/w-Fotos, 7 Zeichnungen, kartoniert. ●

Familienforschung · Ahnentafel · Wappenkunde
Wege zur eigenen Familienchronik
(**0744**-2) Von P. Bahn, 128 S., 8 Farbtafeln, 30 Abbildungen, kart. ●●

Wie soll es heißen?
(**0211**-4) Von D. Köhr, 136 S., kart. ●

Die Silberhochzeit
Vorbereitung · Einladung · Geschenkvorschläge · Dekoration · Festablauf · Menüs · Reden · Glückwünsche. (**0542**-3) Von K.F. Merkle, 112 S., 41 Zeichnungen, kart. ●

Wir feiern Hochzeit
Phantasievolle und moderne Festgestaltung
(**0943**-7) Von H.J. Winkler, 112 S., kart. ●

Wir heiraten
Ratgeber zur Vorbereitung und Festgestaltung der Verlobung und Hochzeit. (**4188**-8) Von C. Poensgen, 216 S., 8 s/w-Fotos, 30 s/w-Zeichn., 8 Farbt., Pappband. ●●●

Von der Verlobung zur Goldenen Hochzeit
(**0393**-5) Von E. Ruge, 112 S., kart. ●

Hochzeits- und Bierzeitungen
Muster, Tips und Anregungen. (**0288**-2) Von H.-J. Winkler, mit vielen Text- und Gestaltungsanregungen, 116 S., 15 Abb., 1 Musterzeitung, kart. ●

Moderne Korrespondenz
Handbuch für erfolgreiche Briefe
(**4014**-8) Von H. Kirst und W. Manekeller, 544 S., Pappband. ●●●●

Der richtige Brief
zu jedem Anlaß
Das moderne Handbuch mit 400 Musterbriefen
(**4179**-9) Von H. Kirst, 376 S., Pappband. ●●●

Musterbriefe
für alle Gelegenheiten. (**0231**-9) Hrsg. von O. Fuhrmann, 240 S., kart. ●●

Privatbriefe
Muster für alle Gelegenheiten. (**0114**-2) Von I. Wolter-Rosendorf, 112 S., kart. ●

Der neue Briefsteller
Musterbriefe für alle Gelegenheiten.
(**0060**-X) Von I. Wolter-Rosendorf, 96 S., kart. ●

Erfolgstips für den Schriftverkehr
Briefgestaltung · Rechtschreibung · Zeichensetzung · Stil. (**0678**-0) Von U. Schoenwald, 112 S., kart. ●

Geschäftliche Briefe
des Privatmanns, Handwerkers, Kaufmanns
(**0041**-3) Von A. Römer, 124 S., kart.●

Behördenkorrespondenz
Musterbriefe · Anträge · Einsprüche
(**0412**-5) Von E. Ruge, 112 S., kart.●

FALKEN-Software
TEXAD
Das komfortable Korrespondenzprogramm für den privaten und geschäftlichen Bereich
(**7017**-9) 2 Disketten für IBM-PC + Kompatible, 5 1/4'', mit Begleitheft, Einführungspreis: **DM 198,–***, S 1980,–*, SFr 193,30 bis 11.10.1990, danach **DM 258,–***, S 2580,–*, SFr 251,70.
(**7048**-9) Diskette 3 1/2'', mit Handbuch. ●●●●●*

(**7049**-7) Demo-Version 5 1/4'', o. Handbuch. ●●*

(**7050**-0) Demo-Version 3 1/2'', o. Handbuch. ●●*

Worte und Briefe der Anteilnahme
(**0464**-8) Von E. Ruge, 96 S., mit vielen Abb., kart. ●

Briefe zu Geburt und Taufe
Glückwünsche und Danksagungen. (**0802**-3) Von H. Beitz, 96 S., 12 Zeichnungen, kart. ●

Briefe zum Geburtstag
Glückwünsche und Danksagungen. (**0822**-8) Von H. Beitz, 104 S., 22 Zeichnungen, kart. ●

Briefe der Liebe
Anregungen für gefühlvolle und zärtliche Worte. (**0903**-8) Hrsg. von H. Beitz, 96 S., 4 Zeichnungen, kart. ●

Briefe zur Hochzeit
Glückwünsche und Danksagungen
(**0852**-X) Von R. Röngen, 96 S., 1 Zeichnung, 39 Vignetten, kart. ●

Reden und Ansprachen
für jeden Anlaß. (**4009**-1) Hrsg. von F. Sicker, 454 S., gebunden. ●●●●

Die Kunst der freien Rede
Ein Intensivkurs mit vielen Übungen, Beispielen und Lösungen.
(**4189**-6) Von G. Hirsch, 232 S., 11 Zeichnungen, Pappband. ●●●

Die überzeugende Rede
Mehr Erfolg durch bessere Rhetorik
(**0076**-6) Von K. Wolter, G. Kunz, 96 S., kart. ●

Festreden und Vereinsreden
Muster für alle Gelegenheiten
(**0069**-3) Von K. Lehnhoff, E. Ruge, 96 S., kart. ●

Trinksprüche, Gästebuchverse, Richtsprüche
(**0224**-6) Von D. Kellermann, 96 S., kart. ●

Trinksprüche
Fest- und Damenreden in Reimen
(**0791**-4) Von L. Metzner, 96 S., 14 s/w-Zeichnungen, kart. ●

Glückwünsche, Toasts und Festreden zur Hochzeit
(**0264**-5) Von I. Wolter, 112 S., 18 Zeichnungen, kart. ●

Reden zur Taufe, Kommunion und Konfirmation
(**0751**-5) Von G. Georg, 96 S., kart. ●

Reden zur Hochzeit
Musteransprachen für Hochzeitstage
(**0654**-3) Von G. Georg, 112 S., kart. ●

Reden zu Familienfesten
Musteransprachen für viele Gelegenheiten (**0675**-6) Von G. Georg, 112 S., kart. ●

Reden zum Geburtstag
Musteransprachen für familiäre und offizielle Anlässe. (**0773**-6) Von G. Georg, 96 S., kart. ●

Reden im Verein
Musteransprachen für viele Gelegenheiten (**0703**-5) Von G. Georg, 112 S., kart. ●

Reden zum Jubiläum
Musteransprachen für viele Gelegenheiten (**0595**-4) Von G. Georg, 112 S., kart. ●

Reden und Sprüche zu Grundsteinlegung, Richtfest und Einzug
(**0598**-0) Von A. Bruder, G. Georg, 96 S., kart. ●

Reden zum Ruhestand
Musteransprachen zum Abschluß des Berufslebens (**0790**-6) Von G. Georg, 104 S., kart. ●

Neue Glückwunschfibel
für groß und klein. (**0156**-8) Von R. Christian-Hildebrandt, 96 S., 13 Vignetten, kart. ●

Großes Buch der Glückwünsche
(**0255**-6) Hrsg. von O. Fuhrmann, 176 S., 77 Zeichnungen und viele Gestaltungsvorschläge, kart. ●●

Herzliche Glückwünsche!
Die schönsten Gedichte und Texte für viele Gelegenheiten. (**0942**-9) Hrsg. Von B.H. Bull, 256 S., 50 Zeichnungen, Pappband. ●●

Der Verseschmied
Kleiner Leitfaden für Hobbydichter. Mit Reimlexikon. (**0597**-0) Von T. Parisius, 96 S., 28 Zeichnungen, kart. ●

Verse fürs Poesiealbum
(**0241**-6) Von I. Wolter, 96 S., 20 Abb., kart. ●

Rosen, Tulpen, Nelken…
Beliebte Verse fürs Poesiealbum
(**0431**-1) Von W. Pröve, 96 S., 11 Faksimile-Abb., kart. ●

Kindergedichte zur grünen, silbernen und goldenen Hochzeit
(**0318**-8) Von H.-J. Winkler, 104 S., 20 Abb., kart. ●

Glückwunschverse für Kinder
(**0277**-7) Von B. Ulrici, 80 S., kart. ●

Kindergedichte für Familienfeste
(**0860**-0) Von B.H. Bull, 96 S., 20 Zeichnungen, kart. ●

Kindergedichte rund ums Jahr
(**1040**-0) Von A. Schweiggert, 80 S., 49 Zeichnungen, 6 Vignetten, kartoniert. ●

Ins Gästebuch geschrieben
(**0576**-8) Von K.H. Trabeck, 96 S., 24 Zeichnungen, kart. ●

Die schönsten Wander- und Fahrtenlieder
(**0462**-1) Hrsg. Von F.R. Miller, empfohlen vom Deutschen Sängerbund, 80 S., mit Noten und Zeichnungen, kart. ●

Die schönsten Volkslieder
(**0432**-X) Hrsg. Von D. Walther, 128 S., mit Noten und Zeichnungen, kart. ●

Erziehungsgeld, Mutterschutz, Erziehungsurlaub
Das neue Recht für Eltern (**0835**-X) Von J. Grönert, 144 S., kart. ●

Liebe ja – Ehe nein
Die nichteheliche Lebensgemeinschaft (**1071**-0) Von T. Drewes, 104 S., 8 s/w-Zeichnungen, kartoniert. ●

Scheidung und Unterhalt
nach dem neuen Eherecht. (**0403**-6) Von T. Drewes, 112 S., mit Kosten und Unterhaltstabellen, kart. ●

Was heißt hier minderjährig?
(**0765**-5) Von R. Rathgeber, C. Rummel, 148 S., 50 Fotos, 25 Zeichnungen, kart. ●●

Testament und Erbschaft
Erbfolge, Rechte und Pflichten der Erben, Erbschafts-und Schenkungssteuer, Mustertestamente. (**4139**-X) Von T. Drewes, R. Hollender, 304 S., Pappband. ●●●

Erbrecht und Testament
Mit Erläuterungen des Erbschaftssteuergesetzes von 1974. (**0046**-4) Von Dr. jur. H. Wandrey, 124 S., kart. ●

Der letzte Wille
Ratgeber für Erblasser, Erben und Hinterbliebene in Rechts-, Versorgungs- und Steuerfragen
(**0939**-9) Von T. Drewes, 136 S., 9 s/w-Zeichnungen, kart. ●●

Mietrecht
Leitfaden für Mieter und Vermieter
(**0479**-6) Von J. Beuthner, 196 S., kart. ●●

Präzise Ratschläge für **Ihre optimale Rente**
Vorbereitung · Berechnungsgrundlagen · Gesetzesänderungen · Individuelle Rechenbeispiele. (**0806**-6) Von K. Möcks, 96 S., 24 Formulare, 1 Graphik, kart. ●

Das große farbige Kinderlexikon
(**4195**-0) Von U. Kopp, 320 S., 493 Farbabb. 17 s/w-Fotos, Pappband. ●●●

Gitarre spielen
Ein Grundkurs für den Selbstunterricht (**0534**-2) Von A. Roßmann, 96 S., 1 Schallfolie, 150 Zeichnungen, kart. ●●●

So lernt man leicht und schnell
Maschinenschreiben
Lehrbuch für Schulen, Lehrgänge und Selbstunterricht. (**0568**-7) Von M. Kempkes, 112 S., 48 Zeichnungen, kart. ●●

FALKEN-Software
Maschinenschreiben
In 10 Tagen spielend gelernt. Von Unterichtsmedien Hoppius. (**7008**-X) Diskette für den C 64 und C 128 PC ●●●●*

FALKEN-Software
Maschinenschreiben und Tastaturtraining für Computer
(**7009**-8) Von B. Hoppius, Diskette 5 1/4'' u. 3 1/2'' für IBM PC + Kompatible, mit Begleitheft. ●●●●●*

Maschinenschreiben im Selbstunterricht
(**0170**-3) Von A. Fonfara, 88 S., kart. ●

Buchführung leicht gemacht
Ein methodischer Grundkurs für den Selbstunterricht. (**4238**-8) Von D. Machenheimer, R. Kersten, 252 S., Pappband. ●●●

Buchführung leicht gefaßt
Für Handwerker, Gewerbetreibende und freiberuflich Tätige. (**0127**-4) Von R. Pohl. 104 S., kart. ●

Stenografie leicht gelernt
im Kursus oder Selbstunterricht
(**0266**-1) Von H. Kaus, 64 S., kart. ●

Erfolgreiche Bewerbung um einen Ausbildungsplatz
(**0715**-9) Von H. Friedrich, 128 S., kart. ●

Bewerbungsstrategien
Erfolgreiche Konzepte für Karrierebewußte (**1027**-3) Von Dr. W. Reichel, 128 S., kartoniert. ●●

Die Bewerbung
Der moderne Ratgeber für Bewerbungsbriefe, Lebenslauf und Vorstellungsgespräche. (**4138**-1) Von W. Manekeller, 264 S., Pappband. ●●

Lebenslauf und Bewerbung
Beispiele für Inhalt, Form und Aufbau
(**0428**-1) Von H. Friedrich, 112 S., kart. ●

Die erfolgreiche Bewerbung
Bewerbung und Vorstellung. (**0173**-8) Von W. Manekeller, U. Schoenwald, 144 S., kart. ●●

Erfolgreiche Bewerbungsbriefe und Bewerbungsformen
(**0138**-X) Von W. Manekeller, U. Schoenwald, 88 S., kart. ●

Die Handschrift als Spiegel des Charakters
Graphologie
(**1025**-7) Von Dr. W. Busch, 104 S., 87 Schriftproben, kartoniert. ●

Vorstellungsgespräche
sicher und erfolgreich führen. (**0636**-5) Von H. Friedrich, 144 S., kart. ●

Keine Angst vor Einstellungstests
Ein Ratgeber für Bewerber. (**0793**-6) Von Ch. Titze. 120 S., 67 Zeichnungen, kart. ●

FALKEN-Software
Einstellungstests
(**7013**-6) Von B. Hoppius, Wendediskette für C 64/C 128 PC, mit Begleitheft, ●●●●*

Die ersten Tage am neuen Arbeitsplatz
Ratschläge für den richtigen Umgang mit Kollegen und Vorgesetzten
(**0855**-4) Von H. Friedrich, 104 S., kart. ●

Zeugnisse im Beruf
richtig schreiben, richtig verstehen
(**0544**-X) Von H. Friedrich, 112 S., kart. ●

So werde ich erfolgreich
Ratschläge und Tips für Beruf und Privatleben. (**0918**-6) Von H. Hans, 104 S., kart. ●●

Wege zum Börsenerfolg
Aktien · Anleihen · Optionen
(**4275**-2) Von H. Krause, 252 S., 4 s/w-Fotos, 86 Zeichnungen, Pappband. ●●●

FALKEN-Software
Börsenfieber
Spielend spekulieren mit Geld und Aktien
(**7016**-0) IBM PC und Kompatible, Diskette 5 1/4'', mit Begleitheft, ●●●●●*

Konvertierungen:
(**7026**-8) für C 64/C 128 PC, mit Begleitheft
(**7027**-6) für Atari ST 520/1040, mit Begleitheft
(**7028**-4) für Amiga, mit Begleitheft
(**7044**-6) für IBM PC + Kompatible, Diskette 3 1/2'', mit Begleitheft

Schülerlexikon der Mathematik
Formeln, Übungen und Begriffserklärungen für die Klassen 5–10. (**0430**-3) Von R. Müller, 176 S., 96 Zeichnungen, kart. ●

Mathematik verständlich
Zahlenbereiche Mengenlehre, Algebra, Geometrie, Wahrscheinlichkeitsrechnung, Kaufmännisches Rechnen. (**4135**-7) Von R. Müller, 652 S., 10 s/w- und 109 Farbfotos, 802 Farbabb. und 79 s/w-Zeichnungen, über 2500 Beispiele und Übungen mit Lösungen, Pappband. ●●●●●

Mehr Erfolg in der Schule **Mathematik 1**
Arithmetik und Algebra
Übungen, Beispiele und Lösungen für die Klasse 5 bis 10
(**4420**-8) Von R. Müller-Fonfara, 256 S., 193 Zeichn., 2 s/w-Fotos, Pappband. ●●●

Mathematik 2
Geometrie, Statistik, Wahrscheinlichkeitsrechnung und kaufmännisches Rechen
(**4456**-9) Von R. Müller-Fonfara, W. Scholl, 256 S., 6 s/w-Fotos, 304 Zeichnungen, Pappband. ●●●

Mathematische Formeln für Schule und Beruf
Mit Beispielen und Erklärungen. (**0499**-0) Von R. Müller-Fonfara, 156 S., 210 Zeichnungen, kart. ●

Rechnen aufgefrischt für Schule und Beruf. (**0100**-2) Von H. Rausch, 144 S., kart. ●

FALKEN-Software
Wirtschaftsrechnen in Beruf und Alltag
(**7037**-3) Diskette für IBM-PC und Kompatible, mit Begleitheft. ●●●●●*

Physik verständlich
Förderkurs für die Klassen 7 bis 10
(**0926**-7) Von Dr. Th. Neubert, 136 S., 146 s/w-Zeichnungen, 166 Aufgaben, kart. ●●

Richtige Groß- und Kleinschreibung
durch neue, vereinfachte Regeln. Erläuterungen der Zweifelsfragen anhand vieler Beispiele. (**0897**-X) Von Prof. Dr. Ch. Stetter, 96 S., kart. ●

Gutes Deutsch schreiben und sprechen
(**4432**-1) Von W. Manekeller, Dr. G. Reinert-Schneider, 416 S., durchgehend zweifarbig, Pappband. ●●●●

Deutsche Grammatik
Ein Lern- und Übungsbuch. (**0704**-3) Von K. Schreiner, 112 S., kart. ●

Mehr Erfolg in der Schule
Deutsche Rechtschreibung und Grammatik
Übungen und Beispiele für die Klassen 5–10. (**4407**-0) Von K. Schreiner, 256 S., durchgehend zweifarbig, Pappband. ●●●

Richtiges Deutsch
Rechtschreibung · Zeichensetzung · Grammatik · Stilkunde. (**0551**-2) Von K. Schreiner, 128 S., 7 Zeichnungen, kart. ●

Mehr Erfolg in der Schule
Der Deutschaufsatz
Übungen und Beispiele für die Klassen 5–10. (**4271**-X) Von K. Schreiner, 240 S., 4 s/w-Fotos, 51 Zeichnungen, Pappband. ●●●

Aufsätze besser schreiben
Förderkurs für die Klassen 4–10. (**0429**-X) Von K. Schreiner, 144 S., 4 s/w-Fotos, 27 Zeichnungen, kart. ●●

Mehr Erfolg in Schule und Beruf
Besseres Deutsch
Mit Übungen und Beispielen für Rechtschreibung, Diktate, Zeichensetzung, Aufsätze, Grammatik, Literaturbetrachtung, Stil, Briefe, Fremdwörter, Reden. (**4115**-2) Von K. Schreiner, 444 S., 7 s/w-Fotos, 27 Zeichnungen, Pappband. ●●●

Richtige Zeichensetzung
durch neue, vereinfachte Regeln. Erläuterungen der Zweifelsfragen anhand vieler Beispiele. (**0744**-4) Von Prof. Dr. Ch. Stetter, 160 S., kart. ●

Diktate besser schreiben
Übungen zur Rechtschreibung für die Klasse 4–8. (**0469**-9) Von K. Schreiner, 152 S., 31 Zeichnungen, kart. ●

Besseres Englisch
Grammatik und Übungen für die Klassen 5 bis 10. (**0745**-0) Von E. Henrichs, 144 S., kart. ●●

Mehr Erfolg in der Schule
Englische Grammatik
Regeln und Übungen für die Klassen 5 bis 13 (**4431**-3) Von E. Heinrichs-Kleinen, 256 S., durchgehend zweifarbig, Pappband. ●●●

FALKEN-Software
The Grammar-Master
Englische Grammatik üben und beherrschen (**7002**-0) Diskette für den C 64/C 128 PC ●●●●*

Konvertierungen:
(**7030**-6) Diskette für IBM PC + Kompatible, mit Begleitheft. ●●●●●*
(**7031**-4) Diskette für Atari ST 520/1040, mit Begleitheft. ●●●●●*
(**7032**-2) Diskette für Amiga, mit Begleitheft. ●●●●●*

FALKEN-Software
Take a Trip to Britain
(**7004**-7) Von reLine, Diskette für C 64/C 128 PC, mit Begleitheft. ●●●●*

Konvertierungen:
(**7039**-X) Diskette 5 1/4'' für IBM PC + Kompatible, mit Begleitheft. ●●●●●*

FALKEN-Software
Vokabeltrainer Englisch
Von B. Hoppius. (**7001**-2) 2 Disketten für C 64/C 128 PC, mit Begleitheft. ●●●●●*
(**7007**-1) Wendediskette für Atari ST 520/1040, mit Begleitheft. ●●●●●*

FALKEN-Software
Vokabel Trainer Französisch
Über 2000 Vokabeln und Redewendungen (**7018**-7) Systemdiskette u. Wendediskette für C 64/C 128 PC, mit Begleitheft, (**7019**-5) Diskette für IBM-PC und Komp., mit Begleitheft. ●●●●●

FALKEN-Software
Bon voyage
Spielend Französisch lernen mit dem Computer
(**7036**-5) Diskette für IBM PC + Kompatible, mit Begleitheft. ●●●●●*

Konvertierungen:
(**7042**-X) Diskette für Atari ST 520/1040, mit Begleitheft. ●●●●●*
(**7043**-8) Diskette für Amiga, mit Begleitheft. ●●●●●*

FALKEN-Software
Vokabel Trainer Latein
(**7022**-5) Von B. Hoppius, Wendediskette für C 64/C 128 PC, mit Begleitheft. ●●●●●

Konvertierungen:
(**7033**-0) Diskette für IBM PC + Kompatible, mit Begleitheft. ●●●●●*

Schnell und sicher zum Führerschein
Tips und Tricks aus 30jähriger-Fahrschul-Praxis. (**0921**-6) Von O. Einert, 152 S., 156 Farbfotos, 161 z.T. farb. Zeichnungen, kart. ●●

FALKEN-Software
Schnell und sicher zum Führerschein
Intensivtraining mit dem amtlichen Fragenkatalog
(**7011**-X) Diskette für C 64/C 128 PC, mit Begleitheft und Fragenkatalog. ●●●●●*

Konvertierungen:
(**7024**-1) Diskette für Atari ST 520/1040, mit Begleitheft. ●●●●●*
(**7029**-2) Diskette für Amiga, mit Begleitheft. ●●●●●*

Die neue Lebenshilfe **Biorhythmik**
Höhen und Tiefen der persönlichen Lebenskurven vorausberechnen und danach handeln. (**0458**-3) Von W. A. Appel, 157 S., 63 Zeichnungen, Pappband. ●●

Wie Sie im Schlaf das Leben meistern
Schöpferisch träumen
Der Klartraum als Lebenshilfe
(**4258**-2) Von Prof. D. P. Tholey, K. Utecht. 280 S., 1 s/w-Foto, 20 Zeichn., Pbd. ●●●

Falken-Handbuch **Astrologie**
Charakterkunde · Schicksal · Liebe und Beruf · Berechnung und Deutung von Horoskopen · Aszendenttabelle. (**4068**-7) Von B.A. Mertz, 342 S., mit 60 erläuternden Grafiken, Pappband. ●●●

Wahrsagen mit Tarot-Karten
(**0482**-6) Von E.J. Nigg, 112 S., 4 Farbtafeln, 52 s/w-Abb., Pappband. ●

Selbst wahrsagen mit Karten
Die Zukunft in Liebe, Beruf und Finanzen (**0404**-4) Von R. Koch, 80 S., 252 Abb., Pappband. ●

Die 12 Tierzeichen
Chinesisches Horoskop
(**0423**-0) Von G. Haddenbach, 128 S., Pappb. ●

Die 12 Sternzeichen
Charakter, Liebe und Schicksal. (**0385**-4) Von G. Haddenbach, 136 S., kart. ●●

Partnerschaftshoroskop
Glück und Harmonie mit Ihrem Traumpartner. (**0587**-3) Von G. Haddenbach, 112 S., 11 Zeichnungen, kart. ●

Sternstunden
für Liebe, Glück und Geld, Berufserfolg und Gesundheit. Das ganz persönliche Mitbringsel für **Widder** (**0621**-7), **Stier** (**0622**-5), **Zwillinge** (**0623**-3), **Krebs** (**0624**-1), **Löwe** (**0625**-7), **Jungfrau** (**0626**-8), **Waage** (**0627**-6), **Skorpion** (**0628**-4), **Schütze** (**0629**-2), **Steinbock** (**0630**-6), **Wassermann** (**0631**-4), **Fische** (**0632**-2) Von L. Cancer, 62 S., durchgehend farbig, Zeichnungen, Pappband. ●

Im Zeichen der Sterne
(**0951**-8) Der feurige Widder
(**0952**-6) Der willensstarke Stier
(**0953**-4) Die vielseitigen Zwillinge
(**0954**-2) Der feinfühlige Krebs
(**0955**-0) Der königliche Löwe
(**0956**-9) Die zuverlässige Jungfrau
(**0957**-7) Die charmante Waage
(**0958**-5) Der leidenschaftliche Skorpion
(**0959**-3) Der temperamentvolle Schütze
(**0960**-7) Der treue Steinbock
(**0961**-5) Der selbstbewußte Wassermann
(**0962**-3) Die romantischen Fische
Von G. Haddenbach, 64 S., 35 Farbfotos, Pappband. ●

Humor und Unterhaltung

Heitere Vorträge
(**0528**-8) Von E. Müller, 128 S., 14 Zeichnungen, kart. ●

So feiert man Feste fröhlicher
Heitere Vorträge und Gedichte
(**0098**-7) Von Dr. Allos, 96 S., 15 Abb., kart. ●

Heitere Vorträge und witzige Reden
Lachen, Witz und gute Laune
(**0149**-5) Von E. Müller, 104 S., 44 Abb., kart. ●

Lustige Vorträge für fröhliche Feiern
(**0284**-X) Von K. Lehnhoff, 96 S., kart. ●

Da lacht das Publikum
Neue lustige Vorträge für viele Gelegenheiten. (**0716**-7) Von H. Schmalenbach, 96 S., kart. ●

Humor und Stimmung
Ein heiteres Vortragsbuch
(**0460**-5) Von G. Wagner, 112 S., kart. ●

Gereimte Vorträge
für Bühne und Bütt. (**0567**-9) Von G. Wagner, 96 S., kart. ●

Narren in der Bütt
Leckerbissen aus dem rheinischen Karneval (**0216**-5) Zusammengestellt von T. Lücker, 112 S., kart. ●

Damen in der Bütt
Scherze, Büttenreden, Sketche
(**0354**-4) Von T. Müller, 136 S., kart. ●

Rings um den Karneval
Karnevalsscherze und Büttenreden
(**0130**-4) Von Dr. Allos, 144 S., 2 Zeichnungen, kart. ●●

Wir feiern Karneval
Festgestaltung und Reden für die närrische Zeit. (**0904**-6) Von M. Zweigler, 120 S., 7 Zeichnungen, kart. ●

Helau und Alaaf 1 Närrisches aus der Bütt
(**0304**-8) Von E. Müller, 112 S., 4 Zeichnungen, kart. ●

Helau und Alaaf 2
Neue Büttenreden für Sie und Ihn
(**0477**-X) Von E. Luft, 96 S., kart. ●

Helau und Alaaf 3
Neue Reden für die Bütt. (**0832**-5) Von H. Fauser, 112 S., 13 Zeichnungen, kart. ●

Helau und Alaaf 4
Neue Büttenreden für Sie und Ihn (**0983**-6) Hrsg. H. Fauser, 96 S., 15 s/w-Zeichn., zahlreiche Vignetten, kart. ●

Locker vom Hocker
Witzige Sketche zum Nachspielen (**4262**-0) Von W. Giller, 144 S., 41 Zeichnungen, Pappband. ●●

Sketche und Blackouts zum Nachspielen
(**0941**-0) Von E. Cohrs, 112 S., 12 Zeichnungen, kart. ●

Sketche und spielbare Witze
für bunte Abende und andere Feste. (**0445**-1) Von H. Friedrich, 112 S., 7 Zeichnungen, kart. ●

Sketche
Kurzspiele zu amüsanter Unterhaltung. (**0247**-5) Von M. Gering, 96 S., 4 s/w-Zeichnungen, kart., ●

Vorhang auf!
Neue Sketche für jung und alt. (**0898**-8) Von H. Pillau, 96 S., 22 Zeichnungen, kart. ●

Witzige Sketche zum Nachspielen
(**0511**-3) Von D. Hallervorden, 112 S., kart. ●●

Tolle Sketche
mit zündenden Pointen – zum Nachspielen. (**0656**-X) Von E. Cohrs, 112 S., kart. ●

Vergnügliche Sketche
(**0476**-1) Von H. Pillau, 96 S., 7 Zeichn., kart. ●

Lustige Sketche
Kurze Theaterstücke für Jungen und Mädchen
(**0669**-1) Von U. Lietz, U. Lange, 96 S., kart. ●

Spielbare Witze für Kinder
(**0824**-4) Von H. Schmalenbach, 112 S., 30 Zeichnungen, kart. ●

Witze
Lachen am laufenden Band (**4241**-8) Von J. Burkert, D. Kroppach; 400 S., 41 Zeichnungen, Pappband. ●●

Die besten Kalauer
(**0705**-1) Von K. Frank, 112 S., 12 Zeichnungen, kart. ●

Die besten Beamtenwitze
(**0574**-1) Von W. Pröve, 80 S., 39 Zeichnungen, kart. ●

O frivol ist mir am Abend
Pikante Witze von Fred Metzler. (**0388**-9) Von F. Metzler, 128 S., mit Karikaturen, kart. ●

Fips Asmussens Witze
am laufenden Band
(**0461**-3) 96 S., kart. ●

Spaßvögel
Über sexhundert komische Nummern (**0888**-0) Von E. Zeller, mit Limericks Von W. Müller, 220 S., 200 Vignetten, kart. ●

Heller Wahnwitz
(**0887**-2) Von D. Kroppach, 220 S., 200 Vignetten, kart. ●

Die Kleidermotte ernährt sich von nichts, sie frißt nur Löcher
Stilblüten, Sprüche und Widersprüche aus Schule, Zeitung, Rundfunk und Fernsehen. (**0738**-8) Von P. Haas, D. Kroppach, 112 S., zahlreiche Abb. kart. ●

Witzig, witzig
(**0507**-5) Von E. Müller, 128 S., 16 Zeichnungen, kart. ●

Die besten Kinderwitze
(**0757**-4) Von K. Rank, 112 S., 28 Zeichnungen, kart. ●

Ich lach mich kaputt!
Die besten Kinderwitze
(**0545**-8) Von E. Hannemann, 96 S., 10 Zeichnungen, kart. ●

Lach mit!
Witze für Kinder, gesammelt von Kindern. (**0468**-0) Von W. Pröve, 96 S., 17 Zeichnungen, kart. ●

Die besten Kurzgeschichten von Mark Twain
(**4458**-5) Ausgewählt von D. Zimmer, 128 S., Pappband. ●

Kritik des Herzens
Heiter-besinnliche Verse von Wilhelm Busch
(**4459**-3) Herausgegeben von D. Zimmer, 96 S., Pappband. ●

Die schönsten Galgenlieder von Christian Morgenstern
(**4460**-7) Ausgewählt von D. Zimmer, 128 S., Pappband. ●

Scherz und Satire von Roda Roda
(**4462**-3) Ausgewählt von D. Zimmer, 112 S., Pappband. ●

Beliebte Autoren des 19. Jahrhunderts
Englischer Humor
(**4463**-1) Ausgewählt von D. Zimmer, 112 S., Pappband. ●

Spiele und Denksport

Neues Buch der siebzehn und vier Kartenspiele
(**0095**-2) Von K. Lichtwitz, 96 S., kart. ●

Alles über Pokern
Regeln und Tricks. (**2024**-4) Von C.D. Grupp, 112 S., 29 Kartenbilder, kart. ●

Rommé und Canasta
in allen Variationen. (**2025**-2) Von C.D. Grupp, 88 S., 24 Zeichnungen, kart. ●

Doppelkopf, Schafkopf, Binokel, Cego, Tarock und andere Stammtischspiele. (**2015**-5) Von C.D. Grupp, 112 S., kart. ●

Black Jack
Regeln und Strategien des Kasinospiels. (**2032**-3) Von K. Kelbratowski, 88 S., kart. ●

Spielend Skat lernen
unter freundlicher Mitarbeit des Deutschen Skatverbandes. (**2005**-8) Von Th. Krüger, 120 S., 181 s/w-Fotos, 22 Zeichn., kart. ●

Falken-Handbuch **Patiencen**
Die 111 interessantesten Auslagen (**4151**-9) Von U.v.Lyncker, 216 S., 108 Abbildungen, Pappband. ●●●

Patiencen
in Wort und Bild. (**2003**-1) Von I. Wolter-Rosendorf, 120 S., kart. ●

Neue Patiencen
(**2036**-8) Von H. Sosna, 160 S., 43 Farbtafeln, kart. ●●

Falken-Handbuch **Bridge**
Von den Grundregeln zum Turnierspiel (**4092**-X) Von W. Voigt und K. Ritz, 280 S., 792 Zeichnungen, gebunden. ●●●●

Spielend Bridge lernen
(**2012**-0) Von J. Weiss, 96 S., 58 Zeichnungen, kart. ●

Präzisions-Treff im Bridge
(**2037**-6) Von E. Jannersten, 152 S., kart. ●●

Spieltechnik im Bridge
(**2004**-X) Von V. Mollo und N. Gardener, deutsche Adaption Von D. Schröder, 152 S., kart. ●●●

Besser Bridge spielen
Reiztechnik, Spielverlauf und Gegenspiel. (**2026**-0) Von J. Weiss, 144 S., 60 Diagramme, kart. ●●

Kartentricks
(**2010**-4) Von T.A. Rosee, 80 S., 13 Zeichnungen, kart. ●

Neue Kartentricks
(**2027**-9) Von K. Pankow, 104 S., 20 Abb., kart. ●

Das japanische Brettspiel Go
(**2020**-1) Von W. Dörholt, 104 S., 182 Diagramme, kart. ●

Mah-Jongg
Das chinesische Glücks-, Kombinations- und Gesellschaftsspiel. (**2030**-9) Von U. Eschenbach, 80 S., 30 s/w-Fotos, 5 Zeichn., kart. ●

Backgammon
für Anfänger und Könner. (**2008**-2) Von G.W. Fink und G. Fuchs, 104 S., 41 Abb., kart. ●

Das Backgammon-Handbuch
(**4422**-4) Von E. Heyken, M.B. Fischer, 232 S., 400 Abbildungen, Pappband. ●●●●

Würfelspiele
für jung und alt. (**2007**-4) Von F. Pruss, 112 S., 21 s/w-Zeichnungen, kart. ●

Roulette richtig gespielt
Systemspiele, die Vermögen brachten (**0121**-5) Von M. Jung, 96 S., zahlreiche Tabellen, kart. ●

Gesellschaftsspiele
für drinnen und draußen. (**2006**-6) Von H. Görz, 112 S., kart. ●

Spiele für Party und Familie
(**2014**-7) Von Rudi Carrell, 80 S., 22 Zeichnungen kart. ●

Neue Spiele für ihre Party
(**2022**-8) Von G. Blechner, 112 S., 54 Zeichnungen, kart. ●

Lustige Tanzspiele und Scherztänze
für Partys und Feste. (**0165**-7) Von E. Bäulke, 80 S., 53 Abb. kart. ●

Das Spiel mit der Schwerkraft
Jonglieren
mit Bällen, Keulen, Ringen und Diabolo (**1009**-5) Von S. Peter, 80 S., 149 Farbfotos, kartoniert. ●●

Magische Zaubereien
(**0672**-1) Von W. Widenmann, 64 S., 31 Zeichnungen, kart. ●

Zaubertricks für Anfänger und Fortgeschrittene
(**0282**-3) Von J. Merlin, 160 S., 113 Abb., kart. ●●

Zaubern
einfach – aber verblüffend. (**2018**-X) Von D. Bouch, 84 S., 41 Zeichnungen, kart. ●

Scherzfragen, Drudel und Blödeleien
gesammelt von Kindern. (**0506**-7) Hrsg. von W. Pröve, 80 S., 57 Zeichnungen, kart. ●

Kinderspiele
die Spaß machen. (**2009**-0) Von H. Müller-Stein, 104 S., 28 Abb., kart. ●

Kinderspiele mit Buchstaben und Wörtern
(**1041**-9) Von Dr. U. Vohland, 96 S., 53 Zeichnungen, kartoniert. ●

Spiele für Kleinkinder
(**2011**-2) Von D. Kellermann, 80 S., 23 Abb., kart. ●

Spiel und Spaß am Krankenbett
für Kinder und die ganze Familie. (**2035**-X) Von H. Bücken, 96 S., 97 Zeichnungen, kart. ●

Spiele im Freien
(**2038**-4) Von G. Wagner, 88 S., 20 zweif. Zeichnungen, kartoniert. ●

Guten Tag, Kinder!
Neue Texte mit Spielanleitungen fürs Kasperletheater. (**0861**-9) Von U. Lietz, 96 S., 18 s/w-Zeichnungen, kart. ●

Kasperletheater
Spieltexte und Spielanleitungen · Basteltips für Theater und Puppen. (**0641**-1) Von U. Lietz, 114 S., 4 Farbtafeln, 12 s/w-Fotos, 39 Zeichnungen, kart. ●

Kindergeburtstage, die keiner vergißt
Planung, Gestaltung, Spielvorschläge. (**0698**-5) Von G. und G. Zimmermann, 104 S., 80 Vignetten, kart. ●

Kindergeburtstag
Vorbereitung, Spiel und Spaß. (**0287**-4) Von Dr. I. Obrig, 136 S., 40 Abb., 11 Zeichnungen, 9 Lieder mit Noten, kart. ●

Knobeleien und Denksport
(**2019**-8) Von K. Rechberger, 142 S., 105 Zeichnungen, kart. ●

Das Super-Kreuzwort-Rätsel-Lexikon
Über 150.000 Begriffe. (**4279**-5) Von H. Schiefelbein, 688 S., Pappband. ●●

Riesen-Kreuzwort-Rätsel-Lexikon
über 250.000 Begriffe. (**4197**-7) Von H. Schiefelbein, 1024 S., Pappband. ●●●

Computerbücher und Software

FALKEN Computer Lexikon
(**4185**-3) 312 S., 173 s/w-Fotos, Pbd. ●●●

Computer-Grundwissen
Eine Einführung in Funktion und Einsatzmöglichkeiten. (**4302**-3) Von W. Bauer, 176 Seiten, 193 Farb- und 12 s/w-Fotos, 37 Computergrafiken, kart. ●●● (4301) Pbd. ●●●●

Grundwissen Informationsverarbeitung
(**4314**-7) Von H. Schiro, 312 S., 59 s/w-Fotos, 133 s/w-Zeichnungen, Pappband. ●●●●●

Computergrafik
Von den Grundlagen bis zum perfekten 3 D-Programm. (**4319**-8) Von A. Brück, 296 S., 20 Farbtafeln, 180 s/w-Grafiken, 50 s/w- Zeichn., 83 Listings, Pappband. ●●●●●

Daten-Fernübertragung
Vom Akustikkoppler bis zum lokalen Netzwerk
(**4325**-2) Von P.C. den Heijer, R. Tolsma, ca. 288 S., zahlreiche Abb., kartoniert. ●●●●●

Microsoft Excel
Tabellenkalkulationen, Geschäftsgrafik und Datenbank im Selbststudium für alle Versionen bis 2.1. Mit Tutor-Diskette.
(**4333**-3) Von P. Vogel, M. Hofmann, 176 S., 112 zweifarbige Abb., kartoniert. ●●●●●

Microsoft Word
Textverarbeitung, MailMerge und Desktop Publishing im Selbststudium
Für alle Versionen bis 4.0
(**4328**-7) Von A. Görgens, 160 S., 120 Abbildungen, kart. ●●●●

dBASE III PLUS dBASE IV
Der einfache Weg zur individuell programmierten Datenbank
Mit Tutor-Diskette
(**4326**-0) Von P. Vogel, Th. Kregeloh, M. Hofmann, 272 S., 63 Abb., kart. ●●●●●

Open Access II
Textverarbeitung, Kalkulation und Datenverarbeitung im Selbststudium
(**4327**-9) Von A. Görgens, 184 S., 108 Abbildungen, kart. ●●●●

Desktop Publishing
Setzen und Drucken auf dem Schreibtisch.
(**4323**-6) Von A. Görgens, 120 S., 11 s/w-Fotos, 72 Zeichnungen, kart. ●●●

Garantiert BASIC lernen mit dem C 128
Mit kompletter Kurs-Diskette
(**4321**-X) Von A. Görgens, 288 S., 4 s/w-Fotos, 83 Zeichnungen, kart. ●●●●●

WordStar Praxis professionell
Für die Versionen 3.4/3.45/4.0
Erweiterungen · Praxis-Tips · Datenaustausch · Desktop Publishing. (**4324**-4) Von A. Görgens, 172 S., 2 s/w-Fotos, 2 s/w- Zeichnungen, 116 s/w-Grafiken, kart. ●●●●

Desktop Publishing: Typographie und Layout
Seiten gestalten am PC. Für Einsteiger und Profis
(**4330**-9) Von Dr. H. D. Baumann, M. Klein, ca. 280 S., zahlreiche zweifarbige Abb., Pappband. ●●●●●

Einführung in Pascal
Garantiert Pascal lernen durch schrittweise Erarbeitung
(**4329**-5) Von R. Röder, ca. 160 S., durchgehend zweifarbig, kartoniert. ●●●●

Heimcomputer-Bastelkiste
Messen, Steuern, Regeln mit C 64-, Apple II-, MSX-, TANDY-, MC-, Atari- und Sinclair-Computern. (**4309**-0) Von G.A. Karl, 256 S., 160 Zeichnungen, kart. ●●●●

Schach mit dem Computer
(**0747**-7) Von D. Frickenschmidt, 140 S., 112 Diagramme, 29 s/w-Fotos, 5 Zeichnungen, kart. ●●

Einstellungstests
Die optimale Vorbereitung für Bewerber
(**7013**-6) Wendediskette für C 64/C 128 PC, mit Begleitheft. ●●●●*

Ego-Tests
Sich und andere besser erkennen und verstehen
(**7012**-8) Diskette für IBM PC und kompatible (MS DOS), mit Begleitheft. ●●●●●*

Schnell und sicher zum
Führerschein
Intensivtraining mit dem amtlichen Fragenkatalog
(**7011**-X) Wendediskette für C 64/C 128 PC, mit Begleitheft und Fragenkatalog.
(**7024**-1) für Atari ST 520/1040, mit Begleitheft,
(**7029**-2) für Amiga, mit Begleitheft ●●●●●*

Maschinenschreiben
In 10 Tagen spielend gelernt
IBM PC und Kompatible
(**7008**-X) Disk. für C 64/C 128 PC, ●●●●*

Maschinenschreiben und Tastaturtraining für Computer
(**7009**-8) Von B. Hoppius, Diskette 5 1/4'' u. 3 1/2'' für IBM PC + Kompatible, mit Begleitheft. ●●●●●*

Das komplette Schachprogramm
(**7006**-3) Diskette für C 64/C 128 PC, mit Begleitheft ●●●●●*

Zug um Zug Schach für jedermann 1
Offizielle Schach-Lernsoftware des Deutschen Schachbundes zur Erringung des Bauerndiploms
(**7015**-2) Diskette für C 64/C 128 PC mit Begleitheft,
(**7005**-1) Diskette für Atari ST 520/1040, mit Begleitheft. ●●●●●*

TEXAD
Text- und Adressenverwaltung
Mit Musterbriefen und Formularen für den privaten und geschäftlichen Bereich
(**7017**-9) für IBM-PC und Kompatible, Disk. 5 1/4'', mit Begleitheft. Einführungspreis bis 11.10.90 **DM 198,–**; S 1980,–; Fr 193.30, danach **DM 258,–**; S 2580,–; Fr 251.70.
(**7048**-9) Diskette 3 1/2'', mit Handbuch. ●●●●●*
(**7049**-7) Demo-Version 5 1/4'', o. Handbuch. ●●*
(**7050**-0) Demo-Version 3 1/2'', o. Handbuch. ●●*

DOS-Tutor
DOS lernen, üben und beherrschen
(**7020**-9) Diskette 5 1/4'' für IBM PC + Kompatible, mit Begleitheft. ●●●●●*
(**7021**-7) Diskette 3 1/2'' für IBM PC + Kompatible, mit Begleitheft. ●●●●●*

Wirtschaftsrechnen in Beruf und Alltag
(**7037**-3) Diskette für IBM PC + Kompatible, mit Begleitheft. ●●●●●

Vokabeltrainer Englisch
Über 2000 Vokabeln und Redewendungen
(**7001**-2) 2 Disk. für C 64/C 128 PC, mit Begleitheft
(**7007**-1) Disk. für Atari ST 520/1040, mit Begleitheft. ●●●●●*

Take a Trip to Britain
Spielend Englisch lernen mit dem Computer
(**7004**-7) Diskette für C 64/C 128 PC, mit Begleitheft. ●●●●*
(**7039**-X) Diskette 5 1/4'' für IBM PC + Kompatible, mit Begleitheft. ●●●●●*

The Grammar Master
(**7002**-0) Diskette für C 64/C 128 PC, mit Begleitheft. ●●●●*
(**7030**-6) für IBM-PC + Kompatible, mit Begleitheft. ●●●●●*
(**7031**-4) für Atari ST 520/1040 mit Begleitheft. ●●●●●*
(**7032**-2) für Amiga, mit Begleitheft. ●●●●●*

Vokabeltrainer Französisch
Über 2000 Vokabeln und Redewendungen
(**7018**-7) Systemdisk. + Wendedisk. f. C 64/C 128 PC, mit Begleitheft, (**7019**-5) Disk. für IBM-PC und Kompatible, mit Begleitheft. ●●●●●*

Bon voyage
Spielend Französisch lernen mit dem Computer
(**7036**-5) Diskette für IBM PC + Kompatible, mit Begleitheft. ●●●●●*

Vokabeltrainer Latein
Über 2000 Vokabeln und Redewendungen frei erweiterbar
(**7022**-5) Von B. Hoppius, 2 Wendedisketten für C 64/C 128 PC, mit Begleitheft.
(**7033**-0) Diskette für IBM PC + Kompatible, mit Begleitheft. ●●●●●*

Börsenfieber
Spielend spekulieren mit Geld und Aktien
(**7016**-0) Für IBM-PC und Kompatible, Diskette 5 1/4'', mit Begleitheft.
(**7026**-8) für C 64/C 128 PC, mit Begleitheft,
(**7027**-6) für Atari ST 520/1040, mit Begleitheft,
(**7028**-4) für Amiga, mit Begleitheft. ●●●●●*
(**7044**-6) für IBM PC + Kompatible, Diskette 3 1/2'', mit Begleitheft. ●●●●●*
(**7038**-1) für C 64/128 C Kassette, mit Begleitheft. ●●●●*

Video

Kochschule mit Paul Bocuse
Der Meisterkoch verrät die Geheimnisse der französischen Küche
(**6016**-5) VHS, 60 Min., in Farbe, mit Begleitheft. ●●●●●*

Hobby Aquarellmalen
Landschaft und Stilleben
(**6022**-X) VHS, 40 Min., in Farbe, mit Begleitheft. ●●●●*

Hobby Ölmalerei
Landschaft und Stilleben
(**6025**-4) VHS, 40 Min., in Farbe, mit Begleitheft. ●●●●*

Perfekt Stricken
Neue Techniken Schritt für Schritt
(**6007**-6) VHS, 51 Min., in Farbe, mit Begleitheft. ●●●● *

Hobby Salzteig
Rezepte/Techniken/Modelle
(**6010**-6) VHS, 35 Min., in Farbe, mit Begleitheft. ●●● *

Basteln mit Kindern
(**6041**-6) VHS, 60 Min., in Farbe, mit Vorlagen in Originalgröße, mit Begleitheft. ●●● *

Die Modelleisenbahn
Anlagenbau in Modultechnik
(**6028**-9) VHS, 30 Min., in Farbe. ●●●● *

Karate
Einführung und Grundtechniken
(**6037**-8) VHS, 45 Min., in Farbe, mit Begleitheft. ●●●● *

Fit und Gesund
Körpertraining und Bodybuilding zu Hause
(**6013**-0) VHS, 30 Min., in Farbe, mit Begleitheft. ●●●● *

Pflanzenjournal
Blumen- und Pflanzenpflege im Jahreslauf
(**6036**-X) VHS, 30 Min., mit Begleitheft. ●●●● *

Schnitt und Pflege von Bäumen und Sträuchern
(**6050**-5) VHS, 45 Min., in Farbe, mit Begleitheft. ●●●● *

Aktfotografie
Gestaltung/Technik/Spezialeffekte
Interpretationen zu einem unerschöpflichen Thema
(**6001**-7) VHS, 60 Min., in Farbe, mit Begleitheft. ●●●●● *

Golf
(**6053**-X) VHS, 60 Min., in Farbe, mit Begleitheft. ●●●●● *

TELE-SKI
Skigymnastik perfekt
(**6052**-1) VHS, 60 Min., in Farbe, mit Begleitheft. ●●●●● *

Internationale Deutsche Rallye-Meisterschaft '89
(**6045**-8) VHS, 60 Min., in Farbe, mit Begleitheft. ●●●● *

Videografieren
Technik/Bildgestaltung/Schnitt/Vertonung
Filmen mit Video 8
(**6031**-9) VHS,
(**6033**-5) Beta, (**6034**-3) Video 8,
60 Min., in Farbe, mit Begleitheft. ●●●●● *

Videografieren perfekt
Profitricks für Aufnahmetechnik und Nachbearbeitung
(**6042**-4) VHS, (**6043**-2) Beta, (**6044**-4) Video 8, 60 Min., in Farbe, mit Begleitheft. ●●●●● *

Streicheleinheiten für Körper und Seele
Körper Massage
(**6051**-3) VHS, 45 Min., in Farbe, mit Begleitheft. ●●●●● *

Reiseziel **New York**
Die schönsten Sehenswürdigkeiten, präzise Informationen, praktische Tips
(**6048**-3) VHS, 60 Min., in Farbe, mit Begleitbroschüre. ●●●●● *

Reiseziel **Kalifornien**
San Franzisko und die schönsten Ziele in Kalifornien.
Präzise Informationen und praktische Tips
(**6049**-1) VHS, 60 Min., in Farbe, mit Begleitbroschüre. ●●●●● *

Reiseziel **Florida**
(**6054**-8) VHS, 60 Min., in Farbe, mit Begleitheft. ●●●●● *

Reiseziel **USA**
(**6055**-6) VHS, 60 Min., in Farbe, mit Begleitheft. ●●●●● *

Reiseziel **Irland**
(**6059**-9) VHS, 60 Min., in Farbe, mit Begleitheft. ●●●●● *

Reiseziel **DDR**
(**6061**-0) VHS, 60 Min., in Farbe, mit Begleitheft. ●●●●● *

Info-Tour USA
Die Highlights aus dem FALKEN Reiseprogramm
(**6060**--2) VHS, 30 Min., in Farbe, mit Begleitheft. ●

Gesund durch Gedankenenergie
Heilung im gemeinsamen Kraftfeld
(**6035**-1) VHS, 45 Min., in Farbe, mit Begleitheft. ●●●●● *

Körpersprache
verstehen und deuten
(**6046**-7) VHS, 60 Min., in Farbe, mit Begleitheft. ●●●●● *

Das erfolgreiche Vorstellungsgespräch
(**6047**-5) VHS, 60 Min., in Farbe, mit Begleitheft. ●●●●● *

Bestellschein

Erfüllungsort und Gerichtsstand für Vollkaufleute ist der jeweilige Sitz der Lieferfirma. Für alle übrigen Kunden gilt dieser Gerichtsstand für das Mahnverfahren. Falls durch besondere Umstände Preisänderungen notwendig werden, erfolgt Auftragserledigung zu dem bei der Lieferung gültigen Preis.

Ich bestelle hiermit aus dem Falken-Verlag GmbH, Postfach 11 20, D-6272 Niedernhausen/Ts., durch die Buchhandlung:

____

Ex. ______________________________

Ex. ______________________________

Ex. ______________________________

Ex. ______________________________

Name: ______________ Datum: ______________

Straße: ______________

Ort: ______________ Unterschrift: ______________

Die hier vorgestellten Bücher, Videokassetten und Software sind in folgende Preisgruppen unterteilt:

- ● Preisgruppe bis DM 10,–/S 79,–/SFr. 10
- ●● Preisgruppe über DM 10,– bis DM 20,– S 80,– bis S 160,– SFr. 10,– bis SFr. 20,–
- ●●● Preisgruppe über DM 20,– bis DM 30,– S 161,– bis S 240,– SFr. 20,– bis SFr. 29,–
- ●●●●● Preisgruppe über DM 50,–/S 401,–/SFr. 48,–
- ●●●● Preisgruppe über DM 30,– bis DM 50,– S 241,– bis S 400,– SFr. 29,– bis SFr. 48,–

*(unverbindliche Preisempfehlung)

Die Preise entsprechen dem Status beim Druck dieses Verzeichnisses (s. Seite 1) – Änderungen, im besonderen der Preise, vorbehalten –

Falken-Verlag GmbH · Postfach 1120 FALKEN **D-6272 Niedernhausen/Ts. · Tel.: 06127/7020**